POUR UNE POLITIQUE
DE LA CONFIANCE

Pierre S. Pettigrew

POUR UNE POLITIQUE
DE LA CONFIANCE

Boréal

Les Éditions du Boréal remercient le Conseil des Arts du Canada ainsi que le ministère du Patrimoine canadien et la SODEC pour leur soutien financier.

Illustration de la couverture : Roland Giguère, *Portrait de Paul Éluard,* 1985.

Diffusion au Canada : Dimedia
Diffusion et distribution en Europe : Les Éditions du Seuil

Données de catalogage avant publication (Canada)

Pettigrew, Pierre S., 1951-

    Pour une politique de la confiance
    Comprend des réf. bibliogr. et un index.

    ISBN 2-89052-939-8

    1. Canada – Politique et gouvernement – 1993-   . 2. Relations internationales. 3. Mondialisation (Économie politique). 4. Fédéralisme – Canada. 5. Canada – Relations extérieures. 6. Québec (Province) – Politique et gouvernement – 1994- . 7. Québec (Province) – Histoire – Autonomie et mouvements indépendantistes. I. Titre.

FC635.P47   1998   971.064'8   C98-941515-5
F1034.2.P47   1998

À la mémoire de mes grands-parents,
Bernard Grenier (1904-1968),
Eugénie Giguère (1908-1990),
Ethel Aubin (1901-1986) et
René Pettigrew (1904-1990),
qui, chacun à sa manière,
m'ont donné des racines profondes dans ma société
et, en même temps,
une ouverture sur le reste du monde,
un appétit pour les idées d'ici et d'ailleurs
et le plus bel héritage,
le goût de la liberté.

Remerciements

Je n'aurais pas pu écrire ce livre sans le précieux concours de quelques amis et collaborateurs. Je veux d'abord remercier Yves-Marie Morissette à la fois pour sa contribution et son accompagnement tout au long de ce projet ainsi que pour le dialogue intellectuel stimulant et serré auquel notre amitié a donné lieu au cours des vingt-cinq dernières années. Michel Bédard a effectué nombre de recherches et rédigé des discours qui ont apporté beaucoup à ce livre. J'apprécie au plus haut point son professionnalisme, son souci du détail et sa bonne humeur constante. Il a été très bien secondé par Jean-François Gascon, qui s'associe à nombre de mes initiatives depuis octobre 1995. Je lui en suis très reconnaissant. Jacques Hudon a été le premier à croire à ce projet et a énormément fait pour le faciliter. Il est toujours là pour l'essentiel. Francine Brousseau et lui ont été mes premiers lecteurs. Leurs encouragements m'ont soutenu beaucoup plus qu'ils ne le pensent. Andrée Côté et Sean Riley ont été mes derniers lecteurs avant la remise du manuscrit à l'éditeur, chez qui je n'aurais pu me rendre sans le point de vue éclairé de ces précieux amis de longue date. Je suis enfin heureux de la contribution significative d'Yvonne Riallant-Morissette à l'étape des épreuves. J'apprécie énormément son encouragement. Elle est une source d'inspiration.

P. S. P.

On a beau limiter les objectifs politiques,
les prendre aussi simples que possible,
aussi grossiers qu'on le voudra,
toute politique implique toujours une idée de l'homme et de l'esprit,
une représentation du monde.

PAUL VALÉRY, *Variété*

Avant-propos

Pour chaque regard que nous jetons en arrière,
il nous faut regarder deux fois vers l'avenir.
Proverbe arabe

Le quotidien exerce sur nous une emprise considérable. Nos vies sont dominées par ses contraintes et par les controverses de l'heure. Pourtant, si nous voulons contribuer à l'essor de la société où nous vivons et conserver le contrôle de nos destinées individuelles, il faut absolument voir plus haut et plus loin.

Occupant des fonctions ministérielles au sein du gouvernement du Canada, je dispose à l'heure actuelle d'une tribune privilégiée pour travailler à l'essor de la société canadienne sous l'aspect, à mon sens capital, du développement humain. Mais ces responsabilités créent aussi l'occasion, voire l'obligation, de prendre une part active au débat de fond sur l'avenir de notre société. L'ouvrage présenté ici m'a paru un bon moyen de contribuer à ce débat, comme le font de diverses façons les personnalités publiques et les autres membres du cabinet, car écrire est pour moi l'un des moyens les plus efficaces qui soient pour prendre du recul, pour échapper à la puissante emprise du quotidien et de l'immédiat.

Ma conviction profonde est que nous avons de bonnes raisons d'être optimistes. Je me suis fixé comme but de présenter l'avenir du pays canadien et de la société québécoise en adoptant une perspective mondiale plutôt qu'un point de vue étroitement national. J'espère rejoindre avec ce livre un public de toutes provenances parmi les participants au débat politique dans son sens large : militants d'allégeances diverses, meneurs dans la société civile et le monde des affaires, intellectuels et observateurs de la chose publique. Mais je vise aussi de nouveaux interlocuteurs, avec qui je souhaite amorcer dès maintenant un dialogue : j'entends ici les leaders de demain, ceux qui jettent maintenant sur la société un regard neuf et qui assumeront des responsabilités importantes dans le premier quart du prochain siècle. J'ai beaucoup pensé à eux et à elles en écrivant ces pages. Je ressens l'urgence de ce dialogue avec les jeunes.

Tout a changé si rapidement en l'espace d'une seule génération. J'ai le sentiment que beaucoup de nos compatriotes, en particulier ceux de la nouvelle génération, veulent s'affranchir des débats et des polémiques d'hier. C'est aussi le cas des autres nouveaux acteurs politiques, les femmes, les immigrants et les minorités. Devant la vague déferlante de changements qui bouleversent aujourd'hui la planète, plusieurs de nos débats internes paraissent étonnamment étriqués. La société et la fédération canadiennes évoluent à un rythme qui s'accélère. Le contexte mondial se transforme encore plus vite. Si nous tenons à satisfaire non seulement les besoins actuels de notre société mais aussi ses besoins futurs, il nous faut concevoir cet avenir comme un élément d'un monde en « recomposition ».

Demeurer optimiste devant le phénomène de la mondialisation n'empêche pas d'être réaliste. Notre monde demeure affligé de trop nombreux fléaux : des souffrances effroyables pour de nombreux êtres humains comme nous mais qui ont eu l'infortune de naître ailleurs, la marginalisation quand ce n'est pas l'exclusion pure et simple pour beaucoup d'autres, les tragédies *ordinaires* qui résultent du racisme, de la violence sous toutes ses formes et d'innombrables atteintes aux droits fondamentaux. La vie humaine, cette chose sans prix, et la dignité humaine, cette aspiration instinctive, ne valent pas grand-chose dans beaucoup de lieux habités par l'homme moderne. Face à cela, le Canada a selon moi un brillant avenir malgré nos propres difficultés ; je vois la société québécoise et le pays canadien comme des phares dans le monde à l'approche du troisième millénaire. Nous pouvons démontrer ici et maintenant que nous pouvons vivre ensemble, égaux et différents. Mon attachement à notre projet commun et aux valeurs de tolérance et de respect, embrassant le pluralisme, est à la fois viscéral, émotionnel et rationnel. Nos efforts pour améliorer les choses au Canada ne doivent pas nous faire perdre de vue nos obligations envers l'ensemble de l'humanité. Si j'ai pu glisser ici et là dans ce livre certaines réflexions sur le thème global de la justice dans le monde moderne, il y aurait tant à dire sur ce sujet qu'un seul essai ne saurait suffire pour en traiter adéquatement.

Au fil des ans, j'ai eu la chance d'effectuer constamment l'aller retour entre l'univers de l'action et celui des idées. Cet ouvrage a commencé de voir le jour bien avant ma nomination à un poste ministériel. En réalité, un peu à la manière de l'artisan qui affine sa technique par le métier, j'ai abordé par la pratique les thèmes auxquels cet ouvrage est consacré et j'y ai travaillé pendant plusieurs années. Des parties importantes de l'ouvrage proviennent de discours que j'ai prononcés devant divers publics ou d'articles parus dans les grands quotidiens, sur la question notamment de la mondialisation. L'ouvrage avait déjà beaucoup progressé lorsque j'ai fait mon entrée en politique. Et, ce qui m'a quelque peu surpris, la nécessité de le terminer s'est alors imposée à moi avec netteté. Pour faire contrepoids aux préoccupations d'une existence accaparée chaque jour par la politique, j'ai senti plus intensément encore le besoin de mettre au clair ces idées acquises avec le temps, de faire le point et, par la même occasion, de partager ma réflexion sur les thèmes fondamentaux qui guident mes interventions. Aujourd'hui, tous ces moments repris aux fins de soirée ou au petit matin portent finalement des fruits.

Il me faut préciser sans la moindre équivoque que, si ce livre paraît aujourd'hui sous la plume d'un ministre, il n'engage en rien le gouvernement au sein duquel j'ai l'honneur de servir ni le ministère que j'ai le plaisir de diriger. Ce livre n'engage que moi. Je sollicite l'indulgence du lecteur, à qui je demande de voir en cet ouvrage ma contribution envers la nouvelle génération. Les jeunes qui la forment ont la chance d'arriver dans la cité à un moment où tant de choses sont à repenser et à refaire dans le monde. Derrière l'action, quelle qu'elle soit, doit se profiler la réflexion. Il revient à chacun de trouver comment il apportera sa pierre à l'édifice collectif. Assumer cette responsabilité — chacun face à soi-même — et faire pour le mieux, voilà ce qui importe.

Introduction

Si un fil conducteur traverse les vingt chapitres des trois parties de ce livre, c'est bien celui du besoin de repenser l'activité politique, si discréditée et pourtant essentielle. En cette époque où l'économie tend à prendre toute la place, j'ai écrit ce livre pour démontrer que la fonction politique demeure essentielle au bon développement des sociétés.

Au départ, je dois dire que je ne crois pas que l'économie laissée à elle-même servirait bien l'être humain. Autant l'économie est le lieu privilégié de l'épanouissement et de la réalisation individuels, autant la politique est le lieu privilégié du bien-être collectif. L'un et l'autre sont nécessaires à l'être humain. L'économie elle-même a besoin des arbitrages du politique pour donner sa pleine mesure. Et c'est ce lien entre économie et politique qui est à redéfinir à l'heure actuelle.

* * *

La première partie, *La mondialisation et l'art de gouverner,* explore l'évolution de la fonction politique, en particulier dans ses rapports à l'économie, depuis l'émergence de l'État et de la modernité il y a près de quatre cents ans jusqu'à la contestation radicale et révolutionnaire que représente maintenant la mondialisation. Le pouvoir politique tel qu'exercé par l'État sur son territoire a permis le développement de l'économie et de la liberté comme jamais auparavant dans l'histoire humaine. C'est en effet cette forme de pouvoir politique qui a rendu possible la création de marchés nationaux dans un espace, plus grand que les villes et plus petit que les empires, où est né le capitalisme. Ce dernier constitue aujourd'hui le seul modèle de développement économique avec lequel l'humanité entre dans le XXIe siècle. Or c'est précisément tout cet équilibre que la mondialisation, force révolutionnaire de notre époque, est à remettre en cause.

Si l'on n'arrive pas à réinventer la politique pour redéfinir son rapport à l'économie et si l'on cède tout le terrain aux lois du marché, la société sera pénalisée en ce que la démocratie disparaîtra et l'économie elle-même en souffrira considérablement. Comme l'État « trop exclusivement » politique qui n'a pas su comprendre les signaux du marché a commis d'énormes impairs, ainsi le marché « trop exclusivement » économique qui ne saurait percevoir les signaux de l'État conduirait à des erreurs non moins énormes.

Ce nouveau rapport entre économie et politique tiendra compte du fait que les individus sont à recomposer leur vie pour s'épanouir dans la liberté et en viendront à recomposer le monde qui connaît actuellement désordres et ruptures.

Cette recomposition du monde, absolument nécessaire, sera l'objet de passions plus éthiques que politiques, et de nouveaux acteurs, absents de la modernité sur le plan du pouvoir, y joueront un rôle beaucoup plus important. Ces nouveaux acteurs se trouvent dans les catégories de personnes les plus avancées dans la recomposition de leur vie, les mieux capables de concilier vie privée et vie publique : il s'agit d'abord des femmes, mais aussi des jeunes et des immigrants.

* * *

Dans la deuxième partie, *L'exception canadienne,* je décris le Canada comme un pays plus « politique » qu'économique marqué dès ses débuts par un choix extrêmement original, celui du pluralisme et d'une troisième voie en matière économique et sociale. Le pays canadien m'apparaît comme une réponse crédible à ceux qui ont la tentation du tout économique. Ayant déjà résisté aux modes et à tous les truismes du XIXe siècle où l'État-nation traditionnel faisait loi, le Canada, espace à géométrie variable, refusant de devenir lui-même un État-nation, a fait des choix qui pourraient lui permettre de s'adapter de façon privilégiée au phénomène de la mondialisation.

Le Canada est un pays en perpétuelle évolution. Il émerge différent à chaque génération. Il continuera de changer en fonction des besoins de sa population et sur la base de valeurs profondément enracinées dans sa personnalité, son identité et sa citoyenneté plus politique qu'ethnique ou nationale.

* * *

Dans la troisième partie, *Le Québec : vers une société postmoderne,* je propose que les champions politiques qu'ont été les Québécois au cours de leur histoire s'engagent dans une nouvelle Révolution tranquille, postmoderne celle-là. Le Québec deviendrait ainsi la première société postmoderne.

Cette nouvelle Révolution tranquille serait postmoderne de deux points de vue. D'abord, contrairement à ce qui s'est produit lors de la première, l'entrée dans la modernité, le Québec ne franchirait pas ce passage en renforçant de nouveau les pouvoirs de l'État, mais en canalisant surtout son énergie dans les réseaux horizontaux et transnationaux qui émergent justement en marge de l'État. De plus, cette seconde Révolution tranquille ferait une large place aux femmes, oubliées de la première comme elles l'ont été de la modernité en général ; « raison » oblige. Elle ferait une large place aussi aux jeunes, aux immigrants, aux membres des minorités, enfin à tous ceux qui sont plus avancés dans la recomposition de leur vie.

Mais, pour ce faire, il faut dépasser les vieilles oppositions traditionnelles des courants rouge et bleu. Les Québécois, plus forts et plus instruits aujourd'hui qu'hier, peuvent se permettre d'oublier la méfiance et d'adopter une attitude de confiance, celle-là même que tant d'auteurs voient comme une condition obligatoire du développement.

PREMIÈRE PARTIE

La mondialisation et l'art de gouverner

CHAPITRE PREMIER

Histoire, politique et liberté

Avec la chute du mur de Berlin en 1989, le long affrontement idéologique et historique entre socialisme et libéralisme a pris fin.

La question de l'autonomie de l'être humain dans l'histoire a toujours constitué un des points de divergence fondamentale entre ces deux philosophies. Les libéraux ont privilégié une lecture volontariste de l'histoire accordant aux acteurs, qu'il s'agisse d'individus ou d'organismes, le pouvoir et la liberté de prendre en main le destin des hommes. Les socialistes y ont opposé la doctrine du matérialisme historique et une interprétation déterministe des faits : la conduite des affaires humaines et de la société n'échappe pas, selon cette théorie, aux lois inexorables de l'histoire, dictées par des facteurs comme l'appartenance de classe.

Acteurs ou facteurs : à quoi tient l'évolution de nos sociétés et de l'histoire ? Les socialistes, fondant leur conviction sur le matérialisme historique, affirmaient la nécessité de leur victoire. Au contraire, les libéraux ont toujours placé, à la base de l'évolution et du progrès, la liberté de l'être humain conçue comme la capacité de chacun d'agir sur son destin. Autrement dit, les libéraux ont toujours reconnu la possibilité que leur idéal ne se réalise pas. L'incertitude, le doute sont, pour eux, au cœur de la liberté.

La liberté : voilà l'élément qui explique le mieux la victoire indiscutable des libéraux sur les socialistes. Pourquoi ? Parce que cette liberté et, donc, la capacité d'action de l'être humain ont été conquises de longue lutte et représentent l'héritage le plus précieux de l'humanité. Liberté et capacité d'action constituent aussi ce qui distingue fondamentalement les sociétés traditionnelles des sociétés modernes : pour les premières, le destin provient d'une volonté divine arbitraire alors que, pour les secondes, l'action issue du libre arbitre revêt une importance décisive. C'est ce qui explique l'avancement des sociétés modernes. Et si les libéraux ont mérité de gagner l'affrontement avec les socialistes, c'est en dernière analyse à cause de ce même respect pour l'être humain. C'est par la liberté que l'être humain parvient à s'affranchir peu à peu des aléas de sa condition.

Mon propos ici est d'établir que l'être humain reste fondamentalement libre de ses choix, individuels aussi bien que collectifs, et qu'il lui incombe de réduire autant qu'il le peut le poids de l'inévitable. Car tel est, selon moi, le défi humain par excellence : la conquête et la maîtrise de la liberté.

Le conflit d'opinion quant à l'autonomie de l'être humain est une constante de l'histoire de l'humanité. Si, dans le passé, il a opposé les sociétés traditionnelles aux sociétés modernes ou les sociétés socialistes aux sociétés libérales, de nos jours, on assiste à la transposition de ce conflit dans le débat qui entoure le phénomène de la mondialisation.

POLITIQUE, ÉCONOMIE ET MONDIALISATION

On parle sans cesse de la mondialisation, souvent sans porter de jugement sur elle. Pour ma part, je tiens à affirmer d'emblée que la mondialisation me paraît capable de bien servir les individus et leurs sociétés *si et seulement si* elle respecte la marge de manœuvre de l'être humain, sa liberté d'action.

Convenons-en donc tout de suite : la question de la liberté se pose désormais dans un contexte nouveau, bien qu'elle se caractérise toujours par la recherche de la place respective qui revient, d'un côté, à l'économique, voire au « tout économique », et, de l'autre, au politique. La dignité et la noblesse de la fonction politique me semblent aller de soi. L'activité politique est essentielle pour permettre à l'économie de réaliser sa finalité d'ordre. Le terme « économie », en grec ancien, ne signifie-t-il pas « ordre dans la maison » ? Mais le politique remplit aussi une fonction irremplaçable en ce qu'il oblige l'économie à rester fidèle à sa finalité humaine. L'économie est le lieu d'épanouissement par excellence de l'être humain qui peut se réaliser, innover et créer. Adam Smith, qui constatait combien l'être humain se caractérise par son besoin d'échanger, jugeait le marché indispensable à la liberté et au développement humains[1]. Cela dit, seul le

politique, par de subtils dosages, peut tenir le marché en respect et empêcher qu'un matérialisme effréné ne conduise à d'intolérables inégalités.

Je crois par ailleurs que le « tout politique », comme on l'a vu sous les
régimes totalitaires communistes, a conduit à des échecs catastrophiques.
Là où l'État n'a pas su percevoir les signaux du marché, puisqu'il l'avait
détruit ou irréparablement faussé, il a commis des erreurs énormes, par
exemple en matière d'environnement, et il a révélé son inaptitude à réaliser
le développement économique des sociétés. Réciproquement, je suis per-
suadé que le marché, lorsqu'il ignore les signaux de l'État, conduit aussi à
des erreurs colossales. Le développement même du système capitaliste en
témoigne : laissé à lui-même, le marché est assez souvent fautif et moutonnier. Force est en effet de constater que le capitalisme s'est écroulé en 1929
et que ce sont des politiques, en fin de compte assez conservateurs, qui lui
ont permis de se reprendre en main en introduisant les mesures désormais
connues sous les noms de « New Deal » et d'« État providence ». Et la crise
financière asiatique est encore venue nous rappeler les dangers de l'inadéquation actuelle entre les règles ou les institutions de gestion publique et les
lois du marché.

Au-delà des slogans de tout ordre que l'on entend sur la mondialisation, il est impérieux de mieux cerner ce phénomène qui émerge manifestement comme force révolutionnaire de notre époque.

On ne peut encore déterminer si la mondialisation constituera une
force positive ou négative de l'histoire. Les premiers signes nous permettant d'en juger peuvent confirmer l'une de ces thèses aussi bien que l'autre.
D'un côté, la mondialisation aura entraîné des améliorations remarquables
sur le plan de la productivité, et elle s'accompagne d'une logique d'intégration mondiale digne de mention. De fait, des pays qui avaient été laissés
pour compte dans le passé ont su, au cours des dernières années, s'intégrer
à l'économie mondiale et améliorer sensiblement la qualité de vie de leurs
citoyens. D'un autre côté, la mondialisation comporte aussi une logique
d'exclusion tant à l'échelle internationale qu'à l'intérieur même de chacune
de nos sociétés. Cette logique d'exclusion est inquiétante. Elle risque de
conduire presque fatalement à une déchirure sociale, ce qui démontrerait
que la mondialisation ne produit pas les résultats nécessaires au progrès de
l'humanité.

C'est ici qu'intervient le rôle *du* politique et *de la* politique. Dans
le passé, le marché a eu besoin de l'État pour donner sa pleine mesure. De
la même manière, à l'heure actuelle, la mondialisation pourra donner
sa pleine mesure uniquement si l'État ou, à tout le moins, la fonction

politique redéfinie parvient à lui imposer une orientation plus ordonnée et plus respectueuse de l'ensemble des individus. La politique peut humaniser la mondialisation.

Gouverner demeure un art plus que jamais difficile, étant donné que nous rencontrons des situations inédites et que nous avons à traiter à la fois avec des forces économiques et techniques extrêmement puissantes et avec un nombre inouï d'inconnues. La complexité des problèmes s'est accrue exponentiellement avec la montée de la démocratie et du savoir. Heureusement, les renseignements dont nous disposons pour nous aider à prendre des décisions judicieuses atteignent un degré de fiabilité sans précédent, en raison notamment des technologies de l'information et du progrès incessant des sciences de la gestion.

ÉCONOMIE ET POLITIQUE : UN LIEN À REPENSER

Le rôle de l'acteur politique est à repenser à la lumière de ce que sont devenues les sociétés et leurs bureaucraties, les technocraties et leur expertise remarquable mais glacée. Cette réinvention présente un défi stimulant. La fonction politique est elle-même à réinventer à tous les niveaux, du local au national et au mondial. Mais, par-dessus tout, l'art de gouverner devra nous amener progressivement à une conception plus globale des politiques. Grâce à quoi on devrait pouvoir mieux définir un certain nombre de projets d'envergure susceptibles de rassembler l'humanité dans un prodigieux effort de solidarité se situant à un niveau encore jamais vu.

Si la mondialisation amenait l'être humain à considérer le capitalisme sauvage comme la seule voie d'actions — ce que les Français appellent à juste titre la pensée unique —, alors il me semble que la victoire de 1989 sur les socialistes n'aurait pas été méritée par les libéraux et que, à plus ou moins court terme, ce système deviendrait crispé, puis paralysé, comme le communisme l'a été avant lui. Il subirait ainsi le sort de tout système qui se perçoit comme une vérité scientifique ; c'est du reste ce qui a entraîné la chute du communisme.

Les prochains chapitres portent sur l'art de gouverner en cette ère de turbulence que provoque le début de la mondialisation. Ils cherchent à situer cette problématique dans son contexte. Pour ce faire, il faudra définir les phénomènes qu'il s'agit d'examiner, et clarifier des concepts tels que ceux d'ordre et de désordre ou de pouvoir et de puissance. Il y aura lieu également d'aborder quelques aspects philosophiques et politiques du libéralisme et de se demander comment il peut véritablement mériter sa victoire de 1989. Il faudra encore réfléchir sur la capacité que doit développer le capitalisme afin de reconnaître la finalité humaine de l'économie. Et, s'agissant du capitalisme, il faut en effet distinguer le capitalisme comme *modèle de production de la richesse* du capitalisme comme *mode d'organisation sociale*. Il importe aussi de distinguer le capitalisme « libéral » anglo-saxon du capitalisme « communautaire » japonais ou du capitalisme « à économie sociale de marché » de type européen, voire d'une quatrième forme de capitalisme, une forme en émergence, le capitalisme « à la chinoise ». Autres éléments de réflexion philosophique et politique, le thème de la confiance et celui de la méfiance — considérées en particulier sous le rapport de leur incidence sur le développement économique — retiendront notre attention. On se référera à cet égard aux thèses connues de Peyrefitte[2] et de Fukuyama[3] dont on approfondira la signification.

Entre autres choses, je voudrais démontrer ici que, si nous nous engagions sur la voie de la mondialisation telle que la comprennent et la souhaitent les capitalistes purs et durs, nous assisterions vraisemblablement à une sorte de vengeance de Marx : ce dernier avait éliminé toute métaphysique en réduisant l'être humain au seul rôle d'acteur économique et avait conféré à cette vérité « scientifique » du matérialisme historique une fonction centrale dans l'évolution de l'histoire. Ainsi, lorsque les chantres de la mondialisation en viennent à considérer l'individu uniquement comme un consommateur et un producteur, on se retrouve très près du marxisme : l'angle de vision est par trop réducteur. Et si on attribue un caractère scientifique aux lois du marché, on fait la même magistrale erreur. L'être humain — et non quelques prétentions scientifiques — est le moteur de l'histoire. Ainsi encore, lorsque la mondialisation fait voir la santé et l'éducation comme de simples « denrées », on se rapproche dangereusement des erreurs marxistes. Devant la tendance irrésistible des quinze dernières années, nous devons sans tarder concevoir un nouvel humanisme à la mesure de la mondialisation.

Pour apprécier l'importance du virage historique que nous fait vivre la mondialisation, il faut bien mesurer le chemin parcouru. D'où quelques considérations historiques sur l'État, le marché, le développement économique. Particulièrement important dans ce contexte, un survol de l'évolution de l'État depuis 1648 s'impose, de cet État qui s'est constitué comme moteur de la modernité en se dotant d'une autorité verticale sur les limites de son territoire et qui a ainsi remplacé l'autorité horizontale que détenaient, en leur temps, les aristocraties féodales et le clergé médiéval. Il faudra mettre en lumière le rôle de l'État dans le développement de la modernité et, surtout, bien expliquer la nature de cette autorité verticale de l'État sur son territoire, laquelle est désormais contestée par les pressions horizontales provenant, par exemple, des flux transnationaux de la mondialisation.

Dans ces conditions, chacun comprendra que se trouve réduite la marge de manœuvre des États. Or cette tendance représente une remise en question de l'ordre établi. Il faut arriver à trouver des réponses humaines à un pareil défi. La formation des États, comme l'illustre le cas de l'Angleterre, a entraîné la formation des premiers grands marchés nationaux. L'État a reconnu des droits à l'entreprise. Propriétés et contrats ont pu prendre de l'expansion dans un marché couvrant un territoire grandissant. Cela a permis le développement de l'industrie, qui dépend largement du niveau de confiance qui existe dans une société. Pour l'instant, il importe d'approfondir notre compréhension de la mondialisation et du libéralisme triomphant.

Ruptures et désordre mondial : les contradictions internes du capitalisme triomphant[1]

Un « nouvel ordre » mondial n'a pas encore réussi à émerger malgré la profonde harmonie idéologique qui s'est répandue depuis la chute du mur de Berlin en 1989. Dans l'euphorie de la fin de la guerre froide, on avait espéré remplacer l'ordre issu de l'équilibre de la terreur et du gel nucléaires par une meilleure organisation des rapports internationaux. Ce nouvel ordre aurait pu reposer sur une capacité de prévision et de gestion des crises, sur la coopération et la solidarité. Nous faisons au contraire face aux ruptures, à la recomposition générale des forces géostratégiques et sociales, au repositionnement des acteurs économiques et au bouleversement des repères culturels. Si bien que plusieurs éprouvent le sentiment de passer de l'ordre international d'hier au désordre mondial d'aujourd'hui[2].

En fait, le système international actuel repose essentiellement, comme son nom l'indique, sur la coopération et la coordination interétatiques. Pour bien fonctionner, il a donc besoin du pouvoir que l'État exerce — à l'échelon domestique — sur sa société. Durant l'ère de l'internationalisation, ce système était porteur d'ordre. Avec l'ère de la mondialisation, de la contestation de l'État et de l'émergence de nouveaux acteurs et de nouveaux enjeux transnationaux, ce système de coopération interétatique ne suffit plus à organiser les rapports entre sociétés et à gérer les crises. Il n'empêche donc pas le désordre.

DE L'ORDRE INTERNATIONAL AU DÉSORDRE MONDIAL

L'ordre international d'hier tenait au pouvoir de l'État et à son lien d'autorité vertical sur sa société. L'État contrôlait la puissance militaire et économique sur son territoire. La mondialisation brise ce lien d'autorité vertical entre le *pouvoir* de l'État et la *puissance* du marché. Or le système international n'a pas encore commencé à refléter cette nouvelle réalité. D'où le désordre.

Le nouvel ordre devra se constituer autour d'un principe fondateur du monde postcommuniste. Ce livre cherche justement à déterminer les éléments dont sera composé ce principe fondateur d'un monde — nous y reviendrons — où la force première et révolutionnaire réside dans le phénomène radical de la mondialisation. Dans ce nouveau contexte, en effet, l'harmonie idéologique ne suffit pas à assurer et à promouvoir l'ordre. Parce que l'ordre international d'hier tenait au pouvoir de l'État et à son lien d'autorité vertical sur la société, la guerre froide elle-même l'aidait à s'affirmer puisqu'elle obligeait l'État à affirmer son pouvoir. Inversement, parce qu'elle libère la puissance de la société civile de la tutelle étatique, la mondialisation entraîne le retrait de l'État. La crise actuelle du système international, c'est donc la crise même de l'État-nation, car le système international continue de reposer sur l'État en tant qu'acteur unique des relations internationales, comme si le pouvoir et la souveraineté étatiques demeuraient entiers.

La nouvelle harmonie idéologique a un nom : c'est le libéralisme. Le libéralisme a déclassé le socialisme par sa performance tant sur le plan du développement économique que sur celui des libertés. Or les deux dogmes fondamentaux du libéralisme triomphant, la libéralisation et la démocratisation, contribuent à promouvoir le désordre actuel. La libéralisation économique et la démocratisation politique limitent l'une et l'autre l'autorité du gouvernement et, donc, le pouvoir d'intervention de l'État, affaiblissant de ce fait l'ordre international.

La démocratisation subordonne l'appareil d'État à la société civile et le rend responsable devant cette dernière. La démocratisation exige de l'État des libertés politiques : liberté de parole, d'association, de manifestation, liberté pour chacun d'être ce qu'il veut. La libéralisation réduit le rôle de l'État dans l'économie et exige de ce dernier des libertés économiques : liberté de posséder des biens, de travailler, d'investir, de produire et de consommer sans entrave réglementaire étatique ou, du moins, avec un minimum de dispositions réglementaires.

Dans ses leçons au Collège de France, Alain Peyrefitte a reconnu ces libertés au cœur du miracle marchand des Hollandais, du miracle industriel des Britanniques et du miracle de l'invention et de l'innovation des Américains[3]. Peyrefitte parle de miracle, car les causes naturelles, les données visibles, les facteurs matériels ne suffisent pas à rendre compte du décollage de certaines sociétés et de l'enlisement des autres. Le dénuement est le lot commun de l'humanité depuis les origines. Ce qui a permis à certaines sociétés, au cours des deux cents dernières années, de dépasser la surmortalité, les maladies endémiques, la disette, l'analphabétisme, relève du miracle. Dans l'ordre religieux, le miracle est lié à la « foi » : il la nourrit, il s'en nourrit. Dans l'ordre des faits économiques et sociaux, la métaphore du « miracle » et le comportement de « confiance » doivent être associés. Foi et confiance, affirme Peyrefitte, sont les doublets religieux et laïque de la même racine[4]. Ces développements se poursuivent aujourd'hui sous la forme de la mondialisation, laquelle survient au détriment de l'ordre international conventionnel et entraîne — pour le moment — un grand désordre mondial.

Alors que la démocratisation accroît le contrôle et les attentes de la société par rapport à l'État, la libéralisation réduit le contrôle et les moyens d'action de l'État auprès de la société. La démocratisation augmente les attentes de la population à l'endroit de l'État, alors que la libéralisation cherche à limiter sa capacité de répondre à ces attentes. Voilà la conjugaison de phénomènes que doit affronter le libéralisme triomphant. Il fut un temps où la contestation socialiste forçait le libéralisme au compromis, ce qui l'a du reste aidé à surmonter cette contradiction interne que lui imposent ses deux dogmes fondamentaux. Maintenant que s'est dissipée la concurrence idéologique, le capitalisme sera-t-il capable de s'adapter aux besoins des individus, de leurs communautés et de leurs sociétés ? C'est cette question cruciale qui se pose désormais.

L'humanité entrera dans le XXIᵉ siècle avec pour seul modèle de développement économique le capitalisme. Que ce soit sous sa forme « libérale » anglo-saxonne, « sociale » allemande ou « communautaire » japonaise, le capitalisme s'est imposé par son efficacité et par sa performance tant sur le plan de la croissance économique que sur celui des libertés individuelles et collectives. N'empêche : s'accélérant de plus en plus, la mondialisation si organiquement liée au capitalisme entraîne des coûts importants et des conséquences inattendues.

C'est au point que la mondialisation est reconnue désormais comme force première et « révolutionnaire » de notre époque. Le terme « révolutionnaire » n'est pas exagéré, car — sous le couvert d'un immense désordre mondial — ce phénomène provoque un ensemble de ruptures fondamentales. L'État et le marché, le politique et l'économique n'opèrent plus dans les mêmes espaces ni dans les mêmes temps.

Les conséquences pour les sociétés sont énormes. Elles le sont également pour les individus. Concrètement, le défi du libéralisme placé devant ses contradictions internes, sans subir la pression d'un système idéologique concurrent, se complique encore du fait que le libre-échange, qui a historiquement profité à tous ceux qui l'ont pratiqué, ne parvient plus à améliorer la situation de tous, même s'il y a ici des variations de degré. Car plusieurs sont exclus de ses bienfaits.

LA FIN DU DOGME LIBRE-ÉCHANGISTE

Sans redistribution, quel espoir donner aux exclus dans la plupart des pays du Sud et à nombre de citoyens à l'intérieur même des pays industrialisés ? Quel espoir leur donner en cette ère de mondialisation où le libre-échange ne profite plus à tous ceux qui le pratiquent, comme ce fut le cas autrefois ?

Avec raison, ainsi que l'histoire l'a montré, le marché a offert la solution du libre-échange aux sociétés en quête de développement. Et cela, pendant longtemps, a marché. Dans l'ordre international, où l'on pensait surtout en fonction du commerce, tous les pays qui se sont conformés aux règles du GATT[5] et à sa discipline de même qu'à la rigueur des lois du marché ont largement profité d'une telle attitude. La productivité de ces pays a augmenté, et leur développement et leur croissance se sont accélérés. Les autres pays, ceux qui ont refusé ces règles et cette discipline, essentiellement les pays communistes et les pays du Sud, ont considérablement reculé. David Ricardo l'avait bel et bien démontré : le libre-échange profite à tous ceux qui le pratiquent[6]. À l'époque de Ricardo cependant, les facteurs de production étaient à peu près immobiles. Il n'en est plus ainsi, et cela représente une différence déterminante.

Dans l'économie nouvelle, tous les facteurs décisifs — le commerce, la production, la technologie, la distribution et la finance — sont intégrés. Or, à l'échelle mondiale, ces facteurs connaissent une mobilité extrême. Par conséquent, les effets du libre-échange ne sont plus *nécessairement* favorables et positifs pour tous. À quoi tient ce phénomène ? Dans un contexte d'extrême mobilité, voire de volatilité internationale des capitaux, dès lors que les producteurs se sentent suffisamment en sécurité pour investir à peu près n'importe où, ils iront où le rendement est le meilleur. Ainsi, la mobilité des facteurs a fatalement pour effet d'uniformiser leur rémunération. La concurrence s'accroît donc. En fait, elle change profondément de nature.

L'écart entre riches et pauvres s'agrandit étant donné la rareté du capital à l'échelle mondiale et l'immense réserve de travailleurs, souvent plus instruits qu'auparavant. Par là s'expliquent l'accroissement du chômage et des inégalités sociales, le surendettement, les pressions à la baisse sur toutes sortes d'institutions communautaires locales, sur les services de santé publique, sur les normes de sécurité du travail, sur la sécurité du revenu, sur le contrôle de la pollution, etc. Désormais, les entreprises occupent une large part de la place que l'État occupait naguère encore, car elles constituent un véritable système industriel et commercial mondial. D'autant plus que la mondialisation s'accélère avec des échanges qui s'accroissent trois fois plus vite que la production[7].

La concurrence dépasse à son tour les entreprises et engage les États eux-mêmes dans des réseaux de compétition industrielle et commerciale. L'efficacité de l'État est désormais décisive dans la compétitivité d'un espace économique, notamment en raison de l'importance et en particulier de la qualité des infrastructures. La matière grise — l'intelligence, le savoir et la volonté — devient la matière première de l'économie. Il reste que la dématérialisation de l'économie et la capacité qu'ont les entreprises de communiquer instantanément d'un bout à l'autre de la planète leur permettent à présent d'optimiser leurs activités sur des bases mondiales. Des rapports nouveaux apparaissent ainsi entre États et entreprises. Le rôle traditionnel prééminent des États tend à s'effacer au profit de celui des entreprises.

POUVOIR VERTICAL ET PUISSANCE HORIZONTALE :
INTERNATIONALISATION ET MONDIALISATION

Le sentiment profond de passer d'un ordre international à un désordre mondial n'est pas sans fondement. La conciliation du pouvoir vertical de l'État avec la puissance horizontale du marché ne va pas de soi. Nous ne découvrirons le principe fondateur du monde postcommuniste qu'en

posant des questions philosophiques essentielles et en renouvelant complètement nos concepts en vue d'appréhender les menaces nouvelles pesant
sur l'humanité. C'est dans cette perspective que j'explique plus loin l'importance pour les hommes et les femmes de vivre une nouvelle expérience
esthétique.

Il ne suffit pas de constater que l'ère de l'internationalisation a résolument cédé le pas à celle de la mondialisation. Il importe de saisir en quoi
ces phénomènes sont non seulement distincts mais contradictoires. L'internationalisation implique deux choses : tout d'abord, l'élargissement
de l'étendue géographique où se déploient des activités économiques et
commerciales de plus en plus nombreuses ; ensuite, l'existence de frontières
nationales que cet élargissement a précisément pour vocation d'envelop-
per dans des ensembles, des touts de plus en plus vastes. L'internationalisation accroît donc l'interdépendance des sociétés conçues comme
États-nations. D'ailleurs, le terme même d'internationalisation évoque justement les échanges accrus « entre nations » et signale par là une certaine
étanchéité des espaces économiques et des frontières nationales, c'est-
à-dire politiques.

L'internationalisation attribue ainsi un rôle déterminant à l'État en sa
qualité d'acteur unique en droit, et sans rival sérieux en fait, dans les relations internationales. Engageant l'État sur la voie de la coopération interétatique, l'internationalisation lui reconnaît une responsabilité majeure et
sur sa société et sur son territoire. Même lorsque l'internationalisation
amène l'État à céder certains de ses pouvoirs et responsabilités à un quelconque niveau supranational, elle recrée à ce niveau le mode d'autorité verticale propre à l'État, mais le fait sur un territoire plus étendu qui regroupe
deux ou plusieurs pays.

La mondialisation est qualitativement d'un autre ordre. Elle réduit le
rôle de l'État dans les relations internationales et modifie en profondeur ses
compétences à l'égard de la société vivant sur son territoire. La mondialisation implique un degré élevé d'intégration fonctionnelle des activités économiques, industrielles et financières dispersées à travers divers espaces. Il
s'ensuit inévitablement une atténuation de l'autorité verticale de l'État sur
l'ensemble des forces économiques, financières et industrielles de son
propre territoire. Ainsi placé dans une situation précaire, l'État ne peut plus
assumer les responsabilités auxquelles il a habitué les citoyens. Il en devient
même d'autant moins capable que la diminution de son autorité verticale
rend fort peu efficaces, dans plusieurs cas, les tentatives de coopération
interétatique.

Récent, ce phénomène de mondialisation résulte de la libéralisation des échanges commerciaux, de la déréglementation et des progrès des diverses technologies de l'information, notamment de la télématique, alliage de télécommunication et d'informatique. L'entreprise peut désormais choisir d'accomplir telle ou telle fonction *industrielle* dans tel ou tel espace *géographique* selon une logique *économique* et nonobstant toute considération *politique*. Or cette nouvelle répartition mondiale du travail suit une hiérarchie technologique. Contrairement à la multinationale qui devait répéter lourdement le modèle de la maison mère de pays en pays, l'entreprise mondiale témoigne de plus de flexibilité et intègre souvent, par des réseaux ou des alliances stratégiques, ses différentes fonctions de production, de recherche, de financement, de marketing et d'informatique, s'acquittant de chacune de ces fonctions dans l'espace qui lui sied le mieux. En somme, la mondialisation ignore les frontières politiques et fusionne les espaces économiques.

En ce sens particulier, la mondialisation apparaît au milieu des années 1980. On pourrait symboliquement situer sa naissance économique le jour où l'on a relié électroniquement les trois grandes bourses de Londres, New York et Tokyo, permettant ainsi aux capitalistes du monde entier d'investir jour et nuit dans les grandes entreprises multinationales. Politiquement, c'est la chute du mur de Berlin en novembre 1989 qui constitue, comme on l'a déjà signalé, la consécration symbolique du phénomène de la mondialisation en tant que moteur premier de l'histoire contemporaine récente et des affaires mondiales. Car, par la force des choses, les pays où l'État avait pris toute la place, où le politique dominait totalement l'économique, ont été les premiers à connaître les grands bouleversements révolutionnaires de cette nouvelle ère. Quoique ces grandes mutations n'atteignent pas toutes les sociétés au même rythme ni au même degré, elles n'en représentent pas moins une tendance globale et, surtout, inéluctable.

LA RUPTURE DES ESPACES ET DES TEMPS

En cette ère de mondialisation, par opposition aux espaces économiques qui tendent à s'intégrer, les espaces politiques tendent, eux, à se fragmenter. Et ce, de plusieurs façons. D'abord, au cours de la dernière décennie, une trentaine de nouveaux pays sont apparus, essentiellement à cause de la chute du communisme. Mais, également et plus fondamentalement, on connaît bien le phénomène de l'émergence des villes et des régions à titre d'acteurs autonomes et de centres de décision partout dans le monde, et ce, même dans des organisations supranationales originales, telle l'Union européenne. Qui plus est, les progrès de la démocratie et les replis communautaires devraient intensifier la quête d'une plus grande souveraineté politique par les minorités de pays actuellement constitués. En raison de l'intégration des espaces économiques, de la continentalisation des économies elles-mêmes et de la mondialisation des entreprises et des marchés, cette recherche d'une souveraineté politique accrue s'accompagne paradoxalement d'une perte de signification, ou du moins d'une perte de portée, de la souveraineté politique si intensément convoitée.

Les espaces politiques deviennent de plus en plus exigus, et les espaces économiques de plus en plus vastes. Il en résulte une rupture de la coïncidence entre espace économique et espace politique. Sans compter qu'à cette rupture des espaces correspond une rupture des temps politique et économique, plus précisément une rupture de leurs durées.

Les États doivent maintenant tenir compte des droits de la personne et consulter plus que jamais les groupes identitaires et les groupes de pression de chaque région de leur territoire. Ils doivent mener ces consultations avant même de se concerter entre eux pour coordonner leurs actions et leurs politiques. Désormais inhérentes à un processus décisionnel déjà complexe, ces consultations à la ronde prennent beaucoup de temps. Le temps politique, le temps de l'État, connaît un ralentissement certain. La capacité d'action de l'État est ralentie.

En revanche, le temps économique devient de plus en plus rapide. La technologie et la déréglementation accélèrent l'innovation et réduisent le cycle de vie d'un produit. À preuve, le secteur de l'informatique et le carrousel des logiciels… Le capital voyage à travers le monde à la vitesse de l'éclair, et l'épargnant doit apprendre à gérer le fruit de son travail de manière rapide et fluide, à rechercher un rendement risqué mais élevé à court terme plutôt qu'un revenu plus assuré mais moindre à long terme.

Inspiré par la célèbre thèse de Kant[8], le rêve des architectes de l'après-Seconde Guerre mondiale était de parvenir à un état de paix perpétuelle et de développement constant par l'interdépendance des pays. Les institutions économiques de Bretton Woods[9] tentaient donc de promouvoir l'internationalisation des économies.

Cette vision des choses a pris forme dans un contexte où l'on pensait surtout en fonction du commerce. À l'heure actuelle, la production, la technologie, la distribution et la finance aussi bien que le commerce sont intégrés. La nouvelle économie mondiale se compose d'entreprises nationales et transnationales traversant les frontières, d'investisseurs individuels, de fiducies et de capitalistes « traditionnels » constamment à la recherche des profits le plus élevés et le plus rapides possible.

On voit ainsi se dégager une immense zone d'irresponsabilité. Échappant littéralement à tout contrôle, l'économie globale n'est jamais tenue de rendre compte de ce dont elle est la cause. En outre, elle n'est tenue de respecter aucun des principes de légitimité qui s'appliquent aux relations entre les individus et l'État.

D'où l'émergence, en marge des zones de responsabilité de l'État, d'une nouvelle puissance anonyme et apatride, une puissance enivrante mais redoutable.

CHAPITRE III

Le divorce du couple « État-marché »

N'habitant plus le même espace, ne vivant plus dans le même ordre temporel ni surtout au même rythme, l'État et le marché doivent asseoir leurs rapports sur de nouvelles bases. Ils le doivent, car c'est essentiel au développement des sociétés et aux libertés individuelles.

Être de raison, être abstrait, être hégélien, l'État, comme nous le concevons encore aujourd'hui, a pour problématique essentielle la *légitimité,* c'est-à-dire la recherche délibérée du juste, du raisonnable et de l'équitable. Son horizon temporel est celui de la *longue durée,* celui des lois, des constitutions et des chartes. Le marché, quant à lui, veut répondre le mieux possible et le plus vite possible aux besoins de consommation et de production des sociétés. Il a pour problématique essentielle l'*efficacité* et le *profit.* Plus près de l'instinct et du désir, il ne partage pas l'horizon temporel de l'État : le sien est celui — impérieux — de l'*immédiateté.*

Dans ce contexte, la précarité nouvelle de la situation de l'État s'explique aisément. Son pouvoir d'assumer ses responsabilités a toujours dépendu de son lien d'autorité vertical sur l'ensemble des forces économiques et industrielles de son territoire. Or c'est précisément ce lien d'autorité vertical qui se trouve irréparablement altéré. Un tel changement, une transformation à ce point fondamentale amènera forcément des conséquences dont l'ampleur nous échappe encore.

Qu'on y réfléchisse un peu. Alors que l'internationalisation accroissait sans plus l'interdépendance des économies nationales, la mondialisation, elle, élimine la réalité de l'économie nationale et son concept même. Sous ce rapport, le résultat de la mondialisation ne s'arrête pas à la rupture de la coïncidence entre les espaces politiques et les espaces économiques. Dans la mesure où les espaces politiques tendent à se fragmenter *au moment même où* les espaces économiques tendent à se fusionner, ce qui survient, c'est une véritable révolution dans les rapports entre l'État, l'entreprise et l'individu. Autrement dit, le bouleversement actuel remet en cause le rôle même *du* politique dans chaque société et dans le monde. La rupture de la coïncidence entre les espaces politiques et les espaces économiques mène ainsi directement à la rupture entre le pouvoir de l'État et la puissance du marché.

Là réside précisément le potentiel révolutionnaire de la mondialisation. Car les changements qu'elle provoque nous obligent à repenser, à réinventer la démocratie.

Toute révolution n'est pas violente. Il a suffi de moins de cinquante ans pour que les Français — qui pensaient comme Bossuet — pensent finalement comme Voltaire[1]. « La hiérarchie, la discipline, l'ordre que l'autorité se charge d'assurer, les dogmes qui règlent fermement la vie : voilà ce qu'aimaient les hommes du XVIIᵉ siècle. Les contraintes, l'autorité, les dogmes, voilà ce que détestent les hommes du XVIIIᵉ siècle, leurs successeurs immédiats. Les premiers sont chrétiens, et les autres antichrétiens ; les premiers croient au droit divin, et les autres au droit naturel ; les premiers vivent à l'aise dans une société qui se divise en classes inégales, les seconds ne rêvent qu'égalité[2]. » Voilà bien une révolution. Et profonde.

De la même manière, il a suffi d'une cinquantaine d'années pour que le monde — qui pensait en fonction de la nation — pense finalement en fonction du monde. Dans l'un et l'autre cas, la profondeur du changement interdit de parler d'une simple évolution et force à constater qu'il s'agit, en fin de compte, d'une révolution. En quoi ?

POUVOIR ET PUISSANCE[3]

Le pouvoir, c'est la capacité d'agir. Outre la faculté naturelle d'agir, il implique la faculté légale ou morale — donc le droit — de faire quelque chose. Le terme de pouvoir véhicule toujours une idée d'activité, d'action. Le mot est synonyme d'autorité et, d'ailleurs, on l'emploie régulièrement en lieu et place du terme d'État qui désigne, pour ainsi dire, l'incarnation humaine, l'institutionnalisation par excellence du pouvoir. Le pouvoir comprend un élément d'éphémère. Sa logique se réclame de la raison, et son lieu, dans le corps humain tout comme dans le corps social, est en conséquence « cérébral », c'est la tête « plus aérienne, plus près du ciel », pour reprendre le langage des Anciens. La problématique du pouvoir est celle de la légitimité. Comme pour l'État.

Pour sa part, la puissance fait référence à quelque chose de durable, de permanent. Elle est de l'ordre de la virtualité, de la potentialité. Aristote la disait plus ambiguë et moins déterminée que l'acte. Quand on a la puissance de faire quelque chose, on exerce ou non le pouvoir de faire ce quelque chose. Le pouvoir n'est, en ce sens, qu'une modalité de la puissance. On arrive au pouvoir mais on a la puissance. Le lieu de la puissance, dans le corps humain, est le ventre considéré par les Anciens comme plus matériel, plus près de la terre que la tête. La logique de la puissance est celle de l'instinct, du désir. Sa problématique est celle de l'efficacité. Comme pour le marché.

L'ensemble des forces en présence sur l'échiquier mondial, voilà la puissance. Elle peut donc se révéler positive ou négative, constructive ou destructrice. La puissance, c'est la vitalité brute, l'énergie indifférenciée. Elle est essentielle au système mondial dont elle constitue le fondement. C'est l'orientation que lui donnera le pouvoir qui déterminera sa portée, bonne ou mauvaise. Car, en soi, la puissance n'a pas de valeur morale.

La définition de la puissance et du pouvoir donnée par Condillac porte à réfléchir : « Il semble que le premier de ces mots est plus relatif à la force, et le second à la liberté, c'est-à-dire à un usage raisonnable de la force et c'est pourquoi l'homme juste use de son pouvoir, l'homme injuste abuse de sa puissance[4]. » Il en va de même des sociétés et des États. Le rapport entre l'État et le marché détermine la capacité de faire un usage raisonnable du marché. Laissées à elles-mêmes, les forces du marché entraînent un grand désordre et ne permettent pas la finalité humaine de l'économie. La puissance de son instinct et de ses désirs, au contraire, réduit l'être humain à ses fonctions de consommateur et de producteur.

Pourtant clairs et précis durant toute la guerre froide, des concepts fondamentaux comme ceux d'ennemi ou de menace voient leur sens s'altérer. Dans le monde international d'hier, un lien vertical fort existait entre la puissance, militaire et nucléaire surtout, et le pouvoir toujours essentiellement entre les mains de l'État, seul utilisateur légitime de la force.

Les liens verticaux, où la puissance était sous l'autorité d'un pouvoir légitime, perdent une bonne part de leur signification du fait de l'importance réduite des enjeux militaires et stratégiques depuis la fin de la guerre froide. Quel est l'ennemi de l'Occident ? L'OTAN ne sait que répondre.

Cette alliance stratégique s'interroge même sur sa propre identité et se cherche une mission. À quelles menaces fait face aujourd'hui l'humanité ? Certains désignent ces périls diffus que sont la drogue, le sida, l'effet de serre, le terrorisme, la prolifération nucléaire et balistique, tous des dangers transfrontaliers. Le lien vertical, où la puissance militaire se trouvait sous l'influence du pouvoir de l'État, est donc nettement moins fort.

Même phénomène du côté de la puissance économique. Le lien vertical — du haut vers le bas — entre l'État et le marché demeurait aussi très significatif. L'État affirmait son pouvoir par la réglementation et le contrôle qu'il exerçait toujours sur l'économie nationale et sur les entreprises situées sur son territoire, y compris les filiales de multinationales. Depuis, il a perdu petit à petit ses outils traditionnels de gestion, notamment l'établissement de tarifs douaniers, l'octroi de subventions, l'orientation de la politique monétaire. Alors que chaque filiale de multinationale et chaque entreprise avait intérêt à informer précisément l'État de ses besoins et que celui-ci pouvait, par certaines de ses décisions, aider l'entreprise, le lien de l'entreprise avec l'État national n'a plus la même importance.

L'ENTREPRISE : DE MULTINATIONALE À GLOBALE

L'entreprise performante a déjà à la fois profité de cette situation et accentué la modification des rapports de force entre l'État et le marché. Celle-ci est d'ailleurs au cœur de l'évolution historique actuelle. En réalisant chacune de ses fonctions dans l'espace économique le plus approprié aux exigences de l'efficacité et du profit, l'entreprise mondiale a surclassé la multinationale, d'ailleurs en perte de vitesse depuis un certain temps. Voilà que cette entreprise saisit les occasions que lui offre la mondialisation et, du coup, lui donne encore plus d'élan.

La mondialisation, on l'a vu, est révolutionnaire. Il s'agit d'une forme d'internationalisation plus avancée et plus complexe qui implique un degré d'intégration fonctionnelle d'activités économiques dispersées à travers divers espaces. C'est un phénomène tout à fait récent qui fusionne les espaces économiques et qui ignore les frontières politiques.

Il faut donc y revenir, car c'est capital : alors que l'internationalisation accroissait simplement l'interdépendance des économies nationales, la mondialisation porte en elle l'élimination du concept, puis de la réalité même des économies nationales. On ne pense plus l'économie de la sorte. D'où la rupture de la coïncidence entre les espaces politiques et économiques.

Si l'on comprend bien la distinction entre internationalisation et mondialisation, l'explication est assez simple. À l'époque de l'*inter*nationalisation, une entreprise devait être passablement grande et puissante pour développer un réseau à travers le monde, car elle devait répéter de pays en pays le modèle de la maison mère, dans tous ses aspects, dans toutes ses fonctions, sauf peut-être celle de la recherche et du développement. Seule la *multi*nationale en avait les moyens ; c'est donc surtout elle qui a profité de l'internationalisation.

À l'ère de la mondialisation, l'entreprise qui performe le mieux est suffisamment souple et flexible pour intégrer le plus efficacement possible ses différentes fonctions industrielles en réalisant chacune dans l'espace économique où il est le plus rentable et productif de l'effectuer. Cela est possible pour l'entreprise qui a développé une capacité stratégique importante, une intelligence élevée permettant de profiter à fond des puissants réseaux de télécommunications et des informations accessibles. La très grande entreprise est souvent pénalisée en raison de sa taille qui la prive de la souplesse et de la flexibilité qui lui permettraient de participer à des alliances stratégiques favorisant l'intégration des fonctions industrielles indépendamment des frontières économiques et politiques.

ÉVITER LE SORT DES DINOSAURES

Depuis quelque temps déjà, dans un monde où les changements se font de plus en plus rapides, les gourous de la gestion appellent à faire autrement. Partout, pour les entreprises, grandes et petites, le mot d'ordre est le même : il faut échapper au sort fatal réservé aux dinosaures disparus faute d'avoir pu s'adapter aux bouleversements touchant leur environnement.

Plusieurs grandes entreprises d'ailleurs ont subi le sort des dinosaures parce qu'elles n'ont pas su s'adapter aux nouvelles règles du jeu. Ainsi, de la liste des douze entreprises mondiales les plus fortes que le *Wall Street Journal* publiait au début du siècle, une seule entreprise existe encore aujourd'hui. En 1982, deux auteurs américains publiaient un livre intitulé *In Search of Excellence*[5], qui mettait en lumière les entreprises américaines les plus performantes : huit ans plus tard, 50 % de ces entreprises étaient déjà disparues ou encore avaient connu des difficultés majeures. Des cinq cents plus grandes compagnies apparaissant dans le palmarès de 1985 de la revue *Fortune*[6], 40 % n'existent plus aujourd'hui.

Ainsi, la grande entreprise a dû opérer des restructurations importantes et des cures d'amaigrissement qui ne sont pas étrangères aux taux élevés de chômage actuels. Selon la revue américaine *Fortune*[7], alors que les Top 500 employaient 16,2 millions de personnes en 1979, les cinq cents plus grandes entreprises américaines du classement de 1993 n'en employaient plus que 11,5 millions. Cela correspond à une baisse d'effectifs de quelque 4,7 millions de personnes, c'est-à-dire près de 30 % sur une période de treize ans.

La mondialisation est certes une tendance lourde, une force incontournable de notre époque. Pour certains, il s'agit d'une évolution positive vers des valeurs universelles mieux partagées, vers un monde moins divisé, vers une meilleure compréhension des autres, vers une concurrence enfin libre entre les meilleurs à l'échelle planétaire. Une voie rapide vers l'excellence et le progrès.

Pour d'autres, au contraire, la mondialisation constitue une force menaçante, incontrôlable et aliénante à l'échelle locale, notamment pour les institutions qui nous sont familières : l'entreprise locale, le syndicat, la municipalité, le groupe de pression, la région, voire l'État national. Bref, la mondialisation amènerait un nivellement des valeurs par le bas, l'érosion des identités régionales ou nationales, la subordination des peuples à des forces aveugles, lointaines et sans âme. Ce serait, en quelque sorte, le prélude à un navrant melting-pot planétaire avec la bâtardisation que cela implique.

Il est inutile d'analyser la mondialisation à partir de critères moraux. Le processus n'est en soi ni bon ni mauvais. Ce qui est sûr, en revanche, c'est qu'il n'est pas neutre par rapport aux structures économiques et politiques de la société et qu'il est susceptible de faire des gagnants et des perdants.

La mondialisation est, entre autres, le produit des nouvelles technologies de l'information, situées au confluent de deux des plus puissants courants d'innovation de l'histoire humaine : la microélectronique, qui permet le traitement à coûts minimes de volumes gigantesques de données, et les télécommunications, qui rendent possible leur transport massif et instantané à l'échelle planétaire. On parle de plus en plus de télématique. La mondialisation influence, d'abord et avant tout, les activités qui ont un important contenu d'information[8].

Les espaces économiques entrent donc en concurrence pour obtenir que s'établissent sur leurs territoires les fonctions les plus nobles de la hiérarchie technologique. L'importance relative de l'entreprise dans la nouvelle géographie mondiale ne cesse de s'accroître. L'État, de moins en moins gestionnaire de son économie, se transforme rapidement en partenaire de l'entreprise et devient lui-même un simple acteur sur le théâtre des concurrences industrielles et commerciales au lieu d'en être le régulateur. On est loin du rôle prestigieux d'acteur unique et souverain dans les relations internationales.

L'ÉMERGENCE D'UNE SOCIÉTÉ CIVILE GLOBALE

Le nombre et la puissance des organisations non gouvernementales (ONG) sont également au cœur du phénomène de la mondialisation, même si on parle surtout de la « globalisation » des marchés et des économies. Pour l'essentiel, l'influence des ONG tient elle aussi aux progrès technologiques qui ont permis le marché mondial.

Le réseau Internet fournit une illustration frappante de ce phénomène. Pour un coût équivalent à celui d'une communication téléphonique, Internet permet en effet de faire circuler une quantité astronomique d'information entre un grand nombre d'individus aussi bien qu'entre de multiples regroupements. Cet échange, qui va constamment en s'amplifiant, ignore systématiquement les frontières traditionnelles.

Résultat immédiat de cette situation, la perte d'autonomie des gouvernements nationaux se transforme, bon gré mal gré, en partage des pouvoirs entre ces derniers et un grand nombre d'ONG. Celles-ci sont d'ailleurs parvenues à occuper une place décisive à l'échelle de la planète. Ainsi, l'aide que les ONG apportent aux gens dans le besoin, où qu'ils soient dans le monde, dépasse l'aide procurée aux mêmes gens par l'ensemble du réseau des institutions de l'ONU, à l'exclusion de la Banque mondiale et du Fonds monétaire international (FMI)[9].

Les groupes transnationaux prennent une partie de plus en plus importante de l'ordre du jour international par leur expertise et leur capacité d'action directe dans les pays touchés par les crises environnementales, épidémiques et politiques.

Dans le domaine environnemental, la croissance des organisations non gouvernementales est surprenante. Les Nations unies dénombraient, en 1993, 726 organisations membres du programme sur l'environnement. L'Union pour la conservation mondiale comptait de son côté 450 membres. Le Réseau africain pour l'environnement réunissait, lors de sa formation en 1982, une cinquantaine d'organisations, nombre qui allait augmenter dès 1990 à 530 ONG réparties dans 45 pays.

Les individus membres de ces organisations et les fonds manipulés par elles connaissent de même une importante croissance qui leur assure une indépendance politique de plus en plus réelle. Le World Wildlife Fund américain a vu ses revenus passer de 9 millions de dollars à 53 millions de 1980 à 1993 tandis que le nombre d'individus affiliés à Greenpeace passait de 1,4 million à 6,75 millions durant la même période. L'organisation des Amis de la Terre a commencé ses activités en 1969 avec des bureaux à San Francisco et s'est rapidement établie à Paris et à Londres en plus de s'affilier, en 1992, à vingt-cinq autres groupes disséminés sur toute la planète.

La prise en charge de problèmes globaux par des associations non gouvernementales déborde le cadre des questions environnementales pour toucher la survie des peuples indigènes, la justice sociale, les droits humains et l'économie. La Coalition pour la justice dans les *maquiladoras* regroupe ainsi plus de quatre-vingts organisations liées aux problèmes économiques transfrontaliers des États-Unis et du Mexique.

Les ONG dépendent encore beaucoup, dans le cas de l'Afrique mais aussi de l'Amérique latine et de l'Asie, du financement gouvernemental. En ce sens, un grand nombre d'organisations du Sud voient leur crédibilité et leur indépendance d'action mises en doute. Les organisations indépendantes du financement gouvernemental permettent toutefois d'inaugurer une critique sérieuse des politiques gouvernementales. Les ONG émettent des jugements sévères sur les questions de la dette mondiale, du commerce et de la validité du rôle des banques dans le développement mondial. Le pouvoir de négociation des plus grandes organisations non gouvernementales parvient à altérer l'action étatique dans plusieurs domaines.

La contribution du World Wildlife Fund à des projets conduits dans les pays en développement a atteint 62,5 millions de dollars durant la dernière décennie. Plus importante encore est la redistribution des fonds accordés par les pays de l'OCDE aux institutions internationales de coopération par l'entremise des ONG. Ainsi, de 10 % à 15 % de toute l'aide au développement est contrôlée par les ONG. La perspective des organisations non gouvernementales s'éloigne grandement de celle de l'ordre étatique, jugé conservateur et administrativement paralysé.

L'expérience des ONG leur permet de prendre part à la ratification et à l'application de traités internationaux. La Convention sur le commerce international des espèces en voie de disparition fut mise sur pied par des ONG, son application est sous leur surveillance. De même, les organismes environnementaux, Greenpeace en tête, ont joué un rôle primordial dans l'élimination de toute prospection minière dans l'Antarctique. Sur les recommandations des organisations, la France et l'Australie ont appuyé le traité de l'Antarctique faisant de cette zone géographique une zone dédiée à la recherche scientifique.

Les manquements des États et du système international actuel permettent aux organismes indépendants d'occuper une part de plus en plus importante dans la gestion des biens communs. L'importance des nouveaux organismes est telle que nombre de spécialistes en viennent à considérer la réalité interétatique des Nations unies comme un héritage dépassé. Une réforme de l'ONU afin de soutenir l'émergence d'une véritable démocratie mondiale est un projet désormais fortement soutenu par la pratique quotidienne des groupes indépendants de l'État.

La mondialisation des organisations non gouvernementales suit la tendance des marchés des biens et de la finance qui rendent les frontières peu à peu inexistantes. L'État n'en conserve pas moins son rôle, en raison de l'apparition de commerces illicites, tel celui des stupéfiants, et de la multiplication d'organisations criminelles de plus en plus diversifiées qui profitent de l'élimination des barrières.

Certains vont jusqu'à conclure que l'écologie est aujourd'hui la seule force vivante de contestation du capitalisme. Elle en dénonce les effets pervers, les « externalités » négatives comme disent les économistes, notamment dans le domaine de l'environnement. L'écologie se propose de maîtriser ces effets par des actions concertées et contraignantes. À bien des égards, elle représente un des avatars modernes de la vieille idée de planification. Le socialisme classique prétendait agir en amont. Pour prévenir la pollution propre à l'économie capitaliste, il préconisait carrément d'en changer le moteur. Plus modeste, l'écologie prétend intervenir en aval et améliorer le rendement du moteur. Pour Jacques Julliard[10], l'écologie serait même la seule forme crédible du socialisme en l'ère postcommuniste.

Au fond, cela n'a vraiment rien d'étonnant. Après tout, qui détient l'information détient le pouvoir, comme chacun sait. Or les États n'ont plus le contrôle de l'information : ils ne peuvent donc plus détenir le monopole du pouvoir.

Phénomène déterminant, les nouvelles technologies de l'information permettent aux individus d'adhérer aux groupes et aux mouvements de leur choix. Il se crée ainsi des réseaux d'allégeances et d'appartenances non seulement indépendants des États et de leurs frontières mais plus significatifs pour leurs adhérents que les États eux-mêmes ne le sont : c'est toute la différence entre le groupe qu'on choisit et celui auquel on appartient d'office.

Cette situation sans précédent a de toute évidence des avantages. Mais elle pose aussi des problèmes. Car il ne faut pas se le cacher : les ONG agissent en fonction de leurs intérêts propres comme tout autre corps organisé. Le fait que, en règle générale, les membres des ONG ne tirent pas un profit financier personnel de leurs activités qualifiées à juste titre de bénévoles n'empêche en rien qu'ils en tirent d'autres satisfactions : ils sont notamment engagés en faveur de leurs valeurs, de leur vision du monde. On a décidément affaire ici à un nouveau type d'acteurs transnationaux et à un nouveau type d'enjeux.

Or l'ordre international n'est pas équipé pour affronter ces nouveaux enjeux et organiser ces nouveaux acteurs. D'abord et avant tout interétatique, l'ordre international n'a même pas commencé à refléter l'évolution favorisant la société civile aux dépens du secteur public. Marqué par son histoire occidentale et par sa formation dans le contexte de la Renaissance européenne, l'ordre international demeure prisonnier du droit international toujours incertain et fragile, voire déjà dépassé. D'où la question suivante : quoiqu'il n'y ait toujours pas de véritable communauté mondiale, peut-on dès maintenant penser à un droit mondial ? Non seulement on le peut, mais on le doit : nous n'avons tout simplement pas le choix.

En effet, avec l'affirmation de la société civile et le contournement de l'État, nous assistons parfois à une véritable revanche des sociétés. Ce qui ne va pas sans risque et peut engendrer un grand désordre. Avec la multiplication des acteurs, le système international perd sa capacité de gérer les rapports de puissance, donc de préserver l'ordre. C'est de moins en moins un système réel et toujours davantage un simulacre de système dont les déconvenues ne surprennent même plus... Aussi, peu s'étonnent des échecs de la médiation internationale, des crises ou des ratés de la gestion actuelle de l'interdépendance.

Autant l'internationalisation dépendait des liens verticaux entre le pouvoir et la puissance, s'en accommodait et les encourageait, autant la mondialisation renforce la puissance et la libère de son assujettissement au pouvoir. Le pouvoir est à l'internationalisation ce que la puissance est à la mondialisation. Il s'ensuit qu'une puissance non soumise à un pouvoir est dangereuse, potentiellement révolutionnaire dans un sens positif ou négatif.

L'ordre international est donc marqué par la coexistence de deux mondes dont les liens se font de plus en plus lâches et deviennent même conflictuels. Le premier est le monde de l'État et des organisations intergouvernementales, monde codifié, ritualisé, formé d'un nombre fini d'acteurs, connus et plus ou moins prévisibles ; ce monde qui s'achève — du moins en tant que système unique — est celui où résidait le pouvoir et où réside toujours la légitimité. Le second est un monde multicentré et diffus avec un nombre infini de participants dont la capacité d'action internationale est de plus en plus indépendante de l'État dont ils sont néanmoins censés relever[11].

Cette dualité a empêché l'émergence d'un nouvel ordre mondial. L'espérance de 1989 cède la place à l'incertitude, au désarroi, à l'insécurité : le monde est plein de ruptures…

L'ALLÉGEANCE CITOYENNE

Les mécanismes psychosociaux qui vont de pair avec la mutation de l'ordre international poussent l'individu tout à la fois vers l'identification supranationale et vers la communauté subnationale, deux mouvements qui surviennent au détriment de l'allégeance du citoyen à l'État-nation. Or le monde des États repose sur une exclusivité des allégeances citoyennes, et le système international repose sur la capacité qu'a l'État d'agir en engageant totalement un certain nombre d'individus et de sujets.

Pour sa part, le monde multicentré repose au contraire sur des réseaux d'allégeances très peu codifiées, dont la nature et l'intensité dépendent de la volonté libre et momentanée des acteurs en cause. Il vise à élargir son autonomie par rapport aux États, donc à banaliser la remise en cause des frontières politiques et des souverainetés étatiques. Bertrand Badie évoque même à ce sujet « la fin des territoires[12] ».

Le monde de l'État, c'est-à-dire celui du pouvoir, fait un usage privilégié de la contrainte, et sa problématique — on ne doit jamais l'oublier — tient de la légitimité. Le monde multicentré, c'est-à-dire celui de la puissance, fait un usage prioritaire des relations informelles entre individus, et sa problématique — il faut insister — est celle de l'efficacité. Cette problématique fait la force de l'ordre marchand.

Les relations transnationales peuvent dès lors être définies comme l'ensemble des relations qui se construisent dans l'espace mondial au-delà du cadre étatique national et qui se réalisent en échappant au moins partiellement au contrôle ou à l'action médiatrice des États.

L'allégeance citoyenne de l'individu, déjà ébranlée par les ratés de l'État providence, ne trouve toutefois pas son compte dans la transformation que le marché lui impose. Se voyant confiné dans les seuls rôles de consommateur et de producteur, l'individu s'aperçoit bien que son identité est en pleine redéfinition. C'est ici que s'exerce cette sorte de vengeance de Marx qu'on a évoquée antérieurement.

LES TRIBULATIONS DE L'ORDRE MARCHAND

Il reste que, pour le moment, la principale donne de ce monde multicentré, c'est le marché. L'ordre marchand, porté par l'émergence d'une puissante économie transnationale et mondiale, impose les lois du marché. Même les États sont soumis à sa discipline lorsqu'ils veulent financer leurs déficits et attirer chez eux des investissements créateurs d'emplois. Le GATT, puis l'Organisation mondiale du commerce (OMC) et le Fonds monétaire international (FMI), instruments de coopération interétatique, ont également entraîné un *désarmement économique,* privant l'État d'outils importants pour accomplir les tâches qu'on a pris l'habitude de lui confier. L'État a donc cédé au marché une grande part de ses compétences, et ce sont maintenant des acteurs transnationaux qui maîtrisent les éléments clés de la puissance : accès au financement, au marché, à la technologie et à l'information.

Le triomphe du libéralisme et la consécration du capital comme principal facteur de production seront de courte durée si le capitalisme n'arrive pas à résoudre la contradiction devant laquelle le placent ses deux dogmes fondamentaux de la démocratisation politique et de la libéralisation économique. En fait, on l'a vu, la libéralisation prive l'État de moyens, d'outils et de ressources, ce qui l'empêche de répondre aux besoins et aux demandes des citoyens et des groupes d'intérêt que la démocratisation, par contre, tend à multiplier et à légitimer. Ainsi la redistribution des richesses est de plus en plus difficile à réaliser alors même que l'écart entre riches et pauvres s'agrandit, inspire des revendications politiques légitimes et conduit à des déséquilibres sociaux. Voilà une question philosophique essentielle dont la pertinence augmentera à mesure que la logique de la mondialisation nous entraînera vers ce que Bertrand Badie appelle les tribulations de l'ordre marchand[13].

CHAPITRE IV

Confiance et développement

Dans un livre au titre évocateur, *Trust*[1], le sociologue américain Francis Fukuyama tente de déterminer quelles sociétés s'adapteront harmonieusement au nouvel ordre global de la mondialisation. Selon lui, ces sociétés ont en commun un facteur déterminant : le niveau de confiance qui existe entre leurs membres et qui influence de manière décisive le rendement de leur économie, au point qu'il les caractérise.

Ce niveau de confiance se mesure par ce que Fukuyama appelle une « sociabilité spontanée », c'est-à-dire une propension sociale à former des groupements, ou à s'y intégrer, à l'extérieur de la famille. Une telle sociabilité a pour effet de préparer psychologiquement les gens à travailler de façon autonome mais coopérative dans le secteur privé. Elle débouche sur l'actionnariat largement participatif et sur le syndicalisme à l'allemande ou à la japonaise, un syndicalisme de concertation plutôt que de revendication. Elle est essentielle à la grande entreprise, qui amasse du capital et développe des technologies clés de manière beaucoup plus efficace que la petite entreprise familiale. Mais elle incite aussi au bénévolat, au mécénat et à l'action communautaire d'origine privée. Illustrant son propos, Fukuyama indique trois sociétés à « faible niveau de confiance » : la Chine, l'Italie et la France. Le Japon, l'Allemagne et les États-Unis seraient, quant à eux, des sociétés à « haut niveau de confiance ».

Les sociétés à faible niveau de confiance sont un terrain fertile pour les entreprises de type familial. Sans une aide importante de l'État, elles ont cependant beaucoup de difficulté à accéder à un niveau supérieur d'activité économique. Par exemple, comme nous le verrons dans la troisième partie, le Québec dans son ensemble a longtemps fait partie de ce type de société. Les sociétés à haut niveau de confiance ont cultivé beaucoup plus tôt une forte vie associative. Les regroupements spontanés issus de la société civile y sont nombreux. Actifs dans le champ de l'économie, ils se situent entre la famille et l'État. Ils augmentent par leur présence le « capital social » qui, seul, permet la création des entreprises susceptibles de se mesurer à la concurrence mondiale.

La capacité de créer, de produire et d'assimiler de nouvelles technologies se trouve plus que jamais au cœur du développement. En découlent les positions de domination et de dépendance à l'échelle planétaire. Dans la mesure où les entreprises ne se contentent plus d'exporter — ce qui faisait coïncider leurs intérêts avec ceux de l'État —, la logique des entreprises se dissocie de plus en plus de la logique des États-nations : les entreprises recherchent des investissements productifs à l'étranger au besoin et se relocalisent volontiers si cela est requis. Les entreprises des sociétés à faible niveau de confiance sont pénalisées dans cette nouvelle économie, car l'État, partenaire qui leur est essentiel, n'y joue plus le même rôle traditionnel. Pire : les intérêts de l'État et de l'entreprise ne coïncident plus.

LA LOGIQUE DE L'INTÉGRATION

Sur le plan économique, la création d'un vaste marché régional paraît souvent la seule solution qui permette de surmonter le handicap d'un marché intérieur limité et d'investir dans la recherche et le développement. L'appartenance à un grand pays avec un marché intérieur significatif est cruciale. Mais, pour tous les pays, la construction d'un marché régional représente encore et toujours une stratégie de défense *contre l'extérieur*. La multiplication des acteurs régionaux du libre-échange n'a pas d'autre signification : ils visent tous à se protéger *contre* l'émergence de blocs concurrents. Voilà ce qu'ont bien exprimé Bertrand Badie et Marie-Claude Smouts :

> Reste à savoir à quelles conditions ces solidarités plus ou moins naturelles font apparaître une région et pour quelle finalité. [...] La représentation du monde en trois blocs — la fameuse triade : Amérique du Nord, Communauté européenne et Japon/NEI d'Asie — rassure et inquiète à la fois. Face au

désordre mondial, elle introduit une certaine rationalité [...]. Mais l'intégra-
tion économique, à supposer qu'elle existe, ne supprime ni les nationalismes ni
les frontières culturelles. Elle les brouille tout au plus. Le coût pour transformer
la puissance économique en puissance politique capable de réduire les diffé-
rences régionales en imposant une sorte de « paix par l'empire » est devenu
prohibitif. Les temps sont mûrs pour l'impérialisme. Comme le remarquait,
un jour, un éditorialiste du Financial Times : « *Les temps sont mûrs pour*
l'impérialisme. Mais il n'y a plus de vocation chez les impérialistes »[2].

Une formulation plus positive de ce phénomène établirait que cette
tendance à créer des zones continentales de libre-échange constitue, de la
part de l'État, une tentative pour continuer à gérer l'interdépendance croissante du système de l'après-guerre institutionnalisé à Bretton Woods. Il
s'agit, à vrai dire, d'une tentative de l'État pour assurer sa pérennité.

Il reste que plusieurs pays en Asie du Sud-Est, en Amérique latine et,
plus récemment, en Europe centrale ont profité de cette logique d'intégration et se sont résolument engagés dans l'industrialisation, le marché et le
développement. Cette réalité vaut aussi pour l'individu, qu'il appartienne à
une société déjà industrialisée ou à une société en développement. Plusieurs profitent pleinement de la mondialisation et s'intègrent bien dans les
réseaux transnationaux. Beaucoup d'autres, en revanche, manquent le pas,
se laissent distancer et disposent de moins en moins de moyens pour corriger leur situation. C'est le cas de plusieurs sociétés considérées dans leur
ensemble, notamment en Afrique. Et c'est le cas de larges pans de la population même dans les pays industrialisés.

LA LOGIQUE DE L'EXCLUSION ET L'ÉMERGENCE
D'UN MONDE À LA PÉRIPHÉRIE

Donc, la mondialisation entraîne aussi les conditions de l'exclusion en
rejetant à la périphérie beaucoup de ceux qui n'arrivent pas à s'insérer dans
les réseaux transnationaux. Cette exclusion vaut pour les États marginalisés
sur la scène mondiale et les populations marginalisées dans leur propre
société. D'où l'émergence d'un quart-monde constitué d'immigrés et de
nouveaux pauvres qui subissent très directement la pression du nouvel
ordre mondial.

La logique de l'exclusion radicalise ainsi la division internationale du
travail et lui donne parfois un visage dramatique et dangereux. Elle laisse

aux pays du Sud un ensemble d'activités dont les pays du Nord veulent se débarrasser. Jean-François Bayart parle de ces « États à vendre », de ces « États poubelles » où l'on déverse les déchets industriels, de ces terrains d'expériences pour essais en tous genres tels les tests nucléaires ou pharmaceutiques, de ces lieux de plaisirs pervers comme ceux qui sont liés à la prostitution enfantine, de ces refuges de trafiquants, de ces repaires de terroristes, etc.[3] Le pays exclu peut devenir un champ de manœuvre relevant d'un État qui est sinon docile du moins impuissant. Plusieurs sociétés du Sud risquent de sombrer dans un tel abîme.

Avec un commerce de la drogue dépassant en importance, semble-t-il, celui des véhicules automobiles[4], de faux États se constituent à l'intérieur des espaces nationaux officiels. Ainsi, le cartel de Medellín en Colombie disposait de la plupart des instruments du pouvoir étatique jusqu'à contrôler, à une certaine époque, son propre espace aérien.

Cette logique de l'exclusion rend plus nécessaires que jamais de nouveaux modes d'intégration et le besoin de développer des solidarités. L'État n'étant plus l'unité adéquate pour assurer les grandes régulations, il faut faire preuve de créativité. Chaque société, chaque entreprise, chaque individu doit désormais faire preuve d'imagination, de souplesse et de courage pour réinventer sa façon d'être et trouver sa voie d'intégration à des réseaux, à des alliances politiques, économiques, technologiques, industrielles et culturelles. Dans ce monde de grandes mutations, l'originalité qui reste toujours possible est en outre devenue indispensable.

La thèse de Fukuyama sur les sociétés qui gagneront et celles qui perdront en cette ère de mondialisation est d'autant plus intéressante qu'elle semble corroborée par celle d'Alain Peyrefitte, qui s'est interrogé sur ce qui a causé le développement économique au cours des quatre cents dernières années. Ses conclusions sont étonnamment semblables — au point où le même mot, confiance, fait aussi l'objet du titre de son livre[5].

LA FINALITÉ HUMAINE DE L'ÉCONOMIE : L'ÉTAT ET LE MIRACLE DU DÉVELOPPEMENT

Le dénuement constitue le lot commun de l'humanité depuis ses origines. C'est le développement qui fait exception à la règle de l'histoire humaine. Dans ses leçons au Collège de France, Alain Peyrefitte parle du miracle que représente le développement[6]. À la suite de Max Weber[7], il en attribue la cause non pas aux facteurs traditionnels, comme le travail, le capital et le climat, ou à la rareté relative des ressources naturelles postulée par la théorie du désavantage initial ; non, il en attribue la cause à une mentalité collective favorable à la chose économique.

Cette mentalité typique de certaines sociétés se manifeste par ce que Peyrefitte appelle un « *éthos* de confiance compétitive ». Cet *éthos,* on le retrouve à la source de trois miracles du développement : le miracle néerlandais du commerce extérieur, le miracle britannique de l'industrialisation et le miracle américain de l'innovation économique et de la haute technologie. Certaines caractéristiques composent un *ensemble cohérent de comportements et de mentalités* : c'est ce que désigne le terme *éthos*. Or il existe un *éthos* qui est la marque de la modernité. Cette modernité se reflète dans les institutions — État, nation, marché, entreprise — que se donnent les individus partageant cet *éthos*. Des relations nouvelles s'instaurent alors entre l'autorité publique et ces individus, relations qui transforment l'encadrement de l'économique par le politique. Ces relations nouvelles accentuent le rôle de la tolérance dans l'harmonie économique, sociale et religieuse. Elles impliquent l'autonomie de l'activité économique et poussent à l'innovation. Elles reposent sur la conviction commune que la liberté du marché est conforme à l'intérêt général. Or toutes ces attitudes sont essentiellement liées à la confiance.

Peyrefitte, contrairement à Weber qui établissait un lien de causalité, remarque plutôt une « affinité élective » entre le comportement socioéconomique spontané et le choix confessionnel, tous deux issus de cette disposition de l'être humain à échapper aux contrôles autoritaires traditionnels en vue d'y substituer la motivation d'un engagement personnel dans un projet propre à transformer le milieu. C'est cette disposition qui a fait choisir le protestantisme *et* le capitalisme à certaines sociétés d'Europe du Nord. C'est ce désir de liberté qui les distingue et les incite à rechercher le risque.

La carte religieuse de l'Europe du Sud — catholique romaine et en déclin — et de l'Europe du Nord — protestante et en plein essor — en vient à coïncider, assez pour que cela soit significatif, avec la carte de l'alphabétisation, c'est-à-dire de l'*autonomie intellectuelle*. Cette carte religieuse coïncide de la même façon avec les progrès de la démocratie, de l'urbanisation moderne, des taux d'intérêt attrayants, des crédits commerciaux avantageux et des facilités d'investissement. Elle coïncide aussi bientôt avec celle de la distribution des prix Nobel scientifiques, avec celle encore des revenus moyens élevés par habitant[8]. L'*éthos* de la confiance compétitive se fait sentir partout : dans l'encouragement à la lecture et à l'écriture[9] ; dans la discipline de l'initiative individuelle et du sens des responsabilités ; dans l'effort constant d'adaptation; dans le progrès de la rationalité et la réduction du champ laissé à l'irrationnel; dans l'ouverture sur la modernité économique sous les formes de l'innovation, de la recherche opérationnelle, de la commercialisation et de la diffusion; dans le refus des monopoles, enfin, grâce à la concurrence entre idées par la liberté d'expression, grâce à la concurrence entre personnes par les élections et à la concurrence entre produits par les marchés.

RÉCONCILIER L'ÉCONOMIQUE ET LE SOCIAL

Ce qui frappe, dans ces observations de Peyrefitte, c'est d'abord que *le décollage d'une société et celui de son économie vont de pair.* Tout se tient, tout est intégré. Le développement économique n'a pas lieu dans le vide. Non seulement le développement social *et* le développement économique vont-ils *de pair,* mais *ils se renforcent* l'un l'autre. Dans l'économie émergente, basée sur la connaissance, l'entreprise a besoin d'une main-d'œuvre qualifiée et d'individus capables d'initiative, d'autonomie et d'entrepreneurship. L'éducation, largement une responsabilité de l'État, est indispensable à la confiance dont ont besoin les individus et les sociétés pour provoquer le développement économique. Les connaissances et les compétences sont essentielles à la création de la richesse, le marché et les entreprises ont besoin d'un système d'éducation public. Et si les entreprises sont plus mobiles, elles iront là où les individus seront le mieux formés. Elles auront aussi de plus en plus le loisir de faire venir ces individus là où elles en ont besoin. L'entreprise jouera, en ce sens, un rôle plus grand que celui de l'État dans la nouvelle géographie mondiale. Et l'ouverture possible sur le plus grand nombre assurera que tous les talents participeront au développement, à cette réserve près que les talents sont eux aussi très mobiles de nos jours.

Mais ce qui frappe aussi dans ces analyses, c'est que de tels miracles du développement sont survenus dans des sociétés où coexistaient *le respect de l'autorité de l'État* et *le respect de l'autonomie du marché.* La mondialisation devra donc permettre de dégager un nouvel équilibre entre l'État et le marché. L'histoire du développement démontre que l'État y a joué un rôle essentiel garantissant des droits économiques à l'individu et établissant un cadre qui a permis au marché de prendre de l'ampleur. C'est d'ailleurs toujours en donnant de nouveaux droits aux individus que l'État a conquis la loyauté de l'individu, qui est devenu d'abord et avant tout un citoyen.

CHAPITRE V

L'État et la conquête
de l'allégeance citoyenne

L'État, sous sa forme primordiale, émerge en tant qu'instrument de la société politique en 1648. Cette année-là, les traités de Westphalie mettent un terme à la guerre de Trente Ans née de l'antagonisme entre certains princes allemands protestants et l'empereur catholique. En fait, c'est *alors* que, comme on l'a déjà évoqué, l'État naît du passage d'une division horizontale du pouvoir, entre la noblesse et le clergé de l'Europe médiévale, à une division verticale du pouvoir, fondée sur le contrôle territorial. À partir de ce moment, l'État nouveau-né impose l'intégration des individus à la société par la citoyenneté. La France est certainement le premier exemple et le plus frappant. Cette conquête de l'allégeance citoyenne de l'individu conduira, en plusieurs étapes au cours des trois cent cinquante dernières années, à monopoliser l'identité de l'individu au moyen de la citoyenneté.

Voilà pourquoi la mondialisation actuelle, qui représente une contestation si redoutable et si profonde de l'État, provoque une crise d'identité pour les individus. Cette crise identitaire est d'autant plus insécurisante que c'est à cet État contesté qu'on doit largement l'incroyable progrès qu'a connu l'humanité sur le double plan de l'économie et de la liberté. Car, sous peine de mal interpréter l'histoire et d'agir — à la lettre — à contre-temps, on ne doit jamais oublier que c'est l'alliance de l'État à la nation qui a permis la formation de marchés justement dits nationaux et la naissance de l'industrie, de l'entreprise. Or c'est tout cela que remet en question la mondialisation. Alors que l'on n'a pas encore trouvé la formule organisationnelle destinée à prendre la relève, force est de reconnaître que l'État — cisaillé par les flux transnationaux et horizontaux, surclassé par la sophistication des techniques de communication et inadapté à la nouvelle donne économique — n'est manifestement plus à la hauteur des défis actuels.

LE STATUT DE CITOYEN DANS L'ÉTAT CLASSIQUE

L'État n'en a pas moins rendu d'éminents services. C'est lui, en particulier, qui a donné à la personne sa juste place en politique[1]. Certes, dans la perspective du contrat social, l'individu restait malgré tout subordonné à la réalisation des fins collectives. La primauté du groupe sur l'individu-citoyen s'affirmait ainsi nettement : les institutions politiques existaient — et continuent d'exister — pour favoriser le bien-être collectif[2].

Porté à l'échange et à la recherche d'une richesse croissante, l'individu a pu, par contre, s'épanouir totalement dans la sphère économique. Il a ainsi acquis, en un domaine particulier, son autonomie à l'égard de l'État dans la mesure où ce dernier s'est abstenu, en règle générale, de toute intrusion susceptible de ralentir le développement économique. Constituant un lieu d'activité réservé à l'initiative individuelle qui s'y développe et s'y réalise, l'économie contribue par là même au bien commun. Ce nouveau rapport entre, d'un côté, le politique centré sur la collectivité et, de l'autre, l'économique centré sur l'individu repose sur une éthique sociale perçue comme « naturelle ».

Si l'État a conquis la loyauté de l'individu et s'il a obtenu son allégeance, ce n'est pas sans raison. En plus de proposer à l'individu une identité citoyenne, l'État — grâce à son monopole de l'usage légitime de la violence à partir de 1648 — lui garantissait, et lui garantit toujours en principe, la *sécurité physique*. De la part de l'État, il s'agissait là de la première manifestation d'autorité verticale sur son territoire, et d'une manifestation couronnée de succès. Le banditisme sur les routes médiévales rendait périlleux tout déplacement et nuisait au commerce, à l'échange. Il n'en fallait pas davantage pour que le contrat intervenu entre l'État et les citoyens soit destiné à devenir de plus en plus englobant. En se dotant des moyens de ses ambitions, l'État ne faisait que répondre aux attentes croissantes des citoyens.

En politique intérieure, le pouvoir parvient donc, à partir de 1750, à se centraliser sous la forme de l'État *national*. Il élimine à cette fin toute représentation intermédiaire ou régionale de l'autorité centrale. Avec la remise en question des monarchies au XVIIIᵉ siècle, l'État voit surgir l'occasion de compléter la consolidation interne de son pouvoir politique, ce à quoi il s'emploie avec empressement. Il s'identifie à la *nation* à cause des émotions qu'elle mobilise et du sentiment d'appartenance instinctive qu'elle suscite. Le passage est nécessaire, car un État qui serait fondé uniquement sur le calcul par chaque citoyen des avantages reçus et des coûts engagés n'aurait sûrement pas été très efficace.

Bref, les nations naissantes ont eu recours à divers moyens pour s'affirmer, notamment à l'utilisation de leur monopole de l'usage « légitime » de la violence. L'histoire a montré que ces moyens étaient efficaces, même s'ils n'ont pas toujours été particulièrement nobles. Qui a jamais prétendu qu'en ces matières noblesse et efficacité devaient coïncider ? Réfléchissant aux crimes collectifs commis par les groupes en train de se constituer en nations, n'est-ce pas Renan qui soutenait que « les nations ne peuvent pas avoir de mémoire » ?

L'ÉTAT-NATION ET LE MARCHÉ

Subséquemment, l'État-nation en vient à proposer à l'individu une version modifiée du contrat social originel : à la sécurité physique il ajoute la *sécurité économique* en établissant des marchés nationaux. Toujours au milieu du XVIIIᵉ siècle, l'usine arrive ainsi à remplacer l'atelier artisanal comme mode de production[3]. Le nouveau mode de production va bouleverser les relations sociales en transférant l'activité ouvrière du cadre de la famille à celui de l'usine. La propriété l'emporte rapidement sur la parenté comme mode d'identification sociale, et les sociétés où l'individu a suffisamment confiance pour établir des liens avec d'autres personnes en dehors de la famille se trouvent largement privilégiées. Les intuitions de Peyrefitte et de Fukuyama, on l'a vu, démontrent combien cet élément est essentiel au miracle du développement. Alors, en effet, apparaît l'ordre marchand qui, au lieu de reposer sur l'échange de productions existantes, s'adapte à l'industrie et à la spécialisation des tâches.

Le leadership politique anglais met sur pied le premier marché national en assurant la cohésion de sa production et en se dotant d'une flotte de transport. Ce couplage des dynamiques politique et économique sur un territoire plus vaste devait se répandre en Europe. Il est intéressant de constater que la formation des marchés nationaux constituait une réaction des dirigeants politiques aux dynamiques d'un marché ignorant les frontières « prénationales » de l'époque. En forçant ainsi l'unification des dynamiques politique et marchande, l'Angleterre créait les conditions permettant aux espaces politique et économique de coïncider parfaitement : ces espaces occupaient le même territoire. D'une gestion horizontale de l'économie, on est passé, comme pour le politique, à une gestion verticale.

C'est donc en Angleterre qu'émerge d'abord l'économie moderne : en effet, « la formation d'une économie marchande, puis d'une économie industrielle requérait la constitution de communautés correspondant à cette taille intermédiaire, entre les cités qui segmentaient les flux économiques et les empires qui les étouffaient[4] ». La modernité économique impliquait également un affaiblissement des allégeances traditionnelles entravant la logique du marché et la mise en place d'une division sociale du travail.

Et comme toujours dans tous les grands bouleversements de l'histoire, la technologie est de la partie : « L'intensification des échanges crée une communauté de communication qui suscite son langage, ses symboles, donc les conditions mêmes de son unité culturelle, là où la communication traditionnelle confortait les petits groupes et tendait donc à reproduire des solidarités microcommunautaires[5]. »

Les conditions sont désormais réunies pour la naissance de la citoyenneté, puis du capitalisme.

Ce trop bref historique rend manifestes les raisons pour lesquelles la mondialisation représente une immense contestation de cette organisation des rapports sociaux. Car, en réimposant l'*horizontalité* des liens économiques, la mondialisation remet *fondamentalement* en question l'équilibre même du marché créé par l'intervention *verticale* de l'État.

L'ENTREPRISE

Actuellement l'un des moteurs de la mondialisation, l'entreprise est pourtant née dans les espaces marchands nationaux. Elle n'aurait d'ailleurs pas pu se développer dans une société traditionnelle à l'ancienne organisée en fonction d'une révélation divine. Il a fallu la reconnaissance de la liberté individuelle pour fonder l'organisation de l'économie dans l'ordre marchand ainsi que la garantie des droits de propriété. Selon la conception libérale classique, autant le bien-être collectif prime celui de l'individu dans la sphère politique, autant le lieu de la liberté individuelle ou, si l'on préfère,

celui du développement et de l'épanouissement de l'individu, c'est l'économie. L'individu, pour réussir, devait passer d'un ordre social basé sur la
parenté à un ordre social basé sur la propriété. Francis Fukuyama a bien
démontré comment les sociétés qui traversent bien ce passage réussissent
mieux dans l'économie capitaliste.

Au milieu du XIXᵉ siècle, l'entreprise acquiert un statut juridique. Joint
à l'apparition de sociétés appartenant à un large actionnariat, ce nouveau
statut met l'entreprise à l'abri de la plupart des offensives du pouvoir politique, du moins à l'abri de l'arbitraire politique.

Cette autonomie de l'économie fut peu à peu érigée en dogme par les
États occidentaux. Les mêmes États accordèrent ensuite des droits aux
entreprises afin de leur permettre de créer de la richesse dans la sphère
autonome de l'économie. En pratique, les États en vinrent à déléguer aux
entreprises des responsabilités considérables au regard de l'avenir collectif :
les entreprises concevaient et réalisaient les projets économiques et industriels de leur choix, orientant de ce fait le développement général de la
société et son contenu technique[6].

Avec l'État garant de la justice et des libertés d'un côté, et avec une
sphère économique autonome de l'autre, l'individu-citoyen a pu connaître
une émancipation remarquable. Et quelques miracles du développement
s'en sont suivis[7]. L'autorité de l'État en politique et l'autonomie du marché
en économie ont gagné leurs lettres de noblesse et mérité le respect des
sociétés qui en ont fait l'expérience. Par où l'on voit que Peyrefitte touche
juste.

Cela dit, le retour de la gestion horizontale attribuable à la mondialisation remet en cause l'entreprise traditionnelle elle-même. Elle doit subir
une transformation importante, comme on l'a vu, si elle veut survivre au
passage crucial des marchés nationaux au marché mondial.

L'ÉTAT PROVIDENCE

À la faveur de la Grande Dépression des années 1930, l'État a ajouté à la
sécurité physique et économique un troisième « volet » à son contrat avec
les citoyens. Alors que les marchands et les capitalistes, les Carnegie, Mor-
gan, Rockefeller et autres, avaient réussi à surmonter les crises économiques terribles de la fin du XIXᵉ siècle, les chefs d'entreprise se révélèrent
incapables de résoudre celle des années 1930[8]. Les hommes politiques
durent alors prendre l'initiative. L'État providence devint la réponse des

pays capitalistes aux crises sociales causées par les ratés du libre marché. L'individu obtenait de l'État la *sécurité sociale* comme il en avait déjà obtenu la sécurité physique et la sécurité économique. Le contrat liant l'État aux citoyens devenait total.

L'État complétait, de cette manière, sa conquête de l'allégeance de l'individu. L'État rationnel répondait aux besoins d'ordre de l'individu. L'État-nation satisfaisait aux exigences de son cœur et de ses émotions. Par la consolidation des marchés nationaux, l'État comblait les besoins vitaux des individus et leur donnait un espace de développement et de réalisation personnels que l'être humain n'avait encore jamais connu.

Depuis lors, l'identité de l'individu se ramène franchement, peut-être même exclusivement, à sa citoyenneté. En effet, l'individu s'estime désormais d'autant plus *citoyen* que nombre de *droits* lui sont consentis et que sa place est reconnue dans les pratiques démocratiques. Alors que la nation, puis le marché, avaient aidé l'État dans sa conquête de l'allégeance citoyenne, maintenant les techniques d'information et les sciences de la gestion vont lui permettre de pousser encore plus loin son monopole de l'identité au moyen de la citoyenneté.

L'ÉTAT TECHNOCRATIQUE

La possibilité pour l'État d'instaurer des contrôles sur les flux financiers et marchands est finalement apparue. S'en prévalant aussitôt, l'État a pu accroître son champ de compétence en matière économique et se porter garant de la stabilité des marchés et du bien-être matériel des individus. À l'encontre du modèle démocratique préconisant la responsabilité individuelle envers la communauté comme source de tout avancement social, l'expansion du rôle de l'État en est venu à déresponsabiliser les rapports entre le citoyen et la collectivité. L'État providence met l'accent sur les *droits* du citoyen et fait de plus en plus abstraction de ses *devoirs* envers la communauté. Technocratique, ce *nouveau* type d'État utilise des techniques *nouvelles*. Entre autres, il entreprend de soutenir la demande de politiques fiscale et monétaire. Si bien que les composantes morales de l'entraide — la charité et la solidarité notamment — se trouvent évacuées au profit d'une vaste société d'assurances où les risques, calculés par les actuaires, sont partagés entre tous.

Cet État a le mérite de stabiliser et de sécuriser les individus. Son approche est rationnelle et il s'adresse bien à l'aspect cérébral de l'être humain. Mais il exclut du coup les sentiments de compassion et les qualités de cœur des mêmes individus. Cet État participe davantage d'une éthique de justice, de ce à quoi chacun a droit, que d'une éthique de l'altérité ou de la considération, selon laquelle l'individu se verra accorder un bénéfice s'il se retrouve dans le besoin, sans égard à ce qu'il pourrait revendiquer de droit.

La Seconde Guerre mondiale et ses nécessités militaires, suivie de la reconstruction des économies en déroute, ont entraîné un élargissement supplémentaire de l'action des gouvernements. L'incroyable croissance économique des « trente glorieuses[9] » qui ont succédé à la Seconde Guerre a inspiré aux gouvernants et aux gouvernés beaucoup d'imagination, d'enthousiasme et de générosité dans la création de programmes économiques et sociaux. Le montant des dépenses publiques, qui représentait environ 10 % de la production globale avant 1929, s'élevait à 30 % dès les années 1960, pour atteindre, au cours des années 1990, près de 50 % des dépenses intérieures totales dans la plupart des pays industrialisés.

Pour un temps, l'État providence est parvenu à occulter l'insécurité naturelle que sécrète l'économie capitaliste pour les individus. Mais pour un temps seulement[10]. Car cet État pourvoyeur de sécurité l'a réalisé au prix de déficits énormes. Cet État est aujourd'hui remis en question.

Désormais, le citoyen vit avec l'État, le pouvoir politique, les administrations et les services publics une relation ambiguë d'attraction-répulsion. Attraction, car face à la montée de difficultés — chômage persistant, désorganisation croissante des villes, choc de cultures différentes — l'État paraît le seul acteur efficace restant ; mais aussi répulsion, à la fois à l'égard d'une technocratie jugée lointaine et d'une classe politique qui n'arrive pas à renouveler son discours et à traiter des vrais problèmes, qui s'exténue en de vaines querelles[11]. L'inquiétude s'accroît surtout lorsque le citoyen considère que l'État remplit moins bien sa mission traditionnelle dans les secteurs de l'éducation, de la santé, de la justice ou de la sécurité[12].

En effet, on l'a vu, moins l'État se montre respectueux de l'autonomie de la sphère économique, de ses règles et de sa discipline, moins il témoigne d'attention aux signaux du marché, plus la société sur laquelle il repose recule, tant sur le plan du développement économique que sur celui des libertés. En revanche, ce qui apparaît de plus en plus clairement, c'est que le marché, lorsqu'il ignore les signaux que lui transmet l'État, permet à l'intérêt privé de trop empiéter sur l'intérêt collectif : cela est vrai en matière d'environnement mais aussi dans le domaine des libertés.

Or, puisque la mondialisation remet en question l'État, elle menace par la même occasion l'ordre dont il était garant, ordre dont le marché a besoin pour bien fonctionner. Dans ces circonstances, quelques questions se posent d'elles-mêmes.

Les marchés et les entreprises pourraient-ils fonctionner longtemps sans l'État qui a favorisé leur éclosion et leur expansion? Le monde actuel, désordonné, devra faire l'objet d'une recomposition en tenant compte de deux facteurs : de l'État, d'abord, acteur qui cherche à assurer sa pérennité, qui a su se réinventer à un niveau supranational pour retrouver une part de son efficacité afin de justifier son existence et sa légitimité; ensuite, de l'émergence d'une société civile globale et de nouveaux acteurs très puissants.

L'individu demeurera-t-il encore longtemps fidèle à son allégeance citoyenne? Ce qui interpelle l'individu plus profondément que tout, c'est la perte des repères culturels en cette ère de mondialisation. Cette perte provoque la crise identitaire actuelle. Happée par un marché de plus en plus global, l'expérience de l'individu est en pleine rupture. Une recomposition du monde devra survenir. Elle sera réalisée par les individus dont la liberté est sans cesse à reconquérir et à approfondir.

CHAPITRE VI

La crise identitaire et la souffrance du déchirement

Nous ne savons plus qui nous sommes. La crise identitaire profonde que vit l'être humain en ce début d'ère de la mondialisation tient à un double mouvement.

D'une part, le sentiment de sécurité, que l'État avait progressivement procuré à l'individu au cours des trois cent cinquante dernières années, se trouve ébranlé dans tous ses éléments. La discipline que les marchés imposent aux finances publiques a forcé l'État à revoir plusieurs pans de la sécurité sociale octroyée aux individus durant le dernier demi-siècle. Sur le plan de la sécurité économique, les entreprises sont de moins en moins tributaires des droits que, au départ, l'État leur a conférés en vue de permettre leur développement, puis leur épanouissement. La mondialisation offre, en effet, aux entreprises une mobilité qui rend souvent inutile la sécurité économique dont elles avaient besoin initialement. L'individu, de son côté, constate des changements profonds quant à la réalité du marché du travail.

Au chapitre de la violence, le citoyen, qui avait obtenu la sécurité physique comme premier élément de son pacte avec l'État, aboutit bon gré mal gré au constat suivant : même si, dans les pays industrialisés, l'ère de la mondialisation lui procure généralement une sécurité physique de plus en plus étendue en raison de la diminution des menaces de guerre entre pays, la violence se dissémine malgré tout à travers la société. Au point d'ailleurs que, dans certains pays comme les États-Unis, l'industrie privée de la protection et de la sécurité est en voie, si ce n'est déjà fait, de supplanter en importance les services policiers publics[1]. Car, contre la violence, l'État ne fait pas toujours ce que l'être humain a pris l'habitude d'en attendre. Qu'on pense ici à la criminalité internationale. Qu'on pense également au terrorisme international dont beaucoup de pays sont encore affligés. Qu'on pense encore à l'augmentation du crime et de la violence dans nos propres villes, malgré l'amélioration des dernières années. Tout cela provoque l'affaiblissement du pacte de type hobbésien[2] entre l'individu et l'État.

D'autre part et simultanément, de nouveaux acteurs émergent sur la scène internationale. À l'intérieur des sociétés, ces nouveaux acteurs, fort différents de l'État, offrent à l'être humain de nouvelles allégeances, souvent transnationales et proches des nouveaux enjeux. Ce faisant, ces acteurs permettent l'apparition d'une société civile globale dont les solidarités et les mécanismes d'identification dépassent en intensité, pour un nombre croissant de gens, ceux de la société nationale.

LIMITES DU POUVOIR, MONTÉE DE LA PUISSANCE ET ÉCHELLES SOCIALES

Alors que tout le système westphalien avait permis à l'être humain de dépasser l'insécurité et l'instabilité naturelles en lui proposant l'immense pacte hobbésien sous l'autorité verticale de l'État, l'individu doit aujourd'hui renoncer à l'héritage du siècle des Lumières et à la valorisation extrême de la raison humaine.

La décomposition actuelle de la société crée une très grande insécurité. Celle-ci représente toutefois une occasion de progrès dans l'histoire humaine. Au-delà des institutions qui l'ont bien servi — l'État, le marché, etc. —, la société pourra peut-être grâce à la mondialisation retrouver l'humain par-delà les rigidités bureaucratiques et les marchés qui ont tendance à réduire l'identité de chacun à certaines fonctions étroites de consommation et de production.

Nous avons ici une autre manifestation du remplacement d'une vision verticale par une vision horizontale. De fait, notre propre façon de nous définir et de définir les autres s'est profondément modifiée. Alain Touraine écrit :

> *Hier encore, nous cherchions à définir, pour comprendre une société, ses rapports sociaux de production, ses conflits, ses méthodes de négociation ; nous*

parlions de domination, d'exploitation, de réforme ou de révolution. Nous ne parlons aujourd'hui que de globalisation ou d'exclusion, de distance sociale croissante ou, au contraire, de concentration du capital ou de la capacité de diffuser des messages et des formes de consommation. Nous avions pris l'habitude de nous situer les uns par rapport aux autres sur des échelles sociales, de qualification, de revenus, d'éducation ou d'autorité. Nous avons remplacé cette vision verticale par une vision horizontale : nous sommes au centre ou à la périphérie, dedans ou dehors, dans la lumière ou dans l'ombre[3].

Constatant que la définition de l'individu ne fait plus appel à des rapports sociaux de conflit, de coopération ou de compromis, Alain Touraine évoque une image astronomique de la vie sociale, comme si chaque individu et chaque groupe était une étoile ou une galaxie définie par sa position dans l'univers. L'être humain expérimente quotidiennement une dissociation croissante du monde de l'objectivité et de l'espace de la subjectivité.

Au cœur du phénomène de la mondialisation et de la dissociation qu'elle entraîne se trouve le remplacement du capitalisme industriel par le capitalisme financier[4]. Au cours de l'ère du capitalisme industriel, la dynamique politique était monopolisée par les conflits de classes et les rapports de négociation. L'enjeu était celui de la domination et de l'exploitation. Au cours de l'ère du capitalisme financier, l'enjeu est carrément celui de la concentration du capital et de l'exclusion.

DE L'EXPLOITATION, DE L'EXCLUSION ET DU DÉCHIREMENT

L'exclusion fait courir un danger manifestement et radicalement plus grave que celui auquel expose l'exploitation. Après tout, l'exploité existe dans un rapport *social*. Il peut s'organiser et revendiquer. Il reste essentiel à la marche de la société ainsi qu'à celle de l'économie.

La situation de l'exclu est beaucoup plus grave puisqu'on peut se passer de lui : l'exclu n'existe pas dans un rapport social, il peut donc être *ignoré*. On n'a simplement pas besoin de lui. C'est la raison pour laquelle, malgré tout, il vaut mieux être exploité qu'être exclu.

La question de savoir qui nous sommes prend donc une tournure des plus angoissantes. Et cette angoisse, qui nous oblige à faire face à certaines interrogations existentielles fondamentales, nous ramène au sujet, à l'individu.

Parce que l'univers de l'objectivation technique se dégrade en un pur marché, tandis que l'univers des identités culturelles s'enferme dans l'obsession communautaire, l'être humain particulier et concret que nous sommes tous, l'individu que chacun est et veut demeurer, en un mot le « sujet », souffre d'être déchiré, de sentir son monde se décomposer. Il en va de même de l'ordre institutionnel et de la représentation du monde que se fait l'individu.

L'individu est fortement ébranlé par la perte des repères culturels attribuable à la mondialisation. Le passage actuel et obligé de la modernité à la postmodernité tient surtout à ce que la culture n'a plus rien à voir avec l'économie.

LA SÉPARATION DES DEUX UNIVERS

Nous avons vu combien les identités culturelles se fragmentent alors même que les marchés deviennent globaux et que l'économie devient une. À cet égard également, l'individu fait face à une dissociation des deux univers, celui des techniques et des marchés, d'un côté, et celui des cultures, de l'autre ; celui, si l'on préfère, de la raison instrumentale et celui de la mémoire collective ; en d'autres termes, celui des signes et celui du sens. En cette fin de siècle, la dissociation de l'âme de l'économie et des cultures, des échanges et des identités constitue le cœur de notre expérience.

La culture, donc, a de moins en moins à voir avec l'économie. L'émergence du capitalisme financier achève d'éloigner de l'expérience individuelle la réalité de la création de la richesse. Le capitalisme industriel rendait la réalité de la création de la richesse plus perceptible pour l'individu. La mondialisation accentue en outre la distance qui sépare l'univers des réseaux d'échanges de celui des expériences culturelles vécues. Ces deux univers, pour un trop grand nombre d'individus, s'éloignent de plus en plus rapidement l'un de l'autre. Sauf, bien sûr, en ce qui concerne l'industrie « culturelle » du divertissement, important élément de l'économie mondiale.

De moins en moins dirigés par des centres à la fois économiques, sociaux et politiques de production, les flux d'échanges deviennent leur propre fin : ils visent une rentabilité immédiate et étroitement financière. Mais il y a davantage : alors que, historiquement, les investissements ont suivi le commerce, désormais c'est plutôt le commerce qui suit les investissements. En outre, contrairement aux échanges commerciaux, les échanges financiers n'ont plus pour but principal d'organiser l'échange de biens et de services. Les capitaux disponibles, par exemple ceux des caisses de retraite ou ceux des compagnies d'assurances, cherchent purement et simplement les meilleurs rendements financiers. Le capitalisme financier déborde de plus en plus largement le capitalisme industriel. Le capital obéit à sa propre logique. Parce qu'elle se dématérialise, l'économie s'éloigne du vécu de l'individu, de son expérience concrète.

LES MÉDIAS

Il existe un autre facteur important d'écartèlement croissant de l'expérience quotidienne de l'individu entre le monde objectivé, c'est-à-dire la vie publique, et l'espace de la subjectivité, c'est-à-dire la vie privée : la place sans cesse plus grande qu'occupent les médias dans nos vies. La télévision a conquis une place centrale parce qu'elle met directement en relation le vécu le plus privé avec la réalité la plus globale, parce qu'elle met en relation l'émotion devant la souffrance ou la joie d'un être humain avec les techniques scientifiques ou militaires les plus avancées. Relation directe qui élimine les médiations entre l'individu et l'humanité et risque, en décontextualisant les messages, de participer activement au mouvement général des désocialisations.

> *De la même manière, les médias internationaux créent ou amplifient des mouvements d'opinion qui s'éloignent de plus en plus des mouvements sociaux, dans lesquels des groupes réels, engagés dans des conflits directs, peuvent mesurer à chaque moment les coûts et les avantages escomptés d'une action collective. Ces campagnes d'opinion réussissent d'autant mieux qu'elles écartent toute réflexion sur les effets ou les significations proprement politiques des faits auxquels elles réagissent. Elles se réfèrent à une société mondiale sans État, à des risques, à des menaces ou à des malheurs présentés hors de tout contexte social ou politique concret. Comme si l'extension de plus en plus grande du marché des biens d'information entraînait nécessairement leur détachement de leur condition sociale de production, leur réduction à l'état de marchandise[5].*

Force est donc de constater que l'émergence du capitalisme financier, concentré sur le symbole que représente le capital, et la place croissante des médias dans nos vies contribuent tous deux à faire toujours davantage de l'individu un spectateur et à décourager l'engagement. Or, sans engagement, l'être humain perd justement son humanité.

CHANGER LA VIE

Si nous ne sommes plus définis par notre situation sociale et historique, tant mieux. Notre imagination créatrice n'aura plus de limites, nous pourrons circuler librement en tout temps et en tout lieu : nous serons postmodernes.

Puisque la dissociation de l'instrumentalité et de l'identité se trouve au cœur de notre expérience personnelle et collective, nous sommes tous en effet, de quelque manière, postmodernes. Avant tout parce que nous croyons de moins en moins à la vocation historique d'une classe ou d'une nation, à l'idée de progrès ou à la fin de l'histoire et que notre revendication n'est plus de vivre *mieux demain* mais *autrement aujourd'hui*. À Marx qui souhaitait « changer le monde », Rimbaud avait opposé son « changer la vie ». Rimbaud aurait-il imaginé dans sa jeunesse exubérante ce qui attendait l'humanité ?

La créativité dominera la puissance.

LES ACTEURS POLITIQUES ET LE DÉSIR DU SUJET

Les principaux acteurs politiques de notre futur proche auront essentiellement besoin de créativité. Ils ne seront pas des êtres de pouvoir traditionnel. Ces acteurs politiques ne seront ni le citoyen, comme dans notre première modernité, ni le travailleur, comme dans la société industrielle. Ils seront — ils sont déjà — ces individus ou ces groupes qui travaillent à combiner une expérience culturelle (vie privée) avec la participation à l'économie, univers de l'action instrumentale (vie publique).

C'est pourquoi la jeunesse, les femmes, les immigrants, les membres de minorités et les défenseurs de l'environnement sont, depuis plus de vingt ans, les acteurs historiques les plus manifestes, au moins dans les sociétés industrialisées. Ce sont eux qui s'efforcent le plus consciemment d'agir et d'être reconnus comme des sujets, de se réaliser en tant qu'êtres humains, en tant que personnes. L'acteur le plus visible et le plus déchiré, c'est cette partie de la jeunesse pour laquelle le passage au marché du travail est devenu tellement difficile qu'elle se replie sur la vie personnelle, sur l'affirmation de soi comme sujet.

Les difficultés professionnelles et l'absence de militantisme politique n'ont pas enfermé la jeunesse dans l'hédonisme. Ses aptitudes sont influencées par la musique, le cinéma et la télévision, mais la jeunesse se manifeste aussi par la participation à des actions humanitaires et à des campagnes écologistes ; elle est animée par un désir d'être un « sujet » qui prend directement la forme d'un désir de vie et de défense d'une identité personnelle menacée par l'éclatement de l'expérience professionnelle et sociale.

La jeunesse remplace la défense de la société idéale par celle de la vie personnelle, que le plus grand nombre ne réduit pas à une simple fringale de consommation ou à une demande d'assistance. Ce désir de devenir des sujets, des personnes à part entière, lui permettra de redécouvrir la place centrale de l'art et, notamment, de l'expérience esthétique qui nourrira sa réflexion sur la vie et sur le monde.

CHAPITRE VII

Le sujet au cœur d'une nouvelle expérience esthétique

Notre pâle raison nous cache l'infini.
ARTHUR RIMBAUD

Le point de départ de ma réflexion, ainsi que son aboutissement, est ce sujet que chacun, désespérément, cherche à devenir tout au long de sa vie. La fonction politique et l'activité économique doivent essentiellement l'aider dans sa tâche d'épanouissement. Je ne crois pas à la nécessité de choisir entre l'individu et la collectivité. Je crois à la nécessité de dépasser le pôle de la subjectivité absolue et celui de l'enracinement. La culture américaine dominante conduit à un individualisme excessif, car, comme disait le philosophe, « nul n'est une île ». L'être humain, on y reviendra plus loin, est un sujet historique. Sa communauté, ou à tout le moins une communauté, est nécessaire à sa réalisation.

La communauté d'origine du sujet offre souvent la fausse sécurité de l'identité ethnique et culturelle. Ce type de sécurité repose inévitablement sur l'exclusion de la différence, c'est-à-dire trop souvent de l'autre, fréquemment perçu dans cette perspective comme une menace. Mais une communauté formée d'individus devenus des sujets ne serait pas fatalement étouffante, au contraire. Charles Taylor a bien démontré que la communauté peut accueillir la diversité. Commentant un aspect de l'œuvre de Taylor, le politologue Philip Resnick écrit :

Sans abandonner la recherche de certaines bases communes, il reconnaît les différents éléments présents dans la construction de la société d'aujourd'hui. Il se montre ainsi ouvert à la diversité culturelle des communautés nationales, critiquant les tenants de l'homogénéisation d'une part, et ceux de l'enfermement ethnocentrique de l'autre. Et il rêve à une «fusion des horizons», dans laquelle on verra l'incorporation de visions alternatives, même concurrentes, de nos identités collectives[1].

Charles Taylor semble donc se détacher de la sensibilité moderne par son modèle «participatif» par opposition au modèle des «droits». Sans fustiger la mode des déclarations et des chartes des droits qui mène à une judiciarisation parfois excessive de la vie occidentale, Taylor admet que certaines possibilités de participation plus directe des citoyens existent.

Le marché peut avoir tendance à réduire l'individu aux rôles de consommateur et de producteur. Mais ce marché souvent moutonnier, porté aux tribulations en tous genres, est tout de même un réflexe inné de l'espèce humaine et il est le lieu par excellence de l'épanouissement humain. Le politique permet d'en faire un lieu de liberté où les droits sont garantis.

Le projet que je propose tout au long de ce livre implique de renforcer le sujet de toute urgence. Le sujet, ayant approfondi son identité personnelle et sa conscience du monde dans lequel il évolue, sera davantage capable de résister aux appels des replis communautaires et à ceux du marché réducteur. Du même coup, un tel sujet pourra contribuer à construire une communauté accueillante pour l'autre, un lieu d'épanouissement; un tel sujet pourra également imposer au marché le respect de l'autonomie de l'être humain, ce qui permettra à ce dernier de parfaire ses compétences et de pousser plus loin ses limites.

Je crois profondément que, pour devenir un sujet à part entière, l'individu devra, tôt ou tard, retrouver le moment esthétique d'où doit surgir le nouveau projet politique. Cela permettra de dépasser les ruptures et les contradictions actuelles et rendra possible la recomposition du monde, à tout le moins une recomposition du monde où l'être humain puisse être bien. Dans la foulée d'Aristote et de Thomas d'Aquin, les philosophes nous ont longuement enseigné que l'«homme» est un animal raisonnable. Cette célébration de la raison comme distinction principale, voire unique, entre l'être humain et l'animal trouvait un écho en 1636 dans le *Discours de la méthode*[2] de Descartes dont le fameux «Je pense, donc je suis» désigne la tête, le «cérébral», comme valeur première. Et les philosophes du siècle des Lumières ont consacré la suprématie de la raison chez l'être humain.

Cette analyse ne m'a jamais satisfait. Je suis depuis longtemps reconnaissant au professeur Julien Naud, s.j., de m'avoir enseigné que l'être humain est plutôt un « sujet historique[3] », notion dont je veux ici préciser le sens. Je saisis aujourd'hui en quoi son enseignement m'a préparé à mieux comprendre mon époque, celle de la mondialisation. Car, si la recomposition nécessaire du monde porte en elle des principes de transformation de la vie publique, elle est d'abord la recomposition de l'individu, donc du sujet comme désir et comme capacité de combiner l'action instrumentale et l'identité culturelle. Cette dernière incluait les relations interpersonnelles de même que la vie affective et sexuelle autant que la mémoire collective et la mémoire personnelle. C'est grâce à cette recomposition que le sujet personnel est non seulement un sujet historique, mais surtout un sujet tragique, dramatique[4].

Il me semble que la mondialisation, en ébranlant le « rationnel », entraîne inévitablement la fin de la modernité et la chute du modèle classique qui, dès l'époque des Lumières, avait également privilégié la raison. John Saul a même évoqué « la dictature de la raison en Occident » dans son best-seller *Les Bâtards de Voltaire*[5].

LE SUJET HISTORIQUE ET LES MODÈLES D'EXPÉRIENCE DU MONDE

Le sujet est, bien sûr, un individu irremplaçable, un être unique. Mais il n'en est pas moins un sujet historique, car cet individu, tout unique et irremplaçable qu'il soit, est situé dans le temps et dans l'espace et se trouve donc influencé par la société dans laquelle il évolue. Cette définition de l'être humain comme sujet historique plutôt que comme animal raisonnable me rejoint davantage parce qu'elle permet de revenir sur les quatre formes d'expérience du monde que fait l'être humain. Le « sujet historique » nous renvoie donc à ces quatre éléments à la différence de l'« animal raisonnable » qui nous renvoie au seul élément rationnel. Ces quatre éléments donnent lieu aux types d'expérience du monde que voici : le biologique, l'esthétique, l'intellectuel et le dramatique.

Ce qui distingue vraiment l'être humain de l'animal, ce n'est pas tant sa raison que son besoin esthétique. C'est ce besoin esthétique qui libère l'être humain de ses élans biologiques et qui l'incite à développer ses capacités intellectuelles.

Le *type biologique* de l'expérience est caractérisé par une conscience purement animale. Mais il existe chez l'humain une exubérance qui transcende la finalité biologique de la peine et du plaisir. L'être humain ne veut pas simplement satisfaire ses besoins biologiques à l'instar de tous les autres animaux. Son exubérance, du fait qu'elle transcende la finalité biologique du plaisir et de la peine, amène l'être humain à vouloir « bien » satisfaire ses besoins, même les plus indiscutablement biologiques. C'est cette quête qui entraîne le *type esthétique*.

Ce moment esthétique procure une joie authentique, celle de l'existence qui prend conscience d'elle-même. Son authenticité spontanée se révèle dans le jeu infatigable des enfants, dans l'ardeur sportive des jeunes, dans la gaieté ressentie devant un matin ensoleillé, dans le bercement d'une mélodie. De tels plaisirs ne sont pas purement biologiques. En effet, quelque chose chez l'humain excède la finalité biologique proprement dite. Il serait étroit de prétendre que les bons repas et les belles personnes sont les seules sources d'expériences esthétiques. Reconnaissons plutôt qu'une telle activité peut survenir pour le pur plaisir d'expérimenter, qu'elle peut échapper aux fins biologiques immédiates, et que cette libération en soi provoque une joie spontanée, portant en elle-même sa justification. Kant parle du beau comme de ce qui plaît « sans aucun intérêt », c'est-à-dire sans subordination à quelque autre fin que soi-même[6].

Une comparaison entre les définitions de l'être humain comme animal raisonnable et comme sujet historique ainsi qu'une analyse du choc amoureux et de la sexualité permettent d'entrevoir quelque chose d'essentiel à la compréhension de la manière dont l'être humain passera du monde d'hier à celui de demain. Ce monde devra d'abord être rêvé avant de prendre forme. La créativité des individus et des communautés sera mise à contribution : je parle ici de cette créativité pleine de mémoire, d'intuition et d'imagination.

L'être humain, disais-je, ne veut pas simplement satisfaire ses besoins biologiques mais il veut les « bien » satisfaire. Cette quête esthétique empêche les désirs d'en rester au simple stade des impulsions, telles celle de la faim pour la nourriture ou celle de la sexualité pour l'accouplement. Il est vrai que boire et manger sont des activités biologiques, mais l'être humain les sépare spatialement et psychologiquement de la ferme, de l'abattoir et de la cuisine. De plus, il décore la salle à manger et impose aux enfants des manières à table. Les vêtements n'ont pas comme seul but de conserver la chaleur : ils ornent, autant qu'ils couvrent, afin que le corps humain n'apparaisse pas simplement comme une unité biologique. La sexualité est évidemment, mais non pas uniquement, biologique. Il arrive même que la sexualité devienne, dans le contexte de l'existence humaine, quelque chose de mystérieux; au-delà de l'accouplement, l'être humain s'investit beaucoup dans la création d'une ambiance et d'un contexte propices à l'exercice de sa sexualité.

La première œuvre d'art de l'être humain est sa propre existence.

L'ART ET L'ARTICULATION DES ÉMOTIONS

Contrairement à une idée fort répandue, le rôle de l'art n'est donc pas d'abord de communiquer des émotions. C'est surtout de les mettre en forme. D'où l'extrême importance des artistes dans une société. Le besoin esthétique et l'art en général dans la mesure où il satisfait ce besoin entraînent une double liberté. Outre qu'ils libèrent l'être humain de l'empire de la finalité biologique, le besoin esthétique et l'art libèrent l'intelligence de la contrainte des preuves mathématiques, des vérifications scientifiques et de la facticité du sens commun.

La libération esthétique, qui permet le libre contrôle artistique du déroulement des sensations et des images, des émotions et des mouvements corporels, ne fait pas que freiner la poussée biologique : elle y insuffle une flexibilité qui en fait un instrument docile de l'esprit de recherche.

C'est grâce à cette libération esthétique que l'être humain a pu accéder au *type intellectuel* d'expérience du monde. En ce sens, ce moment esthétique est ce qui distingue le plus clairement l'être humain de l'animal. Car c'est ce moment esthétique qui fait que l'être humain, après avoir accédé à la raison, peut développer sa *compétence* intellectuelle. Avoir du talent, qu'est-ce donc sinon pouvoir faire passer son expérience, biologique ou esthétique, dans le moule *intellectuel*? Qu'est-ce donc sinon pouvoir compter sur une spontanéité apte à répondre, avec facilité et précision, aux exigences de l'esprit? Les intuitions viennent alors. La formulation exacte suit avec promptitude. Les sens s'arrêtent aux détails significatifs. La mémoire amène à la conscience les cas contraires. L'imagination anticipe les possibilités opposées. Pourtant, même avec du talent, la connaissance ne se constitue que lentement en science, suivant le processus très progressif de la compréhension partielle que complètent des compréhensions subséquentes, jusqu'à ce que l'on parvienne à maîtriser le champ tout entier. La véritable créativité a besoin de tous ces éléments pour se développer et prendre forme dans une existence particulière.

Le quatrième type d'expérience, celui de la vie ordinaire, est le *type dramatique* de l'expérience. Dans la vie ordinaire, il est bien clair que nous n'avons plus affaire aux types biologique, esthétique ou intellectuel. Il y a cependant un courant de conscience dans la vie quotidienne, et ce courant lui donne une direction : le souci de faire quelque chose. Derrière les activités, il y a effectivement des motifs et des buts. En eux réside une composante tragique, dramatique : les désirs humains ne constituent pas simplement des impulsions, puisque, comme on l'a déjà signalé, la première œuvre d'art de l'être humain, c'est sa propre existence. Celle-ci se manifeste d'abord dans ses activités : le style est dans l'être humain avant d'apparaître dans l'œuvre artistique. Ces activités révèlent généralement la cohérence profonde de chacun, qu'elle se manifeste dans l'espace politique, dans la sphère économique, dans les relations interpersonnelles, puisqu'elle procède de la même conscience, donc de la même direction, du même souci de faire quelque chose.

C'est à ce niveau dramatique de l'expérience humaine qu'intervient le besoin de *reconnaissance*. Cette expérience est tragique. Elle inspire une émotion intense. Elle évoque une situation où l'individu prend douloureusement conscience d'un destin ou d'une fatalité qui pèse sur sa vie ou sa condition même. Malgré le fait que les valeurs esthétiques, réalisées dans son existence personnelle, peuvent satisfaire l'individu parce qu'elles sont *son* œuvre, celui-ci s'attend à ce que ces valeurs soient reconnues par d'autres, c'est-à-dire confirmées par l'admiration, l'approbation, le respect et l'affection d'autrui[7]. L'être humain est spontanément un « inter-sujet ». Chaque individu, en tâtonnant, découvre et développe les rôles possibles qu'il pourrait jouer et, sous la pression de critères artistiques et affectifs, élabore son propre choix et son adaptation. Cette élaboration, qui équivaudrait à l'acquisition d'un caractère, c'est la vie ordinaire[8].

LE CHOC AMOUREUX

Écrivant ces lignes sur la vie ordinaire, je ne puis m'empêcher de penser au *Choc amoureux*, le livre de Francesco Alberoni[9]. Il écrit :

> *L'amour à l'état naissant ébranle les institutions dans leur fondement. Sa nature réside justement dans le fait de n'être ni un désir, ni un caprice personnel, mais un mouvement porteur d'un projet et créateur d'institutions. [...] Tomber amoureux ne correspond pas au désir d'aimer une personne belle ou intéressante; mais à celui de reconstruire la société, de voir le monde d'un œil nouveau. [...] Celui qui désire tomber amoureux pour enrichir son*

existence, pour y ajouter quelque chose de merveilleux, ne peut tomber amoureux. Seul celui qui est en train de perdre sa vie s'approche du seuil qui sépare le réel du contingent[10].

Le parallèle qu'on y trouve avec le message de Jésus de Nazareth sur l'importance de perdre sa vie n'est pas étranger à cette qualité. « Si le grain ne meurt… » La crise identitaire actuelle et la souffrance du déchirement vécues par tellement d'individus rendent le sujet disponible et, peut-être même, le condamnent à tout risquer. Le sujet est désormais mis en cause on ne peut plus profondément. Parallèlement au modèle participatif de Charles Taylor, Alain Touraine croit aussi que, au-delà des déclarations et des chartes des droits, au-delà des luttes pour les droits sociaux et culturels, l'enjeu de notre époque, et je dirai du prochain siècle, c'est « la reconnaissance du droit de chaque acteur, individuel ou collectif, de s'affirmer et de se défendre comme tel, comme acteur capable de participer au monde technique et, en même temps, de reconnaître et de réinterpréter son identité[11] ». Notre époque n'est pas ordinaire, elle pourra donc produire davantage. Revenons à Alberoni.

Comme la sexualité ordinaire, qui se vit avec l'amour quotidien, s'apparente à la faim et à la soif, elle nous accompagne lorsque la vie se déroule — uniforme — tel le temps linéaire de l'horloge. Par contre, au dire d'Alberoni, une sexualité extraordinaire se manifeste lorsque l'élan vital recherche des voies nouvelles et différentes. La sexualité devient alors le moyen grâce auquel la vie explore les frontières du possible, horizons de l'imaginaire et de la nature[12]. C'est l'état naissant. Cette sexualité est liée à l'intelligence, à la fantaisie, à l'enthousiasme, à la passion : elle en est inséparable. Le propre de « sa nature est de bouleverser, de transformer, de rompre les liens précédents. L'éros est une force révolutionnaire même si elle se limite à deux personnes. Et dans la vie, on fait peu de révolutions[13]. »

Cette expérience de l'état naissant permet d'ignorer les classes sociales, d'oublier les races, les ethnies. Elle permet de changer la vie, d'imaginer une nouvelle géographie[14], de changer le monde. Alberoni l'exprime ainsi :

L'état naissant constitue une tentative de refaire le monde à partir de cette façon différente de penser et de vivre ; une tentative de réaliser dans le monde cette expérience de solidarité absolue et de mettre fin à toute aliénation, à toute inutilité[15].

Je citerai cette synthèse de la pensée d'Alain Touraine, qui recoupe plusieurs des thèmes évoqués ici :

> *Il ne s'agit pas ici seulement de désir, de travail ou de volonté; il s'agit aussi de lutte et de libération, car l'acteur n'est pas seulement désir de Sujet, il est d'abord souffrance-de-ne-pas-être-sujet, déchirement, fragmentation, désubjectivation. C'est ce qui donne à la construction du Sujet la force dramatique d'un mouvement social. Ce qui nous permet de vivre ensemble n'est ni l'unité de notre participation au monde technique ni la diversité de nos identités culturelles : c'est la parenté de nos efforts pour joindre les deux domaines de notre expérence, pour découvrir et défendre une unité qui n'est pas celle d'un Moi mais celle d'un Je, d'un Sujet[16].*

Si je me suis attardé à cette distinction entre la définition de l'être humain comme animal raisonnable et sa définition comme sujet historique, si je me suis permis au surplus un *excursus* du côté du choc amoureux et de la sexualité, c'est que, dans la différence entre l'animal raisonnable et le sujet historique, dans les caractères particuliers de l'amour et de son expression sexuelle, nous pouvons trouver, me semble-t-il, quelque chose d'indispensable afin de bien comprendre comment l'être humain vivra la transition du monde d'hier à celui de demain.

APRÈS LA DICTATURE DE LA RAISON

Tout n'est pas rationnel. Et rien n'assure que le plus important le soit. Alain Touraine se pose, dans cette perspective, une question éminemment pertinente :

> *Comment a-t-on pu unifier dans la même notion des principes aussi différents que la souveraineté populaire et les droits de l'homme, dont la juxtaposition, plus que l'intégration, est si manifeste dans la déclaration des droits de 1789[17]?*

C'est en considérant l'individu comme un être essentiellement rationnel et en définissant la société comme un produit de la raison qu'on a pu en arriver à cette unification. Cela n'a du reste été possible qu'en Occident, où le modèle de développement repose précisément sur la séparation du rationnel et du non-rationnel, identifiés respectivement au moderne et à l'ancien ou, si l'on préfère, au traditionnel.

> *La frontière ainsi placée entre vie publique et vie privée a conduit, en conti-*
> *nuité avec la tradition de la cité grecque, à construire la société sur l'opposition*
> *entre les êtres capables de participer à la vie publique et ceux qui doivent res-*
> *ter limités à la vie privée, les femmes en premier lieu[18].*

L'opposition entre l'individu et ses expériences privées, rationnelles ou non, d'une part, et l'ordre social et la vie publique « ordonnée » qui est son propre, d'autre part, autrement dit l'opposition entre le plaisir et la loi, fut d'abord posée par Nietzsche et par Freud. L'établissement de cette opposition permet d'expérimenter un nouveau moment esthétique, de faire une nouvelle expérience, ce qui bouleverse l'être humain tout en représentant en même temps sa chance de passer à une autre étape de son développement. Cette nouvelle esthétique est marquée par deux grands moments d'évolution. Premièrement, et contrairement à ce qui a été central pour la modernité, la culture n'a plus rien à voir avec l'économie. Deuxièmement, sur un plan positif cette fois, cette expérience esthétique n'est pas dominée par les hommes, mais nécessite, pour réussir, la contribution des femmes, qui, au-delà du droit à l'égalité, doivent surtout affirmer leur différence et en faire profiter le genre humain.

Forcément, un projet politique émergera tôt ou tard de cette nouvelle esthétique. Ce projet reposera sur un concept philosophique différent de celui des Lumières, dont les prémisses rationnelles sont désormais largement dépassées par cette nouvelle civilisation.

Car c'est bien de cela qu'il s'agit, une nouvelle civilisation. J'ai toujours été frappé de ce que, dans les sociétés, tout se tenait. Il y a toujours une cohérence dans les choix, dans les approches adoptées d'un domaine à l'autre. La revalorisation de l'esthétique dans l'expérience humaine conduira à de nouvelles relations sociales et à de nouveaux projets politiques. J'ai d'abord constaté cette cohérence interne des sociétés en observant les jardins. Les jardins reflètent très bien le rapport des sociétés à l'esthétique et à la raison. Le jardin français classique est un hymne à la raison. Celle-ci impose radicalement son ordre, sa symétrie à la nature. Le jardin allemand, romantique, défie les règles logiques ou esthétiques classiques et fait place à la passion, à la liberté et à la spontanéité. Le jardin anglais, pragmatique, laissera une grosse pierre en son milieu, y installera un banc ou pratiquera un sentier pour servir de détour. Le jardin japonais est tout en miniature ; cet art, cette compétence en miniaturisation a fait la force de l'industrie japonaise, notamment dans l'automobile et l'électronique. Le rapport à la politique est aussi facile à établir : le lecteur sera-t-il surpris que les mouvements verts en faveur de l'environnement et de l'écologie aient émergé d'abord en Allemagne et qu'ils y demeurent considérablement plus forts qu'en France, lorsqu'on constate le rapport que la société établit entre la raison et la nature ? En France, la nature doit être conquise et dominée, pas en Allemagne ou en Angleterre. Le lecteur ne devrait pas être davantage surpris par la place plus dominante de l'État en France par comparaison au rôle moins interventionniste de l'État en Allemagne et en Angleterre. L'importance accordée à la Raison se reflète donc à la fois dans le genre d'État qu'une société se donne dans la force de son mouvement écologique et dans son expression esthétique.

Le projet politique de la modernité, en toute cohérence avec ses concepteurs, les philosophes des Lumières, a proposé la domination du *pouvoir* : c'était le règne de l'État, du droit, du juridique. Le prochain projet politique devra se préoccuper surtout de la *puissance*. Ce sera la contribution particulière et essentielle des femmes.

Deux événements, ai-je dit, marquent cette nouvelle esthétique : la séparation de la culture et de l'économie, d'un côté, et le droit des femmes à la différence, de l'autre. Eh bien ! s'il est un point où ces deux événements se rejoignent profondément, c'est celui du changement de frontière entre la vie publique et la vie privée, un changement lourd de conséquences à maints égards.

J'aime évoquer de nouveau le passage à la postmodernité. La postmodernité, pensée qui a son origine dans le champ de la critique littéraire, favorisant le mélange des genres, suscite un véritable engouement, surtout aux États-Unis. Elle demeure très difficile à définir lorsqu'on l'applique à l'activité politique, comme je le fais ici. Pour ma part, dans son prolongement politique, il me semble que la pensée postmoderne vise à remettre en question l'être politique construit par les Lumières : un être abstrait justiciable de la raison universelle. Le sujet est un être construit socialement en une multitude de points précis dans le temps et dans l'espace.

Je retiens l'aspect positif de cette attaque contre la tyrannie de la raison, sans épouser tous les aspects radicaux qui nous amèneraient à nier la possibilité même d'un regard raisonnable sur le monde. Il s'agit donc de réintroduire dans la vie publique autant de facettes que l'on peut des multiples identités humaines que l'être abstrait niait : la féminité d'abord, mais aussi l'identité humaine dans sa diversité acceptée, assumée.

La diversité est une caractéristique irréductible de la condition humaine actuelle. Dans ce sens, le discours postmoderne touche la cible en valorisant un pluralisme de bon aloi. L'un des effets de la mondialisation est justement cet éclatement, voire cette désintégration des cultures, ce voisinage de plus en plus constant des races, des langues et même des époques (de nos jours, même l'ancien côtoie l'ultramoderne : les téléphones cellulaires se multiplient au fond de l'Inde et en Afrique...). Cela m'apparaît comme un développement très utile. Évidemment, dans la mesure où ce discours postmoderne prétend fonder une nouvelle politique sur la subjectivité la plus déchaînée, il débouche sur une forme inquiétante d'intolérance — la *political correctness* — et il est franchement séditieux. Ou il nous entraîne vers une bienveillance universelle ayant atteint, selon Raymond Boudon, le statut de vertu postmoderne cardinale. Le principe du « tout est opinion » qui caractérise la société démocratique peut aussi conduire à ce que Tocqueville nomme la tyrannie de l'opinion et au « tout va, *everything goes*[19] ».

Plusieurs éléments discutés ici donnent la substance de cette pensée postmoderne : la fin des idéologies et le passage des passions politiques des deux derniers siècles aux passions éthiques annoncées pour le prochain siècle ; l'évolution d'une éthique de la justice à une éthique de l'altérité ; une politique où il y aura plus de place pour l'engagement que pour la revendication, une plus grande importance accordée à la responsabilité de l'individu qu'aux droits.

CHAPITRE VIII

La recomposition du monde : politique, éthique et bien commun

L'ordre international entre dans une composition dualiste. Cette composition dualiste se manifeste par la coexistence de deux mondes que nous avons déjà brièvement décrits à la lumière des travaux de James Rosenau : un monde de l'État, codifié, ritualisé, formé d'un nombre fini d'acteurs, connus et plus ou moins prévisibles ; un monde « multicentré », constitué d'un nombre presque infini de participants dont on doit constater qu'ils ont une capacité d'action internationale plus ou moins indépendante de l'État dont ils sont censés relever[1]. La juxtaposition de ces deux mondes entraîne une configuration très complexe des allégeances. Le monde des États repose sur l'exclusivité des allégeances citoyennes et dépend de sa capacité d'agir en engageant totalement un nombre donné d'individus-sujets. Le monde multicentré repose, au contraire, sur un réseau d'allégeances très peu codifié, dont la nature et l'intensité dépendent de la volonté affranchie des acteurs en cause.

Cette dualité des mondes s'accompagne d'une dualité des dynamiques. Le monde des États agit dans le système international en vue de conforter et de légitimer son existence. Le monde multicentré, quant à lui, vise à élargir son autonomie par rapport aux États, donc à banaliser les frontières et les souverainetés étatiques. Aussi le premier fait-il un usage privilégié de la contrainte, et le second un usage prioritaire des relations consensuelles entre individus. Le premier s'inscrit dans une problématique de la légitimité, le second dans celle de l'efficacité.

Il est clair que le monde du pouvoir, c'est-à-dire des États traditionnels, et celui de la puissance, c'est-à-dire le monde multicentré, coexisteront pendant plusieurs générations. Tout en se contestant, ils devront apprendre à vivre ensemble. Et c'est à l'individu qu'il revient de réaliser la recomposition du monde requise dans ce contexte, tâche fondamentale s'il en est et qui revêt un caractère existentiel.

L'ordre interétatique perdurera longtemps. L'État voudra assurer sa pérennité. Il se réinvente déjà. Il a su se réinventer à un niveau supranational de bien des manières au cours des dernières décennies. Mais il connaît manifestement une grande évolution. Et, quelles que soient ses tentatives, son monde sera de plus en plus profondément transpercé par de multiples flux transnationaux de tous ordres.

Est-ce d'un jeu international renouvelé que viendra le salut? Qui sait? C'est par ce biais que, jadis, l'État s'est imposé d'abord en Europe, puis ailleurs dans le monde, bien qu'avec un succès moindre. Peut-être est-ce au terme d'un cheminement analogue que les structures d'autorité pourront se reconduire en fonction des besoins d'un monde en proie aux bouleversements. Peut-être… L'essor des réseaux transnationaux s'inscrit dans ce mouvement: diasporas, flux migratoires, maillages économiques et marchands ont des vertus d'efficacité que l'idolâtrie de l'État a trop vite fait d'occulter. Les processus d'intégration semblent aller dans le même sens. Au lieu, par exemple, de donner de la construction européenne une image étriquée ou polémique en parlant soit uniquement de transfert de souveraineté soit de fédéralisme diabolisé, il convient de mesurer l'élément d'innovation réelle qu'elle comporte: un espace à géométrie variable[2].

Il y a fort à parier que l'avenir appartient aux espaces à géométrie variable, car c'est là une façon somme toute efficace de transcender les particularismes et de conjurer les menaces d'ethnicisation du monde. Il ne s'agit pas simplement de juxtaposer les États-nations dans de nouvelles zones d'intégration, ce qui équivaudrait à reproduire le modèle de l'État-nation sur un autre plan. Il s'agit de les concevoir, ces États, en fonction d'une nouvelle grammaire et de les inscrire dans le nouveau contexte. Dans les faits, l'expérience d'un système postinternational a déjà commencé. Le système émergent se substitue peu à peu au système composé exclusivement d'États-nations.

PASSIONS ÉTHIQUES ET BIEN COMMUN

Le temps des passions politiques s'achève. Et une période nouvelle s'annonce où les passions éthiques domineront. Derrière le déclin des idéologies politiques et la perte de confiance des populations dans leurs dirigeants publics s'opère un bouleversement de l'expérience et de l'action collectives aussi important que fut l'entrée dans la société industrielle et qu'avait été auparavant la formation des États nationaux. Les anciennes formes d'action collective se dégradent : elles cessent d'être des mouvements de libération sociale et s'enferment dans la défense corporatiste d'intérêts acquis ou d'idéologies épuisées. Pendant ce temps, des voix nouvelles s'élèvent qui parlent avec émotion et passion des crimes contre l'humanité, de la diversité menacée par l'homogénéisation culturelle, de l'exclusion sociale aggravée par un système économique hostile à tout contrôle politique, de fléaux transfrontaliers comme le sida ou l'exploitation des enfants.

À une démocratie qui rêva d'abord de participation directe, puis de représentation équitable des intérêts sociaux, s'ajoute ainsi une démocratie de garantie, protectrice des libertés, de la diversité et de la dignité d'êtres humains. Ceux-ci, plus profondément que des citoyens et des travailleurs, défendent leurs droits d'être des sujets à part entière. Ce nouveau rapport entre éthique et politique réintroduit dans le langage international la vieille notion aristotélico-thomiste de « bien commun ». Étant donné que l'internationalisation des échanges commerciaux et l'apparition d'un capitalisme financier mondial ont engendré des transformations structurelles du pouvoir à l'échelle mondiale, le jeu se fait désormais subtilement entre autorités étatiques (qui ont cédé au marché une grande part de leur compétence) et acteurs transnationaux (qui maîtrisent les éléments clés de la puissance : financement, marché, technologie, etc.).

Les modes de régulation traditionnels fondés sur la coopération interétatique sont devenus insuffisants. Faut-il dès lors tout livrer au libre jeu du marché, c'est-à-dire laisser gagner le plus fort ? Le libre jeu de la concurrence serait alors la transposition dans le domaine économique de la *power politics* avec d'autres acteurs. Ne faudrait-il pas, au contraire, transposer au niveau international la notion de « bien public » et considérer la paix, le développement, la qualité de l'environnement, la stabilité financière mondiale comme des biens collectifs qu'il importe de produire et de préserver ? En théorie, la seule réponse claire à une pareille question est d'ordre philosophique et varie selon les valeurs de chacun. En pratique, les réponses et les comportements sont ambigus et les individus ne favorisent ni l'ultralibéralisme ni la justice distributive. Ils tentent plus banalement d'assurer la finalité de l'ordre marchand en contenant la compétition à l'intérieur d'un « droit de la guerre économique » réduit au strict minimum et donc acceptable à l'ensemble.

En cet « après-Bretton Woods », la construction d'un ordre économique stable impose que soit négocié ensemble des problèmes liés : le commerce, la dette, la monnaie, le prix des matières premières. Le jeu de la négociation consiste à limiter sa propre contribution à l'effort collectif tout en faisant pression sur « l'autre » pour qu'il augmente la sienne. Beaucoup de discours et de communiqués communs découlent d'une telle approche, mais bien peu de contraintes librement consenties en résultent.

LA JUXTAPOSITION DES DEUX MONDES

Deux mondes juxtaposés, le monde de l'État et le monde multicentré, coexisteront donc pendant encore longtemps. Cela étant, nous devons travailler à améliorer chacun de ces deux mondes et à essayer de les concilier au profit de la liberté humaine.

Les tentatives d'intégration supranationale de territoires divers, dans lesquelles les États choisissent de partager leur souveraineté avec leur voisin pour mieux affronter la puissance du marché mondial ainsi que toute tentative de réglementation financière internationale, sont des efforts de réconciliation de ces deux mondes. Même si ces deux mondes obéissent à des logiques opposées et à des dynamiques qui entrent souvent en conflit, il reste qu'ils ont besoin l'un *de* l'autre et doivent composer l'un *avec* l'autre pour trouver leur propre équilibre. L'État a besoin des signaux du marché et de la société civile pour s'acquitter de sa tâche. La réciproque est tout aussi vraie.

LA PUISSANCE DES FEMMES

Parmi les voix nouvelles qui mettent en avant des préoccupations éthiques, celle des femmes se fait entendre. Les femmes jouent, plus que jamais, un rôle important, car elles ont appris, à travers des luttes victorieuses, à unir et leur vie professionnelle et leur vie personnelle dans leur projet, donc à y fusionner leur univers instrumental et leur univers culturel. En un mot, elles ont appris à agir comme des *sujets*[3]. La conscience féminine n'a pas cessé de se renforcer et de se définir en des termes qui vont bien au-delà de la simple demande d'égalité ou de la claire exigence d'identité. Dans la mesure même où les femmes se définissent bien davantage et bien mieux que les hommes comme des sujets désireux d'associer la vie professionnelle avec la vie affective et capables de le faire, elles dépassent les contradictions du monde actuel.

Dans la relation intime, l'existence du sujet est très profondément engagée. Or l'action libératrice des femmes a mis fin à l'identification d'une catégorie particulière d'êtres humains, les hommes, à l'universel. Il n'est plus possible désormais de donner une figure centrale, unique au sujet humain ; il n'y a rien au-dessus de la dualité de l'homme et de la femme. Du même coup, le sujet témoigne à la fois de son appartenance à la rationalité et de son expérience culturelle particulière, puisque hommes et femmes sont à la fois semblables comme êtres pensant, travaillant et agissant rationnellement, et différents biologiquement et culturellement, dans la formation de leur personnalité, dans leur image d'eux-mêmes et dans leur rapport à l'autre. L'action libératrice des femmes et la destruction du monopole du sens et du pouvoir dont disposaient les hommes, ça n'est pas peu. Les philosophes des Lumières avaient exclu la femme de la modernité en l'identifiant à l'irrationnel, donc à la société traditionnelle[4]. L'action libératrice des femmes — qui réclament, outre l'égalité, le droit d'affirmer leur différence — sera au centre de la nouvelle expérience humaine et affirmera la nécessité et la possibilité pour toutes *et* tous de combiner la vie professionnelle et la vie personnelle, de mener une vie double, c'est-à-dire d'articuler l'univers de l'instrumentalité avec celui de l'identité. Il ne s'agit pas ici d'opposer les valeurs féminines aux valeurs masculines : ce serait confondant et dangereux parce que ce serait méconnaître une complémentarité insurpassable.

LES FEMMES ET LA RECOMPOSITION DE LA VIE

Ce n'est pas l'acteur dominant mais le dominé qui joue le rôle principal dans la recomposition du monde. Cette affirmation générale est démontrée par le fait, notamment, que ce sont les femmes, plus que les hommes, qui élaborent un modèle de vie recomposée. Parce que la masculinité s'est construite sur la domination de la féminité, les hommes éprouvent de grandes difficultés à inventer une forme particulière de recomposition de leur personnalité. Ou bien ils cherchent à imiter les femmes, ou bien ils vivent mal et comprennent péniblement leur propre difficulté à réaliser des combinaisons de conduite dont ils admettent la valeur positive sans en saisir le sens, prisonniers qu'ils sont de leur ancienne position dominante. Autant la société industrielle fut une société d'hommes, autant le monde contemporain s'élabore sur une société faisant une grande place à la féminité. En ce qui concerne la première, les historiens de la vie politique comme de la vie privée ont démontré qu'elle s'appuie largement sur l'opposition et la hiérarchisation des hommes et des femmes. En ce qui concerne la seconde, elle émerge, et pas seulement dans les pays industrialisés, parce que les femmes travaillent plus activement que les hommes et en dépit de fortes résistances à une nouvelle articulation des deux hémisphères de l'expérience humaine, la moitié privée et la moitié publique. Cette distinction même est contestée par une certaine critique féministe. Ce n'est toutefois pas un hasard si nombre de nouveaux mouvements sociaux sont animés par des femmes, tandis que le mouvement syndical et les mouvements de libération nationale furent et demeurent très majoritairement dirigés par des hommes.

Les femmes ont non seulement voulu abolir ou atténuer les inégalités qu'elles subissaient et acquérir le droit de décider librement de leur vie, mais elles ont fait apparaître aux yeux de tous des problèmes et un champ de conduite sociale et culturelle si nouveaux que la pensée ne peut pas aujourd'hui définir le monde contemporain sans placer en son centre leurs réflexions et leurs actions[5].

Ce qu'on appelle la libération des femmes ne se réduit évidemment pas à détruire un ordre social hiérarchisé au profit des lois du marché. Cette libération débouche sur la découverte d'une culture féminine et de la communication entre cette culture et celle des hommes. Contrairement à un humanisme dominé par la masculinité, la reconnaissance des différences entre sexes conduit à la recomposition d'un monde où hommes et femmes pourront non pas se distinguer ou se confondre, mais dépasser l'opposition traditionnelle du privé et du public, de l'autorité et de l'affection. Ce dialogue primordial est nécessaire pour enrichir la qualité de tous les autres dialogues, dont le dialogue culturel. Car l'idée de société multiculturelle est incompatible avec les politiques identitaires, puisque le multiculturalisme repose sur la communication entre les cultures, à l'instar de la démocratie elle-même qui implique la reconnaissance du pluralisme des intérêts, des opinions et des valeurs. Autrement dit, à défaut de multiples intérêts et valeurs, la démocratie est sans objet, tout comme le multiculturalisme est impraticable en l'absence d'une variété de cultures.

ÉTHIQUE DE LA JUSTICE ET ÉTHIQUE DE L'ALTÉRITÉ

Récapitulons. L'internationalisation cède la place à la mondialisation. Le pouvoir cède la place à la puissance. L'État est contesté par le marché. Le pouvoir et la puissance doivent être réconciliés pour que la mondialisation s'humanise. Le pouvoir des hommes doit composer avec la puissance des femmes. Le sujet historique devient moins historique et social, et bien davantage personnel. Cette nouvelle donne ne peut rester sans effet sur l'éthique.

Et, de fait, surgit une nouvelle éthique. Ce surgissement pourrait être décrit comme le passage d'une éthique de la justice à une éthique de la considération ou de l'altérité[6]. On a longtemps cru indépassable un horizon tracé par les Lumières, celui d'une justice commutative axée sur la rétribution, la réparation des torts et la punition des crimes. La postmodernité nous a conviés à une réflexion au-delà de cet horizon. Une illustration saisissante des perspectives qui s'ouvrent désormais à nous vient d'Afrique du Sud. Les travaux de la Truth and Reconciliation Commission[7], et la réflexion extrêmement féconde qui les a précédés et qui continue de les entourer, démontrent que la justice des Lumières n'est pas la seule qui se puisse concevoir. Des expériences comparables mais de moindre envergure ont été tentées dans un passé récent en Tchécoslovaquie et au Chili. On peut se demander si le profond malaise qu'ont suscité les procès Barbie et Papon eût été épargné à la France dans l'hypothèse où l'épuration, avec son cortège de procès et de châtiments expéditifs, avait revêtu une autre forme, semblable à celle que l'on observe aujourd'hui en Afrique du Sud.

Quoi qu'il en soit, la participation des femmes à la société en émergence renforcera inévitablement l'éthique de l'altérité. En cela, les femmes prendront la relève des hommes qui ont été plus sensibles, au cours des derniers siècles, à l'éthique de la justice.

LE BIEN COMMUN

Revenons au concept de bien commun. Dans son acception originelle, le bien commun vise l'accomplissement ultime de l'être humain et de la société humaine, c'est-à-dire le degré le plus achevé du développement à la fois personnel et communautaire. Pour la doctrine sociale catholique au XXe siècle, le bien commun est « cet ensemble de conditions sociales qui permettent tant aux groupes sociaux qu'à chacun de leurs membres d'atteindre leur perfection d'une façon plus totale et plus aisée[8] ». Pour la doctrine libérale américaine, le bien commun fait référence au « bien public » et à l'amélioration de la condition humaine partout sur la terre par la vertu, la créativité et l'esprit d'entreprise des citoyens libres ; dans sa version la plus récente, « l'essence du bien commun est de garantir dans la vie sociale les bienfaits de la coopération volontaire[9] ». Hérité de cette double tradition, catholique et romaine d'une part, libérale et américaine d'autre part, la notion de *global commons* permet d'imaginer tous les êtres humains reliés entre eux, dans une condition similaire et une commune vulnérabilité[10].

Les décisions d'aujourd'hui engagent un horizon spatial et temporel d'une ampleur sans précédent. Elles impliquent non seulement les relations entre États, sociétés et individus, mais aussi les relations de l'être humain avec le reste de l'univers et les générations futures.

Il existe une telle chose que la tragédie du bien commun. Elle consiste en ce qu'aucun acteur n'a intérêt à s'engager de façon unilatérale dans une politique de prévention quand seule une action mondiale concertée a quelques chances de succès.

Ne serait-ce qu'en raison de ce phénomène, l'adoption des comportements responsables requis par les circonstances actuelles nécessitera une éthique renouvelée. Cette éthique ne pourra pas reposer, comme dans le cas du développement économique, sur le seul intérêt individuel. Un autre niveau de conscience devra émerger. La situation à laquelle nous faisons face actuellement diffère en effet substantiellement de celle que Ricardo a connue. En son temps, il a démontré qu'un pays gagnait à pratiquer le libre-échange même unilatéralement puisque, ce faisant, il introduisait chez lui les bénéfices de la concurrence[11]. S'agissant des valeurs altruistes nouvelles qu'il nous faudra instaurer, nous devons toutefois reconnaître en tout réalisme que le ressort du libre-échange ne nous sera pas d'un grand secours. Pourquoi ? Parce que la coïncidence objective entre l'ouverture commerciale sur les autres et les avantages financiers de cette ouverture n'existe pas dans le cas de l'instauration des nouvelles valeurs et du bien commun alors qu'elle existait dans le cas de l'instauration du libre-échange.

On aperçoit tout de suite l'envergure du défi. Le libre-échange a pu s'implanter en grande partie grâce à la convergence extraordinaire et rarissime des impératifs de l'égoïsme et de la générosité. La poursuite du bien commun pourra se réaliser en grande partie grâce à une générosité renforcée capable d'ignorer ou, à tout le moins, de dominer les sollicitations de l'égoïsme.

DEUXIÈME PARTIE

L'exception canadienne

Two roads diverged in a wood, and I —
I took the one less travelled by,
And that has made all the difference.
ROBERT FROST,
« The Road Not Taken »,
Mountain Interval (1916).

CHAPITRE IX

Le pays qui refusa de devenir un État-nation[1]

Le Canada est un pays très original si on le compare aux autres pays occidentaux qui se sont formés au cours des XVIIIe et XIXe siècles. Les Canadiens eux-mêmes ne reconnaissent pas toujours la profondeur de cette originalité, ni ne l'admettent. Car elle a été combattue par les élites traditionnelles et conservatrices. Et elle l'est toujours. Pourtant, cette originalité est au cœur à la fois de notre identité et de notre avantage en ce début d'ère de la mondialisation.

Les États qui se sont constitués, en Occident, à partir du XVIIe siècle ont permis l'émergence de la modernité dans nos sociétés. En créant des conditions politiques propices, ces États ont effectivement rendu possible le développement de la liberté et de la démocratie, ils ont rendu possible la création de marchés de plus en plus étendus géographiquement et de plus en plus fournis démographiquement, ils ont rendu possible en conséquence l'émergence de l'industrie. Bref, l'Occident allait connaître un développement économique sans équivalent grâce au rôle assumé par l'État, notamment son rôle d'arbitre des règles du jeu, de garant des droits de propriété et du respect des lois.

DE L'ÉTAT PRIMORDIAL À L'ÉTAT-NATION

L'État ne s'en est cependant pas tenu à cette fonction primordiale. Comme le montre son évolution historique, presque partout au monde l'État s'est transformé en État-nation. Or il y a une différence fondamentale entre l'État et l'État-nation. Le premier, l'État primordial, constitue pour l'essentiel l'armature politique dont se dote une région géographique plus ou moins vaste réunissant une quantité plus ou moins importante d'habitants susceptibles d'appartenir à des regroupements sociaux plus ou moins nombreux et différents. L'État-nation apparu aux XVIIIe et XIXe siècles résulte, quant à lui, du mariage entre un État et une nation, c'est-à-dire une des communautés membres de l'État primordial, généralement la plus forte.

Le prix d'un tel mariage n'a rien d'insignifiant. Car le surgissement d'un État-nation s'explique toujours de la même façon : une des communautés en présence parvient à imposer sa volonté aux autres en utilisant, pour ce faire, l'appareil d'État. Les cas de la France, de l'Allemagne, de l'Italie, de la Grande-Bretagne témoignent d'un fait incontestable : dans chacun de ces pays, *une* langue — ici le français plutôt que le breton ou l'occitan que parlait Henri IV, là le piémontais plutôt que le lombard, ailleurs l'anglais plutôt que les parlers gaéliques d'Écosse, d'Irlande ou du pays de Galles — a trouvé le moyen de s'imposer à tous, *une* culture — la prussienne, pour ne citer qu'un exemple célèbre — est parvenue à dominer les autres. En ce sens, l'État-nation provient d'abord de l'uniformisation socioculturelle qui, après coup, s'incarne elle-même dans des institutions elles aussi uniformisées : le même droit partout, le même système d'éducation partout, et ainsi de suite.

Cet État-nation traditionnel représente exactement ce que, dès sa naissance au XIXe siècle, le Canada a refusé de devenir. Trop souvent justice n'est pas rendue au Canada pour ce choix original. Prétextant que le Canada est un jeune pays, on refuse de voir la pertinence, la lucidité, le courage de son choix d'alors.

L'ORIGINALITÉ DU CHOIX DES CANADIENS

Pourtant, un bref rappel historique suffit à montrer que le choix du Canada est très original pour l'époque. Sous l'égide de la Prusse, l'unité allemande n'aura finalement pris forme qu'en 1870 après les efforts de Bismarck et à la faveur, si l'on peut dire, de la guerre contre la France. Sous l'égide du Piémont, l'Italie ne sera réellement unifiée par Cavour qu'en 1871. Or la fédération canadienne date, elle, de 1867. Autrement dit, au moment où le Canada faisait un choix hors du commun, d'autres pays prenaient une direction déjà traditionnelle. Le Canada, il est vrai, conservait au moment de la Confédération le statut de colonie britannique, mais le régime politique qui est apparu ici en 1867 était bien le résultat d'une réflexion menée à terme, et d'ententes passées entre Canadiens, ici même en Amérique du Nord. Les États-Unis d'Amérique eux-mêmes choisissaient, à ce moment-là, de créer un État-nation conventionnel. Nos voisins ont adopté le mode d'intégration par l'uniformisation et l'uniformisation par l'assimilation. L'illustration par excellence de cette orientation nous est fournie par la langue imposée à tous. Les vagues d'immigrants successives ont dû se fondre dans le moule linguistique commun comme elles ont dû, à tant d'égards, se résoudre à la fusion dans le moule commun des États-Unis d'Amérique. Les Américains ont créé un pays sur le modèle célèbre du melting-pot, c'est-à-dire du creuset où se fondent, se dissolvent les gens de toutes origines, de toutes nationalités.

Au Canada, le pays s'est construit sur deux langues, et cela, dès le début. En elle-même, cette seule constatation n'a guère de portée. Quand on considère cependant toute la *mentalité d'accommodement* que cela suppose, on entrevoit quelques-unes des dispositions sociales et morales des Canadiens qui ont conçu un autre modèle que celui de l'uniformisation par la domination d'un groupe ou par l'assimilation, tel le melting-pot : le modèle canadien, celui de la *mosaïque.*

Comment expliquer ce choix original des Canadiens? L'absence de frontières clairement définies y est sûrement pour quelque chose. Tous connaissent les frontières de la France : l'Hexagone s'appelle l'Hexagone justement parce qu'on en connaît les contours. *Mutatis mutandis,* la même observation vaut pour l'Italie : l'appellation de « botte à talon haut » qu'on lui attribue et qu'on nous a enseignée dès la petite école correspond à une représentation nettement circonscrite. En revanche, le Canada n'évoque aucune délimitation territoriale complète, ne serait-ce qu'en raison de ses limites nordiques qui demeurent bien vagues pour la plupart d'entre nous.

Sur le plan de l'imaginaire, cette absence de périmètre « fini » correspond à une espèce d'ouverture symbolique et laisse une certaine marge à l'évasion. Sans vouloir verser dans une analyse psychosociale peut-être impraticable en l'occurrence, on doit convenir que cette perception du Canada est partagée par un grand nombre d'individus à travers le monde. Pour eux, comme pour nous, évoquer le Canada, c'est donner libre cours à son espoir, c'est déployer toutes ses capacités de rêve, c'est croire qu'on a enfin trouvé le lieu où les plus nobles idéaux individuels et collectifs ont une possibilité réelle de se concrétiser. Pas étonnant que, dans l'une de ses œuvres, l'écrivain français Michel Tournier fasse dire à l'un de ses personnages : « Le Canada reste toujours pour moi cet au-delà qui frappe de nullité les dérisoires misères qui m'emprisonnent[2]. »

Du fond de la détresse humaine, les déportés d'Auschwitz appelaient « Canada » le dépôt où étaient conservés tous les effets personnels dont on les avaient dépouillés. Un lieu pour eux aux richesses infinies que symbolisait spontanément le nom « Canada »[3]. À leur manière, voilà ce qu'illustrent ces milliers d'enfants qui, chaque année, écrivent au père Noël, Pôle Nord, Canada : ils partagent avec lui leurs désirs. Or ils reçoivent une réponse grâce à la générosité bénévole des employés et des retraités de la Société canadienne des postes. Le Canada honore la confiance de ces enfants. Dans d'autres domaines, dont l'immigration offre de si nombreux exemples, le Canada honore la confiance des adultes qui viennent s'y établir avec leurs projets et avec leurs espoirs.

UN ÉTAT PLURALISTE

Les Canadiens, donc, ont refusé de créer un État-nation traditionnel, et le pays qu'ils ont fondé s'est progressivement inventé suivant un modèle décidément original, et dont l'aboutissement est la fameuse mosaïque canadienne. Au Canada, il n'y a donc pas *une* langue qui supplante impitoyablement toutes les autres, il n'y a pas *une* culture qui s'impose à tout le monde sans discernement, il n'y a pas *une* religion qui évince les autres de leur place. De ce point de vue, le Canada ne constitue pas un pays de la norme, mais un pays de l'*exception*.

J'aime bien personnellement penser que cette volonté d'accommodement que l'on trouve au Canada avait déjà connu de grands moments même au XVIIe siècle. François Bayrou, dans sa biographie de Henri IV, souligne combien ce roi vivait déjà dans la modernité. « Faut-il voir là un trait de mentalité protestante ? » s'interroge-t-il[4]… « Cet esprit protestant devait donner l'une des premières formes modernes de volontarisme économique[5]. » C'est d'ailleurs sous son règne que Champlain a fondé Québec en 1608. Quoi qu'il en soit, l'auteur souligne « l'originalité du projet colonial de Henri IV, qui correspond à une vision très cohérente de développement économique, […] de profond respect des populations locales » ; ainsi, « ce dernier point a sans doute singularisé dès le début la colonisation française en Acadie, cas unique d'osmose entre les populations indigènes et les colons [...][6] ».

Avant même que le Canada d'aujourd'hui existât comme tel, la sensibilité des Canadiens revêtait déjà un caractère singulier. Qu'on se rappelle, par exemple, le rapport écrit par lord Durham en 1839, à la suite de la rébellion de 1837. Laissons de côté les éléments de ce rapport qui préconisent l'union des deux Canadas d'alors et l'introduction du gouvernement responsable.

Sur le plan ethnolinguistique, Durham recommandait, à toutes fins utiles, l'anglicisation des Canadiens français. Notons qu'il suggérait simplement d'appliquer ici ce que tous les pays modernes, c'est-à-dire les pays alors à l'avant-garde comme la France et l'Angleterre, avaient déjà réalisé et ce que l'Allemagne et l'Italie s'apprêtaient à vivre. Durham reflétait bien son époque. Il était un esprit de son temps. Or, cette recommandation — qui, il faut le rappeler en passant, venait d'un non-Canadien — a été rejetée par les Canadiens français. Et, phénomène remarquable, elle n'a guère trouvé d'écho chez les Canadiens anglais.

Fait encore plus significatif, les Canadiens anglais appartenant aux milieux réformateurs, libéraux et progressistes ont préféré former des alliances avec leurs homologues canadiens-français plutôt que de souscrire au rapport Durham. Ce faisant, ils rejetaient la proposition de lord Durham, rejet dont la portée prend son plein relief quand on relit le texte original :

> [...] *Je m'attendais,* écrit en toutes lettres lord Durham, *à trouver un conflit entre un gouvernement et un peuple ; je trouvai deux nations en guerre au sein d'un même État* [...]. *C'est pour les tirer de cette infériorité que je veux donner aux Canadiens notre caractère anglais*[7].

L'identité canadienne a été développée par des leaders qui, des deux côtés de la barrière linguistique, partageaient les mêmes vues. Les rébellions de 1837-1838 illustrent bien le point de départ du développement de cette identité canadienne.

Louis-Joseph Papineau, William Lyon Mackenzie et leurs collaborateurs réformateurs ont été en contact tout au long des années 1830 et leur objectif était d'obtenir de Londres plus de démocratie ainsi que le gouvernement responsable. Tous deux s'opposaient aux élites conservatrices respectives de leurs sociétés, qu'ils souhaitaient d'ailleurs remplacer. Leur tentative d'alliance n'a pas eu le temps de prendre suffisamment forme et a donc échoué face à la répression britannique. Mais cette tentative d'alliance des chefs libéraux du Bas-Canada et du Haut-Canada allait marquer le début d'une tradition, d'une méthode canadienne portée à l'accommodement et d'un leadership politique qui allait refléter cette sensibilité canadienne.

À peine trois ans plus tard, donc dès le début des années 1840, une nouvelle génération allait poursuivre le travail en faveur de la démocratie. Louis-Hippolyte LaFontaine et Robert Baldwin, tous deux dans le milieu de la trentaine, ont alors rassemblé une coalition complexe en faveur des réformes. Isolés, ils ont constaté que leurs efforts étaient voués à l'échec : 1837 l'avait bien démontré.

Au parlement du Canada-Uni à Kingston, LaFontaine et Baldwin sont devenus les meilleurs amis et ils allaient le demeurer pour la vie. John Saul rappelle un petit détail significatif : Baldwin a immédiatement envoyé ses deux fils et ses deux filles étudier en français à Québec[8].

Cette amitié, née du partage des valeurs libérales, s'est manifestée dès le départ en un de ces moments qui cristallisent justement le Canada à son meilleur : le gouverneur, lord Sydenham, l'évêque de Montréal, Mgr Bourget, et l'élite de Montréal avaient physiquement empêché l'élection de LaFontaine dans Terrebonne. Baldwin, qui avait été élu dans deux circonscriptions, a démissionné du quatrième comté de York où la population de petits fermiers a choisi LaFontaine lors de l'élection partielle. Baldwin leur avait demandé d'appuyer cette coalition en faveur de la réforme. LaFontaine fut élu par balayage. L'année suivante, Robert Baldwin fut battu, par les orangistes et le *family compact*, et LaFontaine l'appuya lors de l'élection dans le comté de Rimouski, où le même message fut envoyé par les électeurs[9].

En 1848, le Canada a finalement obtenu le gouvernement responsable. LaFontaine souhaitait lui donner une direction bicéphale mais Baldwin insista pour que LaFontaine en fût le chef. Il resta à ses côtés. LaFontaine devint en quelque sorte le premier premier ministre du Canada.

Mais au Québec, c'est Papineau qu'on a retenu comme héros. Je me souviens d'avoir été surpris d'apprendre que la rébellion avait eu son pendant au Haut-Canada avec William Lyon Mackenzie et que certains leaders au Bas-Canada étaient anglophones : le Dr Wolfred Nelson, par exemple. On nous avait tellement présenté Papineau comme un héros ethnique et un chef unique… On a même oublié ses combats après son retour d'exil en faveur des droits seigneuriaux et ses prises de position à l'égard de l'Église qui commençait à s'affirmer sous le leadership de Mgr Bourget.

Est-ce parce qu'il a perdu, alors que LaFontaine a finalement gagné? Préférons-nous les victimes? Il est sûr que LaFontaine, puis bientôt George-Étienne Cartier[10], a beaucoup résisté au leadership et au pouvoir de l'Église catholique, désormais dominée par les ultramontains. Il est sûr également que le Canada a adopté un modèle de développement fondamentalement différent de celui de tout autre pays, un modèle fondé sur l'accommodement qui a conduit à la Confédération de 1867. Si le Canada avait adopté la voie traditionnelle américaine de l'uniformisation par l'assimilation, le rapport des Canadiens à l'immigration aurait été différent. Les Canadiens ont aussi évité des guerres intestines telle la guerre de Sécession aux États-Unis.

Bien que cette politique et cette volonté d'accommodement soient caractéristiques du pays canadien au point, peut-être même, de constituer un des principaux éléments de sa définition, cela n'exclut pas les erreurs et les résistances. Les lois scolaires du Manitoba dès 1890, puis le règlement XVII en Ontario en 1912 ont limité les droits des Canadiens français et ont contribué à les contenir dans les limites du Québec.

Qu'ils aient eu à faire face à des orangistes ou à des ultramontains, les réformateurs et les libéraux ont connu des oppositions et des résistances. Mais s'il y a une leçon à retenir, c'est la suivante: unis à travers le pays, ils pouvaient faire la différence et faire progresser le pays[11].

À l'évidence, ce que les Canadiens français et anglais de l'époque ont rejeté, c'est donc l'assimilation d'une culture par une autre[12]. Ils ont rejeté l'objectif de créer *une seule* nation appelée à coïncider avec l'État. Ce choix devait permettre une forme de pluralisme que les États « normaux » ne tolèrent pas et qui, en notre ère de mondialisation, procure aux Canadiens une longueur d'avance.

LES VALEURS CANADIENNES

Dès l'origine, le Canada a refusé de se construire sur *une* langue, *une* religion, *une* culture. Nous avons élaboré une société plus politique qu'ethnique. Le Canada a plutôt choisi de se définir par la croyance partagée en certaines valeurs cardinales: le respect de chacun dans ses particularités, le souci commun de la justice, le sens de la mesure dans l'usage du pouvoir. Bref, et de façon paradoxale, on pourrait parler d'une *passion de l'équilibre* pour caractériser l'esprit canadien. De façon paradoxale, puisqu'une passion implique un certain extrémisme alors que l'équilibre a plutôt tendance à rechercher un juste milieu. Cette *passion de l'équilibre* se traduit par un malaise en présence des idéologies radicales, par un souci actif de trouver la juste mesure dans les choses humaines. Pour les Canadiens, la prospérité sans équité n'a pas de sens, la cohabitation sans solidarité n'a pas de sens, le pouvoir sans contrepoids n'a pas de sens, la richesse sans générosité n'a pas de sens, la diversité sans partage n'a pas de sens : les Canadiens cultivent résolument la *passion de l'équilibre* !

Pluralisme, mentalité d'accommodement, mosaïque, solidarité et recherche de l'équilibre, tels sont les maîtres mots, les idées clés qui permettent de résumer l'idéal canadien.

En effet, ce premier accommodement entre Canadiens de langue anglaise et de langue française a favorisé le développement d'une mentalité d'accommodement qui nous fera adopter une attitude très différente à l'égard de nombreux éléments importants de la vie en société, à l'égard des immigrants d'abord mais aussi à l'égard du social.

Le pluralisme est à la base même de ce pays. Et ce pluralisme englobe non seulement les Canadiens français et anglais, mais aussi les autochtones, qui nous ont aidés à apprivoiser notre nordicité, un certain sens de la communauté également et sans lesquels notre pays ne serait pas ce qu'il est ; il englobe de même les immigrants, dont l'apport est irremplaçable du fait que, chez nous, ils sont respectés tels qu'ils sont, ce qui permet la constitution d'une enrichissante mosaïque culturelle en lieu et place de la fusion au creuset d'un melting-pot. Tous ces groupes ont participé à la création de ce pays « anormal », exceptionnel qu'est le Canada et continuent de participer à cette création qui se poursuit sans cesse en vue d'assurer les nécessaires ajustements aux multiples et profonds changements qui surviennent. Ils contribuent de façon remarquable à faire du Canada un pays bien équipé, bien préparé en vue de bien vivre la mondialisation et de s'engager dans la recomposition du monde.

Le Canada ne se définit par aucun *statu quo*. Au contraire, il est viscéralement inapte au *statu quo,* comme son histoire l'atteste, et c'est précisément ce qui lui confère la souplesse d'adaptation que tant de gens lui envient.

Sous ce rapport, le Canada est indiscutablement exceptionnel : exceptionnel par le niveau de vie que les Canadiens ont atteint et que bien peu de peuples ont connu dans l'histoire de l'humanité, exceptionnel encore davantage par le niveau de liberté et de justice qui prévaut chez nous, exceptionnel aussi et peut-être surtout par le niveau de respect et de tolérance qui règne dans ce pays. Liberté, justice, respect, tolérance : voilà des valeurs cardinales auxquelles adhèrent et communient les diverses minorités de ce pays, ces minorités qui ont choisi ensemble de former une majorité en fonction précisément de certaines valeurs.

En son essence, tel est donc le Canada : un pays pluraliste défini par des valeurs. Et non pas un État-nation plus ou moins incapable de composer avec la diversité et les flux migratoires. À la différence notamment de la France et de l'Allemagne, le Canada fait preuve d'une ouverture pleine de promesses à l'égard de l'immigration. Car, chez nous, se fait sentir le besoin de voir d'autres personnes venir partager nos valeurs et notre idéal, nous aider à les construire et continuer à les faire progresser. Le Canada est constamment à réinventer, à chaque génération. Le Canada est un projet. Comme tel, il nous revient à nous, Canadiens, de le réaliser, comme nos prédécesseurs l'ont fait, comme nos successeurs devront le faire.

CHAPITRE X

Le pays de la troisième voie ou la passion de l'équilibre[1]

Véritable incarnation du pluralisme et trouvant en cela même une large partie de son originalité et de son identité, le Canada est devenu, selon les Nations unies, un des meilleurs pays du monde au chapitre du développement humain, à la croisée de l'économique et du social. Chose certaine, le Canada est le lieu d'une expérience fondamentale qui constitue une inspiration pour tous et qu'il importe de réussir. Autrement, quel message enverrait-il à l'humanité à l'aube du prochain millénaire? Quelle signification revêtirait l'incapacité du Canada de se renouveler et de se moderniser, alors que c'est un pays considéré par tous comme un si grand succès à tant d'égards, un pays doté d'un potentiel à ce point immense et ayant déjà à son actif de si nombreuses réussites? Quelle serait la portée d'un tel échec au moment précis du déploiement de la mondialisation? Tout comme le Canada a trouvé une réponse originale aux défis du XIXᵉ siècle, ainsi peut-il relever les défis de la mondialisation d'une manière créatrice : le Canada peut offrir une solution de l'*exception* aux problèmes reliés à la mondialisation et, notamment, à ceux qui concernent l'économie.

LE CANADA, PAYS « POLITIQUE » PAR EXCELLENCE

Le Canada est un pays « politique ». On a souvent affirmé que le Canada, avec ses mouvements d'Est en Ouest, était allé à contresens de l'histoire puisque les courants économiques naturels auraient dû orienter sa réalité selon un axe Nord-Sud. Cette affirmation se trouvait déjà à la base de l'analyse et du diagnostic présentés par René Lévesque dans son manifeste de 1968 où, sous le titre d'*Option Québec,* il avait élaboré pour la première fois sa thèse de la souveraineté-association[2]. Bernard Landry s'en prenait encore récemment à la politique canadienne dont le protectionnisme, depuis le siècle dernier, « nous a coupés de nos liens Nord-Sud si conformes au bon sens et à la géographie[3] ».

Réfléchissant à cette vision des choses, John Saul soutient que, contrairement à l'opinion répandue, cette orientation Est-Ouest ne constitue pas un résultat artificiel attribuable à certaines initiatives du gouvernement central, comme le chemin de fer transcanadien et la politique nationale. Selon lui, ces politiques du siècle dernier ont simplement donné à ce qui existait déjà un aspect XIXe siècle. Ce qui a engendré ce flux Est-Ouest, c'est un ensemble d'alliances indiennes intervenues, dès les XVIIe et XVIIIe siècles, d'abord avec les Français et les Canadiens français, ensuite avec les Anglais. Ces alliances reposaient notamment sur le caractère septentrional de l'endroit et sur tout ce qu'implique un tel caractère[4]. Bref, voir dans le Canada un pur artefact, ce serait réduire l'histoire à des mécanismes, ce serait la ramener à la seule économie au prix extravagant d'une ignorance complète des données géographiques, anthropologiques et culturelles.

En cette ère de mondialisation où plusieurs voudraient tout soumettre aux lois du marché et aux flux de l'économie, en dépit de ce que cela implique d'exclusion pour un si grand nombre, l'existence même d'un pays comme le Canada, objectivement l'un des plus grands succès du monde, représente un espoir, une voie, un modèle de résistance aux forces actuelles. Le Canada n'a jamais été un pays « normal », il a toujours été un pays de l'« exception ». Il doit l'être plus que jamais à l'aube du troisième millénaire. Et c'est une des raisons pour lesquelles les Canadiens doivent éviter le souverainisme québécois, qui constituerait une abdication du politique devant l'économique.

Dès l'origine, le Canada est donc un pays politique, avant d'être un pays économique. D'une certaine manière, sa façon d'être politique avait été orientée par les alliances avec les premiers habitants de ce territoire, les autochtones, qui ont également aidé les nouveaux arrivants à apprivoiser le Nord, notamment l'hiver. John Saul va encore plus loin et croit que si le Canada est un pays aussi inclusif, c'est qu'il a été marqué par l'animisme[5] des Premières Nations[6]. Cette façon d'être politique a conduit à la plus grande inclusion possible des différentes communautés linguistiques et des communautés d'immigration. Pour avoir cherché à éviter le plus possible l'exclusion et pour y être largement parvenu, le Canada constitue le succès que l'on sait au chapitre du développement humain : c'est un pays d'inclusion. Sa nature *politique* prépare drôlement bien le Canada et chacune de ses parties à relever les défis de la mondialisation, tout en résistant à ses excès qui, eux, conduisent à l'exclusion ou à une conception réductrice de la société dans laquelle on ne voit plus qu'un simple mécanisme du marché. Il n'est pas surprenant que le parti le plus critique de l'expérience canadienne, le Parti québécois, soit partisan sans réserve des accords de libre-échange et, surtout, se fasse le promoteur des flux Nord-Sud sur le continent nord-américain. Logique par rapport à son idéologie de droite et à sa position toujours régionale en Alberta, le Parti de la Réforme suit de près.

LE DÉVELOPPEMENT DES RESSOURCES HUMAINES

Sous prétexte de mondialisation, le « tout économique » ne constitue pas une panacée. Je m'oppose donc, pour ma part, à ce que les Français appellent la pensée unique en matière économique. Car le développement humain le plus valable me paraît passer par la recherche d'un nouvel équilibre entre le rôle de l'État, c'est-à-dire du *politique,* et celui du marché, c'est-à-dire de l'*économique.* Nous entrons de plain-pied dans une économie de la connaissance, il ne faut pas l'oublier. Or la connaissance est détenue d'abord et avant tout par des êtres humains qui sont — ou devraient être — libres d'aller et venir comme ils l'entendent.

Dans ces conditions, consacrer au développement humain les ressources qui s'imposent ne peut plus être vu comme relevant des dépenses sociales, ce qui était le cas naguère encore. On ne peut plus considérer l'éducation et la santé, par exemple, comme des denrées parmi d'autres. Les ressources allouées à ces deux aspects de nos vies tiennent plutôt de l'investissement dans le développement humain — et d'un investissement propre à engendrer une croissance économique de haute qualité. Ainsi en va-t-il précisément des programmes sociaux. Traditionnellement, on a eu coutume de les considérer comme des coûts. La théorie voulait que plus importants et généreux ils sont, plus onéreux ils deviennent, le tout se traduisant par des prix non concurrentiels ou moins concurrentiels sur les marchés mondiaux : prix non concurrentiel ou moins concurrentiel de notre main-d'œuvre au premier chef et, par voie de conséquence, prix non concurrentiel ou moins concurrentiel de nos produits et services. Pour une société aussi dépendante du commerce mondial que le Canada, voilà qui n'est pas rien !

Un examen plus minutieux des données amène toutefois à des conclusions fort différentes. Même dans le cas des services de santé, tellement souvent dénigrés comme source de coûts supplémentaires pour les employeurs, il faut revoir les idées courantes. Une étude récente du cabinet international de consultants KPMG a comparé dix villes canadiennes et treize villes américaines du point de vue des coûts engagés pour y faire des affaires par sept industries manufacturières[7]. Dans chacun des cas, les coûts globaux étaient systématiquement moins élevés au Canada qu'aux États-Unis. Or l'un des facteurs de cet atout comparatif tient au fait que les avantages sociaux liés aux services de santé coûtent moins cher aux employeurs canadiens qu'aux employeurs américains : du fait qu'il n'y a aucun système universel d'assurance-maladie aux États-Unis, les employeurs s'y trouvent désavantagés par rapport à leurs compétiteurs canadiens, qui n'ont à assumer, eux, qu'une portion de ces coûts, c'est-à-dire la portion non couverte par le système universel qui existe chez nous.

Ce que révèle cet exemple dûment mesuré, c'est ce que les Canadiens ont pressenti depuis toujours : la prospérité ne peut pas être réelle et durable en dehors de la solidarité, c'est-à-dire que l'économie prend son plein sens humain uniquement dans un cadre politique approprié. Par une de ces remarquables ironies dont l'histoire a le secret, les valeurs canadiennes — intuitivement perçues, à l'origine, comme essentielles à la qualité de la vie sociale — se trouvent, à l'heure actuelle, empiriquement confirmées dans leur rôle fondateur de la qualité de vie d'une société. À aucun moment peut-être, cela n'a été aussi clair qu'à cette époque-ci où nous passons à une société du savoir. Car, par définition et plus que toute autre forme de société, la société du savoir est liée aux personnes, à la population dont on a trop souvent tendance à oublier qu'elle constitue la première richesse naturelle d'un pays.

Déjà, l'expérience corrobore la justesse de cette conception. Alors que le Pacte de l'automobile de 1965 garantissait au Canada une activité correspondant à son importance démographique d'environ 10 % du marché nord-américain, l'industrie automobile a, dans les faits, effectué 18 % de ses opérations chez nous. Pourquoi ? Parce que, entre autres raisons, les grands constructeurs de voitures nord-américains paient beaucoup plus cher aux États-Unis qu'au Canada tout ce qui concerne la santé de leurs employés. Pour comprendre qu'il s'agit là d'un des éléments explicatifs de cette situation, il suffit de considérer la donnée suivante : aux États-Unis, les constructeurs d'automobiles déboursent pour les primes d'assurance-santé de leur personnel davantage qu'ils ne paient pour l'acier entrant dans la construction d'une voiture ! Ce n'est pas peu dire et, surtout, cela rend manifeste l'effet positif direct sur la croissance économique d'un investissement social judicieux.

Entre le capitalisme libéral de type anglo-saxon qui prévaut aux États-Unis et en Grande-Bretagne et le modèle européen continental parfois trop rigide du point de vue social et donc incapable des ajustements rapides que les circonstances peuvent exiger, il y a un autre modèle, une troisième voie. Et le Canada pourrait fort bien en devenir le chef de file.

Politiquement aussi, il existe une troisième voie au-delà des modèles qui ont eu cours jusqu'à présent. Il y a des partis politiques dont les clientèles consistent essentiellement en majorités régionales, par définition concentrées dans tel ou tel coin du pays. Ces partis n'aident pas le Canada lorsqu'ils n'hésitent pas à soulever une région contre l'autre, le Québec contre l'Ouest, l'Ouest contre le Québec. Le Canada a besoin de pouvoir compter, au contraire, sur des majorités issues des différentes régions du pays et constituées en fonction d'une conception commune du pays, c'est-à-dire en fonction de valeurs, et non pas en fonction d'une appartenance géographique.

GOUVERNER, C'EST FAIRE DES CHOIX

Cela dit, l'activité politique, c'est d'abord l'art de gouverner. Non de gérer, de gouverner. Et gouverner, c'est faire des choix. La faculté de choisir est essentielle à l'intégrité des personnes, des institutions et des sociétés. Nous tenons parfois pour acquis ce pouvoir que nous avons d'effectuer des choix. Le Canada, dans le concert des nations, est privilégié. Nous, Canadiens, avons en effet la chance de pouvoir opérer toutes sortes de choix, notamment en ce qui concerne notre mode de vie, notre lieu de résidence, nos destinations de voyage, notre alimentation, et ainsi de suite. Les Canadiens apprécient le fait de pouvoir choisir. Sinon, comment expliquer les sacrifices exceptionnels consentis par eux au cours des quatre dernières années pour qu'ils puissent renforcer leur souveraineté financière ? Il est clair que de nombreux facteurs psychologiques, politiques et économiques ont eu une incidence au moment même où nous avions besoin de la discipline requise pour faire le ménage dans nos finances.

Les Canadiens ont toujours été un peuple davantage tourné vers l'avenir que vers le passé. Or un avenir où l'on ne peut choisir leur semble inacceptable. La possibilité de choisir librement constitue un élément central du processus démocratique, et les démocraties les plus stables et les plus harmonieuses sont celles qui comptent le plus grand pourcentage de citoyens pouvant profiter des ressources économiques et sociales du pays. C'est le rôle d'un gouvernement de faire des choix, et ce qui nous a vraiment permis d'atteindre notre but, c'est la détermination à exercer notre capacité de faire des choix.

Si j'ai mentionné dès les premières lignes de ce chapitre que le Canada se classe généralement premier à l'indice du développement humain des Nations unies, c'est que celui-ci, au-delà du slogan fédéraliste facile, revêt une signification particulière en notre époque de recomposition. Alain Touraine l'a commenté ainsi :

> Dans la société industrielle, on a réduit le développement aux effets de la croissance sur l'amélioration du niveau et des conditions de vie…
>
> Le temps est venu de renverser les rôles relatifs attribués à la croissance, à la culture et à l'organisation sociale, et de proposer une nouvelle analyse du développement dans nos sociétés de basse modernité.
>
> L'ONU et l'UNESCO ont joué sur ce point un rôle important. Après une longue éclipse de l'idée de développement à laquelle on avait opposé le thème de la dépendance, nous voyons apparaître l'idée de développement humain qui introduit une définition radicalement nouvelle de la modernité. C'est le PNUD (Programme des Nations unies pour le développement) qui a élaboré cette notion, dans ses Rapports sur le développement humain, de 1990 à 1996. Ceux-ci donnent, au-delà du droit à la vie, à la connaissance et à des ressources suffisantes, une importance particulière à la liberté politique, à la créativité et à la dignité personnelle. Ce renversement de perspective par rapport à l'idée de modernisation est de même nature que mon effort pour remplacer une pensée de la société par une pensée du Sujet. De ce point de vue, il faut appeler développement l'accroissement de la capacité de choix du plus grand nombre[8].

Le Canada est donc certainement un espace tout à fait avantageux pour le développement de l'individu, au-delà du citoyen, comme sujet porteur d'avenir de recomposition du monde.

Notre défi est double : protéger et améliorer notre capacité d'éliminer les obstacles à l'égalité et notre pouvoir de supprimer l'exclusion. Quand on consulte certains indices de base, par exemple la pauvreté chez les enfants, la santé des autochtones et le taux de chômage des Canadiens handicapés, on constate que la lutte n'est pas terminée. Pour atteindre l'égalité, nous devons pousser à la roue chaque jour. Cependant, dans le monde d'aujourd'hui, la stabilité financière ne saurait garantir à elle seule la faculté de choisir. Il y a en jeu des forces puissantes qui posent un véritable défi à l'autonomie du Canada. Avec l'essor de la mondialisation, ou du moins la plus récente forme de mondialisation qui se caractérise par la mobilité des capitaux et l'évolution du marché mondial, la faculté de choisir des pays s'est amenuisée.

À une époque où les choix qui s'offrent aux consommateurs paraissent illimités, l'incapacité de l'État-nation d'être maître chez soi est considérée par certains comme un paradoxe troublant. Pour d'autres, c'est un bien petit sacrifice à consentir pour libérer le potentiel de croissance du marché et pouvoir conquérir une parcelle de ce potentiel. La vérité se situe vraisemblablement quelque part entre les deux. Je crois que la mondialisation est porteuse d'immenses possibilités pour le Canada. Pays commerçant même s'il n'est pas suffisamment un pays de commerçants, le Canada tient à l'ouverture de nouveaux marchés dans toute la région de l'Asie-Pacifique et dans le reste du monde : c'est même l'une de ses priorités.

Dans son ouvrage intitulé *The State to Come*[9], l'Anglais Will Hutton réfléchit justement sur la capacité de faire des choix nationaux. Il soutient que l'autonomie nationale peut toujours s'exercer, même si la mondialisation restreint parfois les possibilités d'action : « De très bons systèmes de communication et de transport, des travailleurs instruits et des réseaux d'universités et d'instituts de recherche subventionnés par l'État constituent des attraits non seulement pour les entreprises du pays, mais aussi pour les multinationales. » Car, ajoute-t-il, « elles aussi profitent de l'initiative de l'État, même si elles tentent d'esquiver la note ». Ne craignons pas d'élargir la perspective : de plus en plus, on acceptera que les « investissements dans l'humain » fassent partie de toute politique lucide. On acceptera, par exemple, que les sommes investies pour maintenir nos enfants en bonne santé et les préparer à apprendre soient des éléments essentiels de toute politique industrielle.

PENSER ENSEMBLE L'ÉCONOMIQUE ET LE SOCIAL

Pendant trop longtemps, nous avons laissé subsister dans notre pays la distinction entre politique économique et politique sociale. Nous devons les situer toutes deux dans un cadre intégré. Comment un pays peut-il espérer tirer son épingle du jeu dans la nouvelle économie, une économie qui repose sur des travailleurs du savoir, s'il n'accorde pas une place importante au développement humain ? De toute évidence, les défis et les possibilités découlant de la mondialisation nous forcent à reconnaître l'importance d'investir dans le développement précoce de nos enfants, dans l'éducation, dans le savoir, et de consentir les investissements requis pour libérer le potentiel productif de tous nos concitoyens, y compris ceux qui souffrent d'un handicap.

Devant l'échec du communisme dans les économies planifiées d'Europe de l'Est, le capitalisme s'est retrouvé le gagnant incontesté, quoique non absolu, de la guerre froide idéologique en matière de doctrine économique. Mais il est important, très important même, de rappeler aux tenants de la libre entreprise et du capitalisme à tout prix que, même si le capitalisme a gagné la guerre, il lui faut maintenant restaurer la paix, la concorde. « Quelle que soit la justesse de ses indications quant à la rareté ou à l'abondance des produits, l'exploitation du marché libre, rappelle Will Hutton, entraîne nécessairement d'excessives inégalités, une déstabilisation de l'économie et une concentration extraordinaire de pouvoirs entre les mains d'intérêts privés qui n'ont à cet égard aucun compte à rendre[10]. » En somme, si l'on veut que le marché puisse répondre aux attentes considérables de la société, cette dernière doit mettre au point des mécanismes qui en réduisent les répercussions négatives tout en en préservant les capacités de production.

Il est salutaire ici de se souvenir d'un phénomène en lui-même très significatif. À l'époque où s'écroulaient les économies communistes d'Europe de l'Est, on pouvait observer dans l'Amérique du président Ronald Reagan et dans la Grande-Bretagne de la première ministre Margaret Thatcher les limites du « laissez-faire » économique : d'un côté comme de l'autre, les disparités économiques croissantes ont eu pour effet d'isoler de plus en plus les citoyens moins bien nantis. Ainsi, la démocratie à l'américaine, si l'on en croit John Kenneth Galbraith[11], est devenue d'abord et avant tout une démocratie pour les repus. Dans un excellent ouvrage, Lester Charles Thurow[12] consacre un chapitre à la démocratie face au marché. Sa comparaison entre ces deux composantes de notre vie publique, entre les grands principes qui les caractérisent et la façon dont elles s'articulent permet d'en constater l'incompatibilité dans certains cas, mais aussi et surtout de prendre conscience de la nécessité d'en réaliser une synthèse.

Les Canadiens regardent les États-Unis d'un œil teinté à la fois de convoitise et de mépris. Les États-Unis projettent dans le monde entier l'impression d'un pays où tout est plus grand que nature, l'image du rêve américain qui prend forme, voix et couleur sous les réflecteurs d'Hollywood et tout le clinquant qui les accompagne. Mais ce rêve, tous le savent, peut tourner au cauchemar pour ceux qui se trouvent du mauvais côté des réflecteurs. *Le Canada a une éthique sociale bien différente, une éthique mieux équilibrée.* On pourrait dire que le Canada se situe aux antipodes de l'individualisme à tous crins qui caractérise les États-Unis. Nous tentons d'atteindre le juste équilibre entre nos droits et nos responsabilités. Cette approche nous a bien servis dans le passé. Elle nous a permis la création de programmes nationaux, comme l'assurance-maladie, la sécurité de la vieillesse et l'assurance-emploi. Plus récemment, notre nouvelle prestation nationale pour enfants a rejoint ces grands régimes nationaux qui font notre fierté. Ce qui ne nous a pas empêchés, parallèlement à cela, de nous bâtir une société où l'initiative individuelle est récompensée et encouragée, où sont récompensés et encouragés, en fait, non seulement l'initiative mais le leadership.

LEADERSHIP, CITOYENNETÉ ET CULTURE

Qu'attend-on des leaders de demain et que devrait-on attendre des citoyens qui leur confèrent le privilège de gouverner ? Quand les gens parlent de leadership, quel qu'il soit, le mot « vision » fait souvent surface. Quelle voie cette personne veut-elle nous faire suivre ? Et nous, en tant que citoyens, où voulons-nous aller ?

Un coup d'œil sur le Canada actuel nous montre un pays au centre de grands bouleversements. Et ces bouleversements, qui ne vont pas sans une inquiétude profonde quant à l'avenir, nous forcent à constater à quel point la peur de l'inconnu demeure bien ancrée chez nous. Or, tout véritable leader doit parvenir à neutraliser cette peur s'il veut s'acquitter de sa responsabilité de faire progresser la société. Il lui revient d'instaurer un climat de confiance au sein de la population, d'amener les gens à croire en leurs propres moyens et en leur aptitude collective au progrès social. Au moment des dernières élections américaines, le président Bill Clinton et Robert Dole ont chacun adopté une vision dont ils comptaient bien faire part à leurs électeurs. Chez l'un et chez l'autre, cette vision devait susciter la confiance, toucher le cœur et l'esprit des Américains. Les deux hommes avaient en commun la volonté de faire des États-Unis un grand pays ou, devrait-on plutôt dire, un pays plus grand encore — un air fréquemment joué chez nos voisins du Sud en période électorale ! Robert Dole préconisait un retour à cette époque où la grandeur des États-Unis ne faisait aucun doute, où la vie était plus simple, où l'échelle des valeurs était mieux définie. En renouant avec leur passé, les Américains devaient s'assurer du même coup un meilleur avenir. Le président Clinton, quant à lui, portait son regard dans l'autre direction. Le pont qu'il promettait à son tour de construire était tourné vers l'avenir. Ce pont devait aider les Américains à franchir le fleuve de leur anxiété. Il devait les conduire sur l'autre rive où les attend une vie meilleure, pour eux-mêmes et pour leurs enfants. Nous connaissons tous l'issue de cette élection. Je ne voudrais pas accorder à la métaphore du pont plus d'importance qu'elle n'en mérite dans la victoire de M. Clinton, mais le fait est que les citoyens comptent sur leurs dirigeants pour les rassurer quant à leur avenir. Ce qui nous amène au cœur même de la *confiance* évoquée plus haut.

Les dirigeants auraient tout intérêt à résister aux visions que leur grandeur démesurée rend irréalisables. « S'il est une leçon à tirer des grands conflits idéologiques du passé, ainsi que le soutient avec raison Will Hutton[13], c'est bien que les projets politiques fondés sur quelque vision utopique sont voués à l'échec. » Car la véritable fonction du gouvernement doit être « d'argumenter, d'amorcer des processus, d'édifier des institutions, de créer une culture, de mettre en place des dispositions prévoyant un équilibre des privilèges propres aux divers groupes d'intérêts dont se compose notre société, de déléguer aux autorités locales le pouvoir de prendre des décisions dans le plus grand nombre possible de domaines et d'arriver à un consensus quant aux mesures qu'il convient d'adopter ».

Par où l'on voit que le leader politique du XXIe siècle doit servir d'intermédiaire. Un des malaises relevés par Charles Taylor dans son livre sur la modernité se rapporte à l'impuissance des gens quand ils font face à des processus décisionnels de plus en plus technocratiques[14]. Comme le dénonçait John Saul, les technocrates sont en train d'éliminer les processus décisionnels axés sur le gros bon sens et les principes moraux[15]. Le leader moderne doit donc être capable de gérer le flux d'informations transféré des citoyens aux technocrates, ainsi que le flux inverse. S'il est technocratisé, le leader risque de perdre toute juste perspective sur le réel. Inversement, s'il nie l'importance des connaissances techniques, le leader peut mettre en péril sa capacité de communiquer au grand public l'essence des décisions gouvernementales. Une fois de plus, il s'agit ici d'équilibre et de jugement.

Les citoyens se retrouvent généralement avec le gouvernement qu'ils méritent. En démocratie, les électeurs ont toujours raison. Mais il va sans dire aussi que la démocratie n'est jamais si bien servie que lorsque les électeurs sont en mesure de faire des choix éclairés. *Making Democracy Work*, le fameux livre du politologue américain Robert D. Putnam, démontre de façon extrêmement convaincante que les solides traditions civiques des collectivités sont essentielles à un gouvernement responsable et soucieux de prendre les bonnes décisions. S'il est, dès lors, un rôle fondamental du personnel politique, c'est bien celui d'intermédiaire entre l'appareil gouvernemental et les citoyens. Voilà le rôle qui revient au personnel politique : rencontrer les citoyens, frapper à leur porte, bref servir d'interface entre eux et les grandes institutions qui forment la fonction publique, qui constituent le gouvernement.

Sur ce point précis, la pensée de Christopher Jencks donne à réfléchir : « La transformation de nos institutions et de nos attitudes passe par des centaines de petites choses ; rien ne changera d'un seul coup[16]. » Notre travail à tous consiste dès lors à tout mettre en œuvre, jour après jour, pour instaurer un climat de confiance, protéger les choix, privilégier l'équilibre par rapport à l'idéologie et humaniser le leadership. Il est donc impossible d'évacuer la composante culturelle de la vie politique. Au cœur du phénomène culturel entendu en son sens large se retrouvent les valeurs. Or leurs valeurs définissent très profondément les Canadiens, leurs valeurs libérales certes, mais leurs valeurs libérales pondérées d'une grande attention aux autres. Car les valeurs libérales sont à moderniser si l'on ne veut pas qu'elles perdent leur attrait et leur capacité de stimuler ce qu'il y a de meilleur chez l'être humain. Ici aussi, le Canada a tout pour atteindre la position de chef de file d'une troisième voie. Dans un monde qui considère les lois économiques comme une espèce d'absolu, le danger existe de négliger, voire d'éliminer les faibles. La mondialisation est porteuse d'un tel risque. Il faudra éviter ce piège pour savoir extraire de la mondialisation les prodigieux avantages qu'elle offre sans priver qui que ce soit, à l'intérieur de chaque société ou dans la communauté mondiale, de la participation à ses bienfaits. À la loi de la jungle il est typiquement canadien d'opposer une conception du monde soucieuse de conjuguer étroitement les composantes sociale, économique et politique de la vie des peuples et de leur développement. Il est donc également impossible d'évacuer la composante culturelle de la vie économique.

LA PASSION DE L'ÉQUILIBRE ET LA TROISIÈME VOIE

J'ai déjà évoqué la « passion de l'équilibre » qui caractérise l'esprit canadien. Cette passion se révèle aussi à travers le développement du sentiment d'appartenance régionale, dans la mesure où il fait contrepoids aux tendances de plus en plus universalisantes qui marquent notre monde. Surtout présent au Québec durant une assez longue période, ce sentiment s'affirme toujours davantage à la grandeur du pays. À titre d'illustration, rappelons que, il y a vingt ans, 5 % des citoyens du Manitoba se définissaient d'abord et avant tout comme Manitobains. Cette proportion dépasserait maintenant les 20 %. Je ne suis pas de ceux qui déplorent ce phénomène. Au contraire ! Au moment où s'amplifie la mondialisation de l'économie, les citoyens constatent que certains pouvoirs passent à d'autres niveaux. Ils se trouvent dès lors capables de mieux assumer d'autres pouvoirs demeurés plus proches d'eux et renforcent ainsi leur sentiment d'appartenance régionale, recréant par là même un nouvel équilibre. Fort compréhensible d'un point de vue humain, ce phénomène produit aussi des effets de rapprochement à l'échelle du pays tout entier. Au fur et à mesure que se développe leur sentiment d'appartenance à leur coin de pays, les Albertains, pour ne mentionner qu'eux, comprennent de mieux en mieux les besoins spécifiques des Québécois et l'importance qu'ils attachent à leur réalité québécoise. Réciproquement, les Québécois contribuent à l'évolution des autres Canadiens devant lesquels ils affirment avec fierté leurs différences en même temps qu'ils partagent avec eux des valeurs essentielles.

Le Canada annonce l'émergence d'une troisième voie. Il est déjà un *espace à géométrie variable.* Les circonstances l'exigent, et le pays bénéficie d'une histoire et d'une souplesse qui lui permettront de relever, encore une fois de manière originale, les nouveaux défis auxquels lui et l'ensemble des pays du monde font face. Pour ce faire, il s'imposera de redéfinir certains rôles et certaines responsabilités. D'ores et déjà, ce qui paraît clair, c'est que le cadre fédéral que nos pères nous ont légué se prête avantageusement aux révisions indiscutablement requises par le nouveau contexte créé par la mondialisation. Mais c'est là une question qui sera traitée plus loin. Pour l'instant, rappelons que, dans notre pays, l'État a constamment joué un rôle indispensable. L'immensité géographique du Canada, la diversité de ses régions, sa population peu nombreuse et clairsemée, bref les facteurs les plus déterminants ont forcé notre pays à compter sur l'État. Pondérée par un souci réel des droits et libertés individuels, l'intervention de l'État a généralement été mesurée chez nous. Et, dans l'ensemble, les résultats qui en ont découlé se sont révélés positifs. Cette expérience nous profitera comme jamais dans les années à venir.

Il y aurait d'ailleurs toute une étude à faire sur les causes de cette attitude généreuse de la part des Canadiens. Je crois que la nordicité du pays y est pour quelque chose. Les Amérindiens nous ont appris à apprivoiser cette nordicité. En retour, la nordicité nous a fait découvrir l'impérieuse nécessité de la coopération, c'est-à-dire de la solidarité qui, dès qu'on y a goûté, nous devient désirable en elle-même. En fin de compte, l'harmonie entre la nature et l'être humain ainsi que la concorde des êtres humains les uns avec les autres nous sont devenues d'authentiques secondes natures, lesquelles nous procurent ce petit quelque chose que, partout au monde, on nomme, faute d'un autre terme, la « civilité canadienne ».

LA CIVILITÉ CANADIENNE

Entre, d'un côté, l'État-nation traditionnel et les relations internationales habituelles et, de l'autre, la mondialisation et les nouvelles alliances stratégiques entre État et entreprises — de même qu'entre entreprises de différents pays —, y a-t-il de la place pour une façon de faire différente et adaptée à la nouvelle donne? Entre le dogmatisme idéologique de la droite et celui de la gauche, tous deux surannés, y a-t-il de la place pour une attitude raisonnable, vraiment réfléchie et susceptible de permettre la réalisation de grands idéaux sociaux, politiques, économiques, voire moraux? Entre la dureté de cœur du capitalisme sauvage et la dommageable dilapidation de ceux qui veulent donner sans chercher d'abord à produire, y a-t-il un juste milieu? Entre la xénophobie déjà trop répandue et l'intégration de tous dans un seul et même moule, y a-t-il une formule d'accueil mitoyenne? Entre la rigidité cassante de règles trop strictes et l'abandon à la loi de la jungle, y a-t-il de la place pour une souplesse bien dosée? Entre l'esprit ultralégaliste qui condamne presque fatalement à l'immobilisme et l'esprit du risque-tout qui fait quasi nécessairement courir des dangers inutiles, y a-t-il de la place pour une créativité tout à la fois audacieuse et de bon aloi?

La réponse à ces questions multiples, c'est oui. Car, de fait, il existe une réponse positive à ces interrogations; et cette réponse, c'est la troisième voie que le Canada incarne de mieux en mieux aux yeux du monde entier. Non pas que tout soit parfait chez nous : loin de là! Mais les Canadiens ont un sens des responsabilités particulièrement sain qui les amène à prendre les initiatives qui s'imposent pour résoudre, dans la mesure du possible, les problèmes humains. Dès le début de son histoire, le Canada a renoncé au modèle de l'État-nation pour choisir celui du respect des langues, des cultures, des religions, bref pour choisir un modèle qui, actuellement, va comme un gant à la situation de mondialisation qui marque les populations tout autant que les biens et les services. Grâce à leur pragmatisme, les

Canadiens ont su éviter les pièges des idéologies radicales : leur sens du compromis a généralement su prévaloir ! Entre la dureté de cœur et la bonasserie tout comme entre la xénophobie et le culte du moule commun et obligatoire, le Canada a aussi trouvé des attitudes médianes de compassion éclairée et de respect des différences dans le partage de valeurs fondamentales. Entre la rigidité et la loi de la jungle du marché aussi bien qu'entre le légalisme et l'irresponsabilité du va-tout, il existe une telle chose que la souplesse, l'adaptation dans les faits avant même l'adaptation dans les textes, l'ingéniosité dans les aménagements concrets en attendant l'énoncé de principe, en un mot une mentalité d'accommodement.

L'identité canadienne est essentiellement fondée sur le partage de convictions et de valeurs. Les Canadiens partagent le même sens des responsabilités et le même ensemble de projets, du fait qu'ils souscrivent à une approche équilibrée des droits et devoirs qui leur reviennent. Cette vision des choses traduit un idéal plus encore qu'une réalité. Mais c'est *notre* idéal, celui qui nous distingue de beaucoup d'autres sociétés, celui qui, au-delà de nos différences et de nos divergences, cimente l'appartenance de tous les Canadiens à un pays qui relève de l'exception. C'est un idéal politique qui a trouvé et continuera de trouver à s'incarner dans des façons originales et justes de traiter les questions sociales et de gérer la chose économique.

CHAPITRE XI

Le *statu quo* en perpétuelle évolution

Au Canada, il n'y a jamais eu de *statu quo*. Chaque génération de Canadiens a dû réinventer le pays. Le pays d'aujourd'hui, malgré son enracinement dans les valeurs profondes que les Canadiens ont développées tout au long de leur histoire, a fort peu à voir non seulement avec le pays de 1867, mais également avec celui d'avant la guerre de 1939-1945.

CHAQUE *STATU QUO* DURE VINGT ANS

À la suite de l'effort de guerre qui avait entraîné la montée en puissance du gouvernement central, le Canada a connu une période, entre 1940 et 1960, où l'État fédéral canadien a émergé comme le pouvoir dominant du pays. L'effort de reconstruction, l'édification d'un État providence avec de nombreux programmes sociaux universels, les mégaprojets comme la Voie maritime du Saint-Laurent expliquent ce phénomène.

La période qui s'étend de 1960 à 1980 a été celle de l'émergence des provinces. Avec la Révolution tranquille au Québec, dirigée par Jean Lesage, qui avait appris à gouverner à Ottawa où il a siégé à la Chambre des communes de 1945 à 1958 et au cabinet de 1952 à 1957, le Québec s'est doté d'un État moderne, d'un pouvoir politique reposant sur une technocratie compétente et professionnelle qui allait lui permettre de prendre beaucoup de poids politique. Constatant les succès remarquables obtenus par le gouvernement du Québec et « l'équipe du tonnerre » qui arrivait à Ottawa avec des dossiers bien montés, les autres provinces n'ont pas tardé elles aussi à renforcer leur administration publique.

Entre 1980 et 1995, ce fut une ère de grandes tensions fédérales-provinciales, c'est-à-dire une ère d'affrontements entre les deux ordres de gouvernement à propos des compétences et de la répartition fiscale. Avec la mondialisation de l'économie qui rend les frontières poreuses, il devient impérieux pour les dirigeants politiques canadiens de se rendre compte que les compétences ne sont pas et ne peuvent pas être étanches. Les enfants ne sont pas de compétence provinciale ou fédérale... Chaque ordre de gouvernement a certains outils, et nous devons apprendre à travailler ensemble, à nous concerter pour le bien-être des enfants au Canada. Il semble donc que le Canada arrive à un virage et que la mondialisation sera justement l'occasion d'une redéfinition de notre pays et d'un renforcement du partenariat au service des Canadiens. Nous sommes mûrs au pays pour l'établissement d'un partenariat renforcé entre les deux ordres de gouvernement visant à mieux servir les Canadiens.

Cependant, pour comprendre le Canada et les potentialités qu'il recèle, il faut d'abord tenir compte des événements qui ont marqué son histoire et s'interroger sur ce qu'ils ont eu de distinctif. En effet, bien que l'histoire du Canada soit comparativement courte, elle a produit ici, comme on a pu le voir dans les deux derniers chapitres, quelque chose de particulier qui mérite d'être examiné de près. Mais l'histoire ne dit pas tout. Il faut aussi tenter de faire le point sur la situation constitutionnelle actuelle : quelle est l'issue souhaitable du dernier grand débat, qui dure depuis l'échec de l'accord du lac Meech ?

GENÈSE DU PARTICULARISME CANADIEN

Le Canada que nous connaissons aujourd'hui s'est constitué en un peu moins de deux siècles et demi sur un territoire d'abord habité par des populations amérindiennes, un territoire sûrement vertigineux aux yeux des premiers arrivants européens.

Bien qu'il y ait eu à la périphérie de la Nouvelle-France des possessions anglaises destinées à faire plus tard partie du Canada, c'est à mon sens dans la vallée du Saint-Laurent que le Canada moderne a commencé à prendre forme. Deux facteurs y ont joué qui furent déterminants.

Le premier facteur fut l'apparition assez tôt sur ce territoire d'une société coloniale de type européen, capable de s'ouvrir à la modernité. Dès le milieu du XVIIIe siècle, on trouve en effet sur les rives du Saint-Laurent *une population de langue française,* peu nombreuse mais bien enracinée en Nouvelle-France, une économie rurale de nature à encourager parmi les habitants une certaine forme de coopération et d'interdépendance, et quelques institutions de tradition française pour organiser la vie en collectivité. La population vit sous l'Ancien Régime français tel qu'il existe alors dans l'Île-de-France.

En soi, l'émergence dans cette région du monde d'une société coloniale d'origine européenne n'est pas un facteur inhabituel. À divers moments, on la retrouve presque partout ailleurs sur le continent. Mais, après la défaite de 1759, la population de la Nouvelle-France fait face à une nouvelle situation : *l'occupation anglaise.*

C'est là un second facteur décisif dans l'histoire de ce pays car, à compter de 1763, date du transfert de souveraineté entre Paris et Londres, le Canada ne cessera d'être l'expression, d'abord dans sa vie politique puis très vite sur le plan institutionnel, d'un désir de conciliation entre langues, cultures et traditions différentes. La longue tradition de représentativité gouvernementale, qui remonte ici à 1791, n'y est pas étrangère. Ce qui fut accompli au cours des premières décennies entre gens de souches française et anglaise influencera l'ensemble des rapports qui s'établiront par la suite entre Canadiens de diverses origines.

Ailleurs, on l'a vu plus haut, ces mêmes différences de langues et de cultures ont servi d'assise à un nombre grandissant d'États-nations, avec ce que cela comportait de bon et de mauvais. Ceux-ci se multiplieront à partir des grandes révolutions de la fin du XVIIIe siècle. Pour plusieurs pays, on l'a vu également, l'entrée dans la modernité se fera au prix d'une assimilation forcée des minorités linguistiques, religieuses, culturelles ou autres, quand ce n'est pas de leur élimination pure et simple. Entre ces États se dessinent et se creusent des lignes de démarcation nationales généralement fondées sur l'ethnie de la majorité. Lorsqu'il n'existe pas de moyen de concilier les différences ethniques tout en faisant preuve d'un sens élémentaire de la justice, de telles différences s'exacerbent et deviennent la principale raison pour laquelle les groupes humains se font la guerre. Tous ne s'y livrent pas mais l'histoire, même très récente, en est jonchée d'exemples. Comme l'a déjà dit Stéphane Dion, l'idée fausse « Une nation, un État », appliquée à la lettre, ferait exploser la planète[1].

Ici, ces différences s'épanouiront peu à peu, tout en cohabitant dans un même pays — mais ce cadre « national » est inhabituel. Il se fonde sur une simple citoyenneté de droit, sans qu'il y ait de dominante ethnique sur la totalité du territoire canadien : c'est la « nationalité politique » à laquelle aspirait tant George-Étienne Cartier. Je prétends qu'il s'agit là d'une caractéristique fondamentale du Canada. Elle est indissociable de l'identité canadienne actuelle et elle représente, à l'approche du XXIe siècle, ce que le Canada a de particulier parmi les pays les plus développés, sa contribution à la civilisation moderne. Le patriotisme raisonnable et raisonné qu'on y pratique — sentiment qui, pour certains, équivaut à un manque de ferveur nationale, presque une paille dans l'acier — est en réalité l'une des choses qui font la force du Canada. Il s'appuie sur des institutions communes respectueuses des références culturelles de chacun et conçues pour permettre à des collectivités différentes de vivre ensemble sans trop sacrifier ce qu'elles sont dans l'étroit voisinage qu'impose la condition humaine. On peut tirer de ce *modus vivendi* entre collectivités un modèle de régime politique pour aborder les changements qui s'annoncent aujourd'hui à l'échelle de la planète. Le modèle canadien, à l'évidence, n'est pas le seul en lice, mais il est de ceux qui pourraient utilement être mis à l'épreuve ailleurs.

L'APPORT FRANCOPHONE

Certes, il aura fallu du temps avant que cette caractéristique n'acquière toute sa densité actuelle. Sans doute aussi faut-il reconnaître qu'elle aura été pour une certaine part le résultat de contingences ou d'accidents historiques. Ainsi, après la guerre coloniale de 1759, le premier occupant anglais aurait probablement souhaité que la population française en place s'assimile et disparaisse dans le bassin colonial anglais. Une situation comparable s'était déjà présentée peu de temps auparavant en Acadie, où les autorités anglaises, dans un dessein d'assimilation, procédèrent, entre 1755 et 1762, à la déportation massive des habitants de langue française. Ceux-ci, dispersés dans les colonies anglaises, devaient se fondre dans la population majoritaire de ce qui allait devenir les États-Unis. Mais en Nouvelle-France les conditions d'ensemble — ne fût-ce que le nombre d'habitants — qui existaient sur le territoire occupé auraient rendu un semblable projet difficilement réalisable.

En fait, la volonté d'assimilation qui a pu animer les autorités militaires ou civiles de la fin du XVIIIe siècle s'est atténuée et a fini par disparaître à mesure justement que prenait forme le particularisme canadien. Si elle subsiste encore aujourd'hui dans l'esprit de quelques-uns, cette volonté assimilatrice est devenue marginale au Canada : c'est une anomalie politique dans un pays où l'on n'a jamais sérieusement parlé, comme on le fait aux États-Unis, d'un melting-pot national. Dans ce dernier cas, la très grande diversité d'origines, de langues, de cultures et de caractéristiques identitaires de toutes sortes que l'on trouve dans la population américaine n'exempte personne d'une règle de comportement fondamentale : la nécessité pour s'intégrer de faire siennes la langue et la culture américaines dominantes. Cela explique qu'au Congrès américain on ait déjà cité comme un exemple *à ne pas suivre* la politique des langues officielles canadienne. Cela explique aussi, sans nécessairement les rendre plus légitimes, des mesures politiques comme la récente Proposition 227 en Californie, proposition qui n'est pas la première du genre et dont les initiateurs veulent mettre un terme à l'enseignement hispanophone dans les écoles primaires de l'État.

L'évolution à laquelle je fais allusion ici ne s'est pas produite sans frictions ni sans affrontements. L'histoire du Canada est jalonnée de crises politiques de gravité variable au cours desquelles les différences linguistiques, et longtemps aussi les différences religieuses, ont figuré soit en évidence, soit en arrière-plan. Ainsi en fut-il de la rébellion des patriotes de 1837, de l'affaire Riel, du Règlement XVII en Ontario, des crises de la conscription, de la crise d'octobre 1970, et ainsi de suite. Certains de ces événements — la rébellion de 1837, par exemple — ont coûté un nombre appréciable de vies humaines. Néanmoins, la plupart des grandes controverses politiques que le pays a traversées au cours de son histoire se sont résolues pacifiquement. Le Canada, même toute proportion gardée, n'a jamais connu une crise interne aussi sanglante que la guerre civile américaine.

Une constante, donc, se dégage de l'histoire de ce pays. Elle est un élément essentiel à la compréhension du Canada actuel. *C'est la volonté d'affirmation collective des Canadiens de langue française, au Québec et dans le reste du Canada.* Cette volonté a des racines historiques profondes, antérieures à vrai dire à la création du Canada moderne. Elle est la raison pour laquelle les Canadiens francophones ne se contenteront jamais du simple statut de minorité linguistique vouée à une assimilation plus ou moins lente, qu'ils continueront sans relâche de rejeter toute politique susceptible de menacer leur identité collective et les institutions qui l'incarnent. Le slogan « Maîtres chez nous » de Jean Lesage a bien exprimé cette volonté irréductible.

En revanche, malgré de nombreuses résistances et quelques échecs cuisants, le pays n'a jamais cessé d'évoluer depuis sa création dans le sens général souhaité par une forte proportion de ces mêmes Canadiens. *Et la volonté d'accommodement manifestée à leur endroit par le reste du Canada s'impose elle aussi comme une constante dans la compréhension de ce pays*[2].

QUELLES LEÇONS DEVRAIT-ON TIRER DE CET EXAMEN?

D'une part, il faut avoir conscience du passé pour préparer l'avenir. Même si l'on n'a cessé de le réinterpréter à la lumière du présent, on ne refait pas le passé. Aussi ne sert-il à rien de nier, comme le font certains par méconnaissance de leur histoire, ou peut-être même par calcul, la signification fondamentale du rapport parfois conflictuel entre les deux majorités en présence depuis 1759. Ce rapport a progressivement instauré ici une culture politique de l'accommodement et de la réciprocité et, à ce titre, il a forgé l'identité canadienne. Ceux qui en sous-estiment l'importance dans l'élaboration d'une politique s'exposent à de vives résistances de la part des Canadiens de langue française. Ceux qui prendraient le parti d'en rejeter purement et simplement les conséquences mettraient le pays en péril.

D'autre part, l'avenir reste à écrire et je suis convaincu, en tant que libéral, que nous ne sommes pas prisonniers au Canada d'un quelconque déterminisme historique qui nous voue à l'assimilation. Dans la mesure où diverses écoles de pensée laissent entendre le contraire, il me semble qu'elles investissent l'histoire d'un sens que celle-ci ne peut pas avoir en fait. Cela valait naguère pour une certaine critique marxiste de l'histoire. Cela vaut toujours, malgré ses travaux d'une indéniable érudition, pour une certaine critique nationaliste enracinée au Québec[3]. Le passé n'est pas l'avenir. Des transformations à la fois profondes et durables sont survenues à plusieurs reprises dans l'histoire de ce pays, souvent d'ailleurs grâce à des initiatives audacieuses d'acteurs politiques authentiquement canadiens. Je suis de ceux qui portent sans hésitation un jugement positif sur cette évolution et qui estiment que l'avenir du Canada demeure extrêmement prometteur pour tous ses citoyens.

NON AU NARCISSISME DES PETITES DIFFÉRENCES

Entre-temps, il faut se garder, de part et d'autre, de verser dans ce que Freud appelait « le narcissisme des petites différences[4] ». La polarité d'origine entre les colons de langue française et les colons — voire les soldats — de langue anglaise ne peut avoir arrêté à tout jamais les termes du débat sur l'avenir du Canada. Les Québécois, et en particulier les Québécois d'origine française, ont un attachement indéfectible à leur terre natale, mais ils partagent avec leurs compatriotes canadiens un ensemble de traits qui permettent de les reconnaître comme des Canadiens dès qu'ils sortent du Canada.

D'autre part, la population canadienne n'est plus du tout aujourd'hui ce qu'elle était au tournant des XVIIIe et XIXe siècles. À moins de prêter à cette expression un sens qui me paraît malencontreux, la société québécoise est de nos jours constituée de gens aux origines très diverses, y compris des gens de langue anglaise, qui choisissent de vivre dans une société où domine la langue française. À moins de prêter à cette expression un sens désormais totalement désuet, le Canada anglais (celui qui s'implanta dès les premiers jours dans le Haut-Canada) regroupe bien plus aujourd'hui que des anglophones de souche anglaise : les Canadiens venus d'Europe centrale, d'Asie et de partout ailleurs en font partie au même titre que les descendants des marchands et des colons loyalistes qui s'établirent à partir de 1763. Le reste du Canada, c'est donc beaucoup plus que la représentation simpliste parfois véhiculée par l'expression « le Canada anglais ».

Si l'on veut percevoir le Canada dans sa réalité intégrale, on ne saurait faire abstraction des millions de citoyens d'origines et de cultures autres que britanniques et françaises qui sont venus enrichir sa population depuis un siècle. Ces citoyens originaires d'autres cultures représentent aujourd'hui près du tiers de la population du pays. En Saskatchewan, les citoyens de culture allemande forment le deuxième groupe le plus important en nombre sous l'angle de la culture d'origine. Au Manitoba et en Alberta, la deuxième place revient aux citoyens d'origine ukrainienne. À Toronto et à Montréal, les communautés d'origine juive, italienne, grecque, allemande, polonaise, hongroise, roumaine, slovaque, haïtienne, russe, portugaise, latino-américaine, etc., occupent une place très importante. À Vancouver, il en va de même des communautés formées de citoyens d'origine asiatique.

Enfin, depuis la dernière grande réforme constitutionnelle, les populations amérindiennes ont acquis une autonomie de droit qui modifie, elle aussi, l'équation d'origine. Si les institutions canadiennes portent intimement la trace de cette équation, celle-ci n'exprime plus qu'une partie de l'histoire.

CHAPITRE XII

Une Constitution, deux cultures, quatre mythes

Le particularisme dont je viens de faire état s'est reflété dans la Constitution canadienne à chaque étape du développement de ce pays. L'Acte de Québec de 1774 avait déjà scellé dans ses aspects alors perçus comme fondamentaux un pacte constitutionnel qui s'est perpétué jusqu'à nos jours : à l'époque, ce pacte portait principalement sur le maintien du droit privé français, une autonomie législative partielle et le respect de la liberté de culte. Il a connu, depuis, plusieurs métamorphoses sur lesquelles il est inutile de revenir ici en détail. On sait quelles sont les grandes dates de ce parcours : la division entre le Haut-Canada et le Bas-Canada en 1791, la réunion des deux Canadas en 1840, la confédération canadienne en 1867 et le rapatriement de la Constitution, qui désormais comprendra une charte des droits fondamentaux, en 1982.

LE CHOC DES CULTURES CONSTITUTIONNELLES

Deux conceptions de la Constitution, qui correspondent à des traditions différentes, ont cependant pesé sur le cours des événements de 1774 à aujourd'hui. Il y a eu et il y a toujours chez certains Canadiens français une tendance à vouloir rendre explicites, noir sur blanc, dans un document qu'on souhaiterait aussi complet que possible, les principales règles du jeu politique : bref, une volonté de dévoiler dans la Constitution le secret du *modus vivendi* collectif. Ce penchant rationaliste, qu'on trouve souvent chez les acteurs politiques épris de réforme, postule plus ou moins directement que tout ce qui existe est intelligible. À plus d'un égard, il est bien cartésien et français, mais les auteurs de la Constitution américaine en avaient eux aussi hérité des Lumières à la fin du XVIIIe siècle. La réforme constitutionnelle de 1982, avec l'inclusion d'une charte des droits, a été ici l'occasion de lui donner libre cours plus que jamais auparavant.

Il y a aussi une tendance différente, incarnée à une autre époque et dans un autre pays par Edmund Burke, selon laquelle il est préférable de laisser les choses en l'état, de laisser le *modus vivendi* collectif s'adapter de lui-même aux exigences de la situation, étant entendu par ailleurs que certains droits, par convention constitutionnelle, devront demeurer inaliénables. La tradition britannique de parlementarisme et de stabilité constitutionnelle a longtemps été empreinte de ces valeurs. Plusieurs voix éloquentes, à droite comme à gauche, se sont élevées dans les mois qui ont précédé la réforme constitutionnelle de 1982 pour faire valoir ce point de vue ; ce fut le cas, entre autres, de Sterling Lyon, ancien premier ministre conservateur du Manitoba, et d'Allan Blakeney, ancien premier ministre néo-démocrate de la Saskatchewan.

Un aspect important de la tradition britannique, qui a servi de toile de fond à la Constitution canadienne pendant plus de deux cents ans, est l'absence d'une constitution écrite. La Constitution britannique a par conséquent quelque chose d'immanent et de diffus, la coutume, l'usage et le sens commun encadrant l'art de gouverner aussi sûrement que les textes. De nos jours, certains accords internationaux importants, comme le traité de Rome ou la Convention européenne des droits de l'homme, suppléent en quelque sorte à ce manque de textes fondamentaux unique en Europe, mais ils le font pour une petite part seulement. Les institutions de Grande-Bretagne, dans leurs rapports entre elles et dans ce qu'elles ont de plus fondamental, demeurent régies par une constitution non écrite qui est l'une des plus anciennes du monde occidental. La continuité de ces institutions est ininterrompue depuis plusieurs siècles.

Au cours de cette période, dont le point de départ lointain se situe en 1066, les institutions ont évolué sans qu'il n'ait été nécessaire de convoquer des assemblées constituantes. Bien sûr, il ne faut pousser ni la comparaison ni l'argument trop loin : la Grande-Bretagne a longtemps fonctionné comme un pays essentiellement unitaire, au régime absolutiste, elle a traversé une série de révolutions au XVIIe siècle et certaines de ses institutions actuelles, dont la monarchie, se sont modifiées en profondeur au cours des années. On peut cependant retenir de cette tradition constitutionnelle que l'hypothèse du changement dans la continuité s'y vérifie de manière éclatante. Là plus qu'ailleurs, *les faits précèdent l'idée.* Entre l'époque de la Révolution française et la fin du XXe siècle, la Constitution britannique se sera modifiée peu à peu par la pratique. À la longue, l'effet cumulatif d'une série de changements d'abord imperceptibles sera suffisamment important pour que le régime politique actuel en Grande-Bretagne soit profondément différent de ce qu'il était en 1790.

Pendant ce temps, en France, pays de droit écrit, la Constitution connaissait plus d'une demi-douzaine de transformations radicales, passant d'une première république à un premier empire, puis à une restauration de la monarchie suivie d'un second régime impérial et d'une succession de régimes républicains, chacun cherchant à se démarquer aussi nettement que possible du précédent. En somme, la France a vécu dans sa Constitution une série de discontinuités désirées et parfois sanglantes. Dans l'ensemble, l'histoire constitutionnelle de ce pays aura donc été considérablement plus mouvementée que celle du précédent, même si tous deux ont connu des périodes de grande agitation politique.

Un phénomène semblable à la stabilité constitutionnelle britannique s'observe aux États-Unis, où la Constitution, bien qu'écrite, a subi peu de changements depuis la révolution. Quelques modifications d'importance y furent apportées à certaines étapes décisives de l'histoire du pays — le XIVe amendement, par exemple, issu de la guerre de Sécession — mais jamais sur une échelle comparable à celle des transformations faites à la Constitution française. La Constitution américaine ne change guère car, comme c'est généralement le cas en pays fédéral, la procédure de modification constitutionnelle est complexe, ce qui explique pour une bonne part pourquoi seules 26 des quelque 9 100 modifications proposées depuis 1789 ont pu être ratifiées. Il en résulte parfois un sentiment de grande frustration pour des groupes par ailleurs influents dans la société, comme ce fut le cas lors de l'échec du *Equal Rights Amendment.* Mais la volonté de changement peut trouver satisfaction ailleurs que dans la Constitution. En matière d'égalité des sexes précisément, de nombreuses lois adoptées par le Congrès fédéral et les Congrès des États ont déjà donné largement effet aux politiques recherchées par les partisans du *Equal Rights Amendment.*

LA QUESTION CONSTITUTIONNELLE
AU CANADA

Bien qu'elle figure au Canada, contrairement à ce qui est le cas aux États-Unis, parmi les objets permanents du débat politique, la question constitutionnelle me semble avoir acquis ici une importance disproportionnée depuis vingt ans. La situation réelle ou prétendue des Canadiens de langue française reste la raison fondamentale de cet état de choses. Bien sûr, d'autres préoccupations ont fait surface au cours des vingt dernières années, qui méritent la plus grande attention et qui elles aussi s'expriment dorénavant sous la forme de revendications constitutionnelles : les droits des autochtones ou la volonté d'autonomie des provinces de l'Ouest, pour ne mentionner que celles-là. Mais seule la situation des Canadiens de langue française, et en particulier la question du Québec, porte en elle pour le moment le risque d'une dissolution de la confédération. Le sort des francophones hors Québec — considéré à la lumière des taux d'assimilation linguistique, toujours préoccupants — et le désir d'affirmation des francophones du Québec font partie des raisons de fond qui accentuent l'effet des thèses souverainistes. Nul doute aussi que la réforme constitutionnelle de 1982, à laquelle s'opposait le gouvernement québécois de l'heure, et les raisons apparentes du rejet de l'accord du lac Meech par le reste du Canada en 1990, puis de l'accord de Charlottetown par l'ensemble du Canada en 1992, ont elles aussi aidé le mouvement souverainiste. Mais ce malentendu, qui se poursuit maintenant depuis près de deux décennies et que le mouvement souverainiste entretient en cultivant divers mythes sur le fédéralisme canadien, nous divise et nous affaiblit plutôt qu'il ne sert la cause des Canadiens français. Il faut tourner la page et livrer au reste du monde ce que nous pouvons lui offrir en tant que Canadiens, car les attentes à notre endroit sont importantes[1].

QUATRE MYTHES CONSTITUTIONNELS

Plusieurs éléments d'information pertinents au regard de cette question complexe me portent néanmoins à être optimiste et à croire absolument excessives les dénonciations d'une prétendue « impasse constitutionnelle ». Il n'y a rien d'inerte dans la Constitution de ce pays. Le débat constitutionnel a toujours existé au Canada et il demeurera fécond dans la mesure où il aura un but autre que d'attiser les querelles ou les jalousies interrégionales. Pourquoi suis-je confiant ?

Le mythe du statu quo

L'expérience récente continue de démontrer que, lorsque l'on s'en donne la peine, le fédéralisme canadien est un système de gouvernement toujours aussi flexible et dynamique. Il faut cependant pour cela une collaboration entre ordres de gouvernement, il faut pratiquer un fédéralisme non pas de tensions et d'affrontements perpétuels, mais un fédéralisme authentique, coopératif, où les partenaires fédéral et provinciaux sont mutuellement respectueux des attributions et des compétences de leurs interlocuteurs respectifs. Ce partenariat se vit déjà en fait au sein des structures gouvernementales en place, pour peu que l'on se donne la peine de traiter ses vis-à-vis en alliés plutôt qu'en rivaux. Un exemple déjà ancien vient à l'esprit parmi bien d'autres : le règlement par une entente durable entre le gouvernement canadien et le premier gouvernement souverainiste du Québec d'un différend en matière d'immigration, entente à laquelle les ministres Jacques Couture et Bud Cullen avaient laissé leur nom. Une seconde entente, appelée Gagnon-Macdougal, lui a succédé. Il existe de nos jours environ 450 accords bilatéraux ou multilatéraux entre le gouvernement canadien et les gouvernements provinciaux. Plus récemment, on a pu modifier la Constitution pour résoudre favorablement l'épineuse question des commissions scolaires confessionnelles au Québec et à Terre-Neuve. L'idée que la discorde permanente caractérise ces rapports est une caricature.

Il importe de bien comprendre, au contraire, que le fédéralisme tel qu'il existe déjà, sans réforme constitutionnelle d'envergure, est un régime malléable capable de s'adapter aux besoins de tous les Canadiens, y compris des Québécois et des souverainistes parmi eux. À suivre les événements des dernières années, on est parfois tenté de se demander si changer de personnel politique, plutôt que changer la Constitution, n'est pas en l'occurrence la solution à cette prétendue « impasse » constitutionnelle.

Le mythe de l'impossibilité du statut particulier

Depuis 1995, des progrès tangibles dans le rééquilibrage des compétences ont été accomplis dans des secteurs comme la formation de la main-d'œuvre, le soutien à l'emploi, la lutte contre la pauvreté ou la protection de l'environnement. Ces changements récents sont loin d'être négligeables. Mais, comme c'est souvent le cas, ceux-là mêmes qui naguère les réclamaient péremptoirement semblent souhaiter qu'ils passent inaperçus lorsque le moment vient de mesurer les progrès accomplis. L'Accord sur le commerce intérieur est un autre exemple de fédéralisme consensuel efficace, comme le sont dans un registre différent les missions commerciales à l'étranger, désignées couramment sous le nom d'Équipe Canada. L'égalité de droit entre les provinces canadiennes s'accompagne toujours d'une multitude de situations qui équivalent à des *statuts particuliers* dans les faits. À titre d'exemple, le Québec, entre autres choses et à sa manière, sélectionne les immigrants, possède sa sûreté provinciale, perçoit ses impôts, soutient le financement de l'enseignement postsecondaire, possède sa propre législation linguistique et gère une politique de retraite tout en administrant des fonds importants par l'entremise de sa Caisse de dépôt et placement. En cela, il se distingue déjà de nombreuses façons des autres membres de la fédération canadienne, dans des champs d'activité où le gouvernement fédéral est ailleurs beaucoup plus présent.

Prétendre, comme le font certains, que la Constitution canadienne impose au Québec un carcan intolérable contredit l'avis des observateurs les plus dignes de foi. Dans l'essai fouillé qu'il consacrait au fédéralisme canadien en 1995, Claude Ryan s'interrogeait sur l'effet du partage des compétences dans huit secteurs d'activité où il avait antérieurement exercé des fonctions ministérielles. D'entrée de jeu, résumant le jugement qu'il s'apprête à motiver en profondeur, il écrit : « Je retiens de ce bilan que, dans les secteurs dont je m'occupai entre 1985 et 1994, le gouvernement du Québec disposait de toute la marge nécessaire pour être en mesure d'agir de manière libre et responsable. Je retiens aussi que, là où la Constitution imposait des restrictions au pouvoir d'intervention de l'Assemblée nationale et du gouvernement, elles étaient justes et raisonnables[2]. »

Le mythe de la centralisation

Le fédéralisme canadien, entend-on encore parfois, est centralisateur. En ce qui concerne le partage des compétences législatives, les experts en fédéralisme comparé n'ont aucune peine à réfuter cette affirmation.

En ce qui concerne la réalité des politiques gouvernementales, ce qui est peut-être plus significatif, les personnes qui soutiennent cette thèse se trompent d'époque. À la naissance de la Confédération, alors que d'énormes projets d'infrastructures vont occuper le gouvernement fédéral pendant des années, que ce même gouvernement prend à son compte la dette des provinces canadiennes et que la doctrine du laissez-faire exempte ces dernières des lourdes obligations qui leur incomberont des années plus tard avec l'émergence de l'État providence (le *Welfare State*), il est normal que les principales ressources fiscales reviennent à Ottawa. C'est ce que prévoit la Constitution en attribuant au Parlement la compétence sur les droits de douane et d'accises ; en effet, la fiscalité de 1867 n'a rien de comparable à celle que l'on connaît aujourd'hui, et ces droits sont à l'époque la principale source de revenus pour l'État. Le gouvernement fédéral effectue alors les deux tiers des dépenses publiques au Canada et les provinces reçoivent de lui les deux tiers de leurs rentrées de fonds. Plus tard, les années de crise et les années de guerre pousseront elles aussi à la centralisation. Mais ce rapport s'est singulièrement transformé par la suite.

Depuis le début des années 1950, la proportion des employés fédéraux dans la population active a pratiquement diminué de moitié. Les recettes fédérales qui, en 1950, étaient plus de trois fois supérieures aux recettes provinciales étaient tombées en 1993 à 1,20 $ pour chaque dollar perçu par les provinces et, au chapitre des dépenses, on constatait entre 1960 et 1993 une chute de 76 % dans la part relative des dépenses fédérales[3]. Cette évolution coïncide tout simplement avec l'extraordinaire croissance des gouvernements provinciaux depuis 1960 : au Québec, par exemple, la Révolution tranquille aura aussi été une révolution étatiste, l'occasion de construire un État moderne. Enfin, je rappelle que le pouvoir de dépenser du gouvernement fédéral, un pouvoir que l'on trouve au Canada comme aux États-Unis, en Australie et dans toutes les grandes fédérations, fait ici l'objet de limitations qui n'existent nulle part ailleurs, que le gouvernement fédéral s'est imposées depuis février 1996 et qui sont plus généreuses envers les provinces que ne l'était la formule énoncée à l'article 7 de l'accord du lac Meech.

Le mythe des dédoublements

Quant aux personnes qui critiquent le régime fédéral canadien pour sa taille ou ses prétendus chevauchements et dédoublements d'effectifs, elles ignorent l'évidente fonction de complémentarité entre services fédéraux et provinciaux, bien visible dans des secteurs comme la santé ou les affaires sociales. Du reste, sur cet aspect des choses, les chiffres que publie l'OCDE établissent clairement que la taille des dépenses publiques au Canada, toutes catégories réunies, est nettement moindre que dans des pays unitaires comme la France, l'Italie, la Norvège, les Pays-Bas ou la Suède ; l'Allemagne est le pays le plus semblable au Canada à cet égard. Des données issues de la même source démontrent que le Canada se situe dans la moyenne pour la taille de son secteur public et que le fardeau fiscal ou la part des revenus gouvernementaux dans le PIB (produit intérieur brut) le situent avantageusement par rapport à bien des pays unitaires. Je ne veux pas m'engager ici dans une démonstration technique : une abondante bibliographie y est déjà consacrée. Il en ressort cependant que les accusations d'inertie, d'inefficacité ou de gigantisme portées contre le régime fédéral canadien sont constamment démenties par les faits.

LA CONSTITUTION DE 1982

La conception du fédéralisme qu'a véhiculée la réforme constitutionnelle de 1982 n'a pas effacé la conception antérieure et inspiratrice de la Constitution de 1867. Sans le dire explicitement, cette dernière Constitution, dont la quasi-totalité des dispositions demeurent en vigueur après 1982 et coexistent avec les ajouts apportés à cette date, était imprégnée de ce que l'on a appelé la thèse des « deux nations » ou des deux « peuples fondateurs ». La thèse des deux nations ne suffit plus pour expliquer le Canada actuel, société plurielle beaucoup plus vaste et populeuse que ne l'était le Canada de 1867. Mais il en est resté, pour le fait français au Canada, des garanties qui placent cette caractéristique du pays sur le même pied que les autres valeurs auxquelles la Constitution accorde la plus haute priorité.

Parce qu'elle s'est faite malgré l'opposition déclarée d'un gouvernement souverainiste en poste à Québec, la réforme de 1982 a heurté une certaine portion de l'opinion publique québécoise. Néanmoins, on ne peut nier qu'elle ait été opportune à l'heure où un grand nombre de pays prenaient conscience avec sans cesse plus de netteté du caractère fondamental des droits de la personne et choisissaient par divers moyens d'en assurer la protection juridique. À ce titre, cette réforme accorde une préséance de principe, à certaines fins et dans certains types de situations, aux droits individuels ou, si l'on préfère, à l'individualité dans certaines de ses manifestations. Cette transformation importante du régime constitutionnel canadien n'a pas faussé l'équilibre entre les gouvernements fédéral et provinciaux. Elle signifie simplement que *tous* les gouvernements, dans leurs organes législatifs et exécutifs, doivent désormais composer avec ces garanties et se plier aux décisions des tribunaux qui en assurent la sanction. En réalité, s'il y a eu un transfert de *pouvoir* en 1982, il s'est fait non pas aux dépens des compétences provinciales et au profit des compétences fédérales, mais plutôt aux dépens des gouvernements et en faveur des tribunaux. En outre, par leur teneur respective, il y a une ressemblance frappante entre la Charte des droits et libertés de la personne en vigueur au Québec depuis 1977 et la Charte canadienne des droits et libertés entrée en vigueur dans l'ensemble du Canada avec la réforme de 1982.

Sur le fond, donc, et à une réserve près, cette réforme était incontestablement un important progrès. La réserve que j'ajouterais concerne le « rapatriement » de la Constitution par l'introduction d'une nouvelle formule de modification à laquelle le gouvernement du Québec avait aussi refusé de donner son accord[4]. Ce changement demeure controversé auprès de certains fédéralistes québécois convaincus. Pour ma part, je crois que le rapatriement, rendant enfin possible la prise en main par les Canadiens, sans la tutelle de Westminster, de leur Constitution, doit être interprété après plus de quinze ans comme un gain et non comme un revers. Je demeure sensible, cependant, aux arguments de ces critiques et il me semble que la Loi sur les modifications constitutionnelles, comprenant des vetos régionaux dont un pour le Québec, sanctionnée le 22 février 1996 est un pas dans la bonne direction. Si cette formule était intégrée à la Constitution, elle satisferait sans doute plusieurs des critiques en question.

Quant au reste, la Loi constitutionnelle de 1982 n'a pas changé l'essence même du fédéralisme. Celle-ci a toujours été de permettre l'épanouissement d'intérêts collectifs distincts les uns des autres, voire de droits collectifs, en établissant sous une même constitution des gouvernements distincts et en répartissant les compétences législatives entre eux en fonction de ces mêmes intérêts collectifs. Sans doute la réforme de 1982 aura-t-elle représenté un infléchissement vers une forme moins parlementaire de gouvernement et une plus grande place pour les juges ; mais elle n'a touché qu'une fraction de la Constitution canadienne, dans laquelle des personnalités politiques de premier plan, à toutes les époques de l'histoire depuis 1867, ont vu beaucoup plus qu'un regroupement de gouvernements exerçant conjointement leur autorité au nom de citoyens partout égaux en droit. Je pense ici, en particulier, à Lester Bowles Pearson, qui faisait du système constitutionnel canadien une lecture fort nuancée et dont la pratique du fédéralisme a toujours été très respectueuse du particularisme que je désignais au début de ce chapitre. Nous lui devons la commission d'enquête Laurendeau-Dunton sur le bilinguisme et le biculturalisme, commission dont les travaux ont conduit à une transformation radicale de la situation linguistique au Canada. Nous lui devons aussi un fédéralisme d'accommodement qui a largement contribué à l'essor de l'État québécois amorcé avec la Révolution tranquille.

Or, on redécouvre actuellement dans le reste du Canada cet aspect du fédéralisme canadien, ou du moins ce qui, dans sa nature, est le plus conforme au particularisme canadien[5]. On mesure mieux aussi ce qui a été laissé en chantier par la dernière péripétie constitutionnelle d'envergure, le rapatriement de 1982, et il n'y a aucune raison de croire qu'avec cette péripétie le rideau est définitivement tombé. Les aspirations légitimes des Québécois attirés par les thèses souverainistes doivent être reconnues. En revanche, on induit ces mêmes Québécois en erreur lorsqu'on leur laisse entendre que seule une nouvelle série de modifications d'envergure de la Constitution peut satisfaire leurs aspirations et apaiser leurs inquiétudes identitaires.

FÉDÉRALISME ET MONDIALISATION

La mondialisation, dont il a beaucoup été question dans la première partie de ce livre, porte en elle une revalorisation de la société civile et un retrait bénéfique de l'État, mais elle s'accompagne aussi d'un autre phénomène, l'instauration d'un fédéralisme de fait. Il se construit entre les groupements de personnes et d'intérêts les plus divers, par-delà les frontières, et absolument hors du cadre des États souverains. Pourquoi se détourner de l'immense réseau déjà en place depuis 1867 pour rétablir, souvent entre les mêmes acteurs, les formes de « partenariat » qui existent déjà au sein de la confédération canadienne? Je ne crois pas, comme certains, que l'on assistera au cours du prochain siècle à l'affaissement des États-nations. Par contre, je ne crois pas non plus que cette forme d'organisation politique soit promise à un plus bel avenir que le fédéralisme. Depuis la Seconde Guerre mondiale, certains signes laissent croire que l'État-nation a fait son temps ou, en tout cas, qu'il a déjà vécu son heure de gloire. Aussi l'absorption progressive des États-nations par de nouvelles structures mieux adaptées à la mondialisation me paraît-elle faire partie d'un devenir prochain : des espaces à géométrie variable. C'est ce que démontre, parmi d'autres tendances lourdes de l'histoire récente, la trajectoire d'abord fonctionnaliste et désormais fédéraliste de l'Europe. C'est ce que démontrent *a contrario*, parmi d'autres tendances de l'histoire récente que l'on espère marginales, les nettoyages ethniques de la Slovénie, du Rwanda, de l'Irak et d'ailleurs : autant d'événements qui se situent à contre-courant de l'histoire.

Un double chantier : le renouvellement de l'union sociale et du fédéralisme canadiens[1]

Le renouvellement de l'union sociale canadienne représente au pays un grand chantier. Le concept d'union sociale n'est pas simple. Notre union sociale canadienne est un réseau complexe à la fois de programmes sociaux et de valeurs communes qui les sous-tendent. Cette relation entre l'action et les valeurs constitue un élément fondamental de l'identité canadienne.

Le gouvernement canadien et les gouvernements des provinces négocient un accord pour encadrer l'ensemble de leurs relations dans le champ d'action très vaste de l'union sociale. Cette table de négociations se rapporte au Conseil ministériel sur le renouvellement de l'union sociale mis sur pied en juin 1996 par la Conférence des premiers ministres. Les travaux des autres tables sectorielles portant sur les problèmes de la pauvreté des enfants, sur la situation des personnes handicapées, sur la santé, etc., se poursuivent. En tant que président du Conseil ministériel sur l'union sociale, je travaille à la réalisation des objectifs qui ont amené mon engagement politique. Je me suis engagé en politique active, en janvier 1996, pour moderniser le fédéralisme canadien. Pour le moderniser dans le sens des attentes et des besoins des Canadiens en général et des Québécois en particulier. Pour moderniser le pays afin que les Canadiens profitent des potentialités extraordinaires de la mondialisation et le fassent tout en s'assurant que ces possibilités sont partagées par tous. Selon le modèle canadien.

Avec l'assainissement de ses finances publiques et, surtout, le rétablissement d'une certaine marge de manœuvre, le Canada a restauré sa capacité de faire de grands choix de société. Le pays, dans son ensemble, paraît mûr pour effectuer des changements d'autant plus importants qu'ils sont devenus nécessaires pour relever les défis économiques, politiques et sociaux de l'ère de la mondialisation. Comme tous les pays du monde, le Canada doit s'adapter : il doit changer et, en réalité, il change déjà.

Au chapitre de l'emploi et du travail, le Canada se compare avantageusement aux vingt-neuf pays membres de l'Organisation de coopération et de développement économiques (OCDE). S'il en est ainsi, c'est d'abord parce que la situation économique et sociale actuelle du Canada impressionne tous les observateurs ; certains parlent même du « miracle canadien ». Mais c'est aussi parce que les autres pays sont trop souvent aux prises avec des idéologies sur l'interventionnisme d'État — à prescrire pour la gauche ou, au contraire, à proscrire pour la droite. Par opposition, les Canadiens et leurs gouvernements cherchent des solutions pragmatiques plutôt qu'idéologiques à leurs problèmes. Les Québécois s'entendent très bien avec l'ensemble des Canadiens sur cette troisième voie entre le laissez-faire américain et le modèle social continental européen. Ils ont même exercé une profonde influence sur l'ensemble du pays canadien en faveur de cette voie intermédiaire et pragmatique.

Le développement économique ne se fait pas dans le vide. On ne peut avoir d'union économique véritable et profonde sans avoir également une union sociale solidaire et dynamique pour la soutenir. Le Conseil ministériel sur le renouvellement de l'union sociale, mis sur pied par la Conférence des premiers ministres en juin 1996, a accompli des progrès spectaculaires qui profitent aux enfants vivant dans des familles à faible revenu et aux personnes handicapées. Ces progrès contribuent également à un fédéralisme plus harmonieux et plus constructif où l'on clarifie les rôles respectifs de chaque ordre de gouvernement.

L'ÈRE DU PARTENARIAT : L'EXEMPLE ÉCLATANT DE LA PRESTATION NATIONALE POUR ENFANTS

La prestation nationale pour enfants constitue l'exemple le plus récent de cette dynamique entre nos valeurs sociales et l'action concrète que l'on entreprend. Au Conseil ministériel, les différents ordres de gouvernement travaillent ensemble, toutes affiliations politiques confondues : il n'y a pas de querelles! C'est l'illustration d'un fédéralisme moderne, efficace et fondé sur le partenariat entre gouvernements. La prestation pour enfants représente le plus important programme social des trente dernières années. C'est aussi important que ce que nous avons réalisé pour nos aînés avec le Régime de pensions du Canada et le Régime des rentes du Québec dans les années 1960. Chose malheureusement certaine, des enfants qui ont faim et qui ont froid n'arrivent pas à l'école en état d'apprendre. Et ce n'est pas juste. Et au Canada, ça n'a pas de sens. Les enfants représentent notre avenir, l'avenir de notre développement économique : un bon départ dans la vie permettra à l'enfant d'être un adulte en meilleure santé, mieux intégré au marché du travail.

La mécanique de la prestation pour enfants est simple : le gouvernement du Canada augmentera le crédit fiscal pour enfant, donc le revenu des familles à faible revenu. Les provinces feront des économies au chapitre du bien-être social et les réinvestiront en programmes et services. Trop de parents en ce moment ne peuvent accepter un travail peu rémunéré sans pénaliser leurs enfants : en quittant le bien-être social, ils perdent parfois jusqu'à trois mille dollars par année. Notre prestation vise à aider ces parents à sortir du piège du bien-être social et à réintégrer le monde du travail.

Chaque province verra ainsi sa marge de manœuvre accrue ; dans le cas du Québec, cette marge de manœuvre a augmenté d'environ cent cinquante millions de dollars par année dès juillet 1998. Avec de telles économies, chaque province pourra offrir des programmes et des services spécifiques, taillés sur mesure selon les besoins particuliers de sa population. S'agit-il d'une ingérence du fédéral lorsqu'il y a intervention par le biais du crédit fiscal sur le revenu et que les provinces peuvent en conséquence offrir plus de programmes et des services mieux adaptés aux besoins de leur population ? C'est plutôt le fédéralisme à son meilleur. Pour éviter les impairs en ces matières, il s'agit simplement de clarifier les rôles respectifs des divers ordres de gouvernement. Comment le gouvernement du Québec peut-il s'opposer à une telle approche comme Lucien Bouchard l'a fait à St. Andrews, si ce n'est par dogmatisme ? Après tout, la politique canadienne et la politique familiale du Québec ont les mêmes objectifs et se renforcent mutuellement.

D'ailleurs, tous en ont convenu : des plus conservateurs, comme le gouvernement Harris en Ontario, aux plus progressistes, comme le gouvernement de la Saskatchewan, en passant par les plus autonomistes, comme les gouvernements de l'Alberta et de la Colombie-Britannique, il faut — et il y a — un consensus en faveur des enfants. Nous voici loin du fédéralisme autoritaire : chacun doit rendre compte à sa population et non pas à l'autre ordre de gouvernement. Il s'agit d'un réel partenariat.

L'ENTENTE DE LA MAIN-D'ŒUVRE

Il est toujours possible de s'entendre lorsqu'on le veut. Nous l'avons démontré en négociant l'entente sur la main-d'œuvre où, bien au-delà de la formation, nous avons négocié avec les provinces une nouvelle façon de gérer toutes les mesures actives de la nouvelle loi sur l'assurance-emploi : les subventions salariales ciblées, l'aide au travail indépendant, toutes les mesures visant à faciliter l'intégration au marché de travail. Cinq cents millions de dollars par année. Et nous avons réglé ce dossier avec neuf provinces sur dix dans un esprit de solidarité et de respect de la spécificité de chacune des provinces. Chaque entente sur la main-d'œuvre est conçue pour répondre aux besoins spécifiques des marchés du travail de chaque partenaire provincial[2]. Plusieurs provinces, dont le Québec, ont choisi la pleine dévolution des responsabilités ; d'autres ont choisi la cogestion avec le gouvernement du Canada. Voilà une autre illustration du fédéralisme souple et moderne que je préconise, un fédéralisme qui offre des réponses différentes à des besoins différents[3].

DE L'ASSURANCE-CHÔMAGE AU RÉGIME DES RENTES

Le Canada est un projet en constante évolution, on l'a vu. Chaque génération de Canadiens a dû réinventer le pays pour que ses politiques, ses programmes et ses institutions répondent toujours davantage aux besoins changeants des citoyens. Notre génération n'y échappe pas. Nous aussi, les baby-boomers, devons, à notre tour, réinventer le pays. Et le Québec doit contribuer à cet effort de modernisation. Être ministre responsable de l'union sociale canadienne, originaire du Québec, représente à la fois une bénédiction et une malédiction. Une bénédiction à cause de la riche tradition qui fait du Québec une terre d'innovation et de progrès sur le plan social. Une malédiction parce que l'actuel gouvernement du Québec nous dit que le gouvernement du Canada n'a aucun rôle à jouer sur le plan social, puisque le social relève de la compétence des provinces. Cependant, le Québec a toujours participé à cette évolution à l'échelle du pays. Un bref retour sur un passé pas si lointain mettra en évidence des cas éloquents de collaboration fructueuse entre les différents paliers de gouvernement au Canada.

Avant la crise de 1929, les services de santé, d'éducation et d'aide sociale relevaient essentiellement de l'initiative privée, notamment des institutions religieuses et des organismes de bienfaisance. Depuis lors, les choses ont bien changé. La crise des années 1930 a amené le gouvernement du Canada et ceux des provinces à s'entendre unanimement pour modifier la Constitution afin d'établir un régime d'assurance-chômage pancanadien en 1940-1941.

Bien sûr, les autonomistes orthodoxes du Québec s'étaient opposés farouchement à ce progrès pourtant très avantageux pour les Québécois. « Comprenne qui pourra », écrivait récemment un biographe du premier ministre du Québec de l'époque, Adélard Godbout[4]. Heureusement, la vision et le pragmatisme du Parti libéral du Québec de Godbout prévalurent contre le dogmatisme idéologique. Cette vision a permis aux Québécois d'avoir accès à ce progrès social majeur pour les travailleurs. D'autres ententes de solidarité allaient suivre.

En plus de la solidarité, l'expérimentation et l'émulation constituent d'autres traits du fédéralisme canadien. Le système fédéral canadien offre un cadre souple qui permet aux bonnes idées expérimentées dans une province d'être éventuellement mises en œuvre dans tout le pays, pour le plus grand bénéfice de l'ensemble des citoyens. Par exemple, l'assurance-hospitalisation, qui a vu le jour en Saskatchewan, fut étendue à tout le pays au début des années 1960. Une saine concurrence entre les ordres de gouvernement ainsi qu'entre les provinces elles-mêmes a pour effet que chacun essaie de faire mieux que l'autre et que les citoyens profitent de cette émulation.

En matière sociale, les gouvernements successifs du Québec ont toujours pratiqué un sain pragmatisme. Ils ont affirmé la primauté des provinces en matière sociale certes, mais les gouvernements du Québec ont toujours assorti cette approche d'une forte dose d'ouverture et de partenariat. Ils ont placé le meilleur intérêt des Québécois au-dessus de toute autre considération.

C'est cette approche pragmatique qui a mené le premier ministre Paul Sauvé à déclarer en son temps n'avoir aucune objection constitutionnelle à l'établissement du régime canadien d'assurance-hospitalisation. Et c'est encore cette approche qui a mené Jean Lesage à la mettre en œuvre en partenariat avec le gouvernement du Canada. C'est toujours cette même approche pragmatique qui a conduit les gouvernements libéraux de Jean

Lesage et de Lester Bowles Pearson à assurer la sécurité de nos aînés au moyen du Régime des rentes du Québec, en parallèle avec le Régime de pensions du Canada.

Corollaire non négligeable et qui illustre on ne peut mieux les bienfaisantes retombées du partenariat, c'est ce Régime des rentes qui a donné naissance à la Caisse de dépôt et placement, un outil privilégié de développement économique au Québec. Cette initiative constitue un tel succès que le Régime de pensions du Canada est sur le point de l'imiter.

Quant à Robert Bourassa, il avait révélé que le Québec reconnaissait au gouvernement fédéral un rôle essentiel en vue d'assurer à tous les Canadiens un niveau de vie acceptable ; il a aussi maintenu que l'administration des programmes de politique sociale devait être partagée en fonction du type de gestion requis dans chaque cas, parfois centralisée, parfois décentralisée. C'est sous sa gouverne que fut instaurée au Québec l'assurance-maladie, une mesure sociale majeure qui fait l'envie de bien des pays du monde. De même, Ottawa et Québec en vinrent à une entente sur les allocations familiales où la spécificité du Québec fut reconnue sans ambages. Chaque fois que le fédéralisme innovait sur le plan social, Robert Bourassa participait à ces progrès pour les Québécois.

LE RENOUVELLEMENT DE L'UNION SOCIALE ET DU FÉDÉRALISME

Considéré comme le père de l'assurance-maladie au Québec et peu suspect de fédéralisme centralisateur, Claude Castonguay invitait à l'automne 1997, dans *La Presse,* le premier ministre Lucien Bouchard à considérer le renouvellement de l'union sociale canadienne bien plus comme une occasion à ne pas rater que comme un sombre complot, ourdi par des politiciens fédéraux de mauvaise foi et par les autres provinces pour priver le Québec de ses pouvoirs et compétences en matière sociale. Se référant à ses propres expériences de ministre des Affaires sociales dans le cabinet Bourassa, Claude Castonguay explique que l'approche du gouvernement québécois de l'époque visait à clarifier la question du partage des pouvoirs et non pas à réclamer un statut particulier pour le Québec : il ne s'agissait pas de forcer le retrait du gouvernement fédéral du champ des programmes sociaux, telles les pensions de vieillesse. Bref, on cherchait alors à faire avancer les dossiers plutôt qu'à se cantonner dans la revendication ou à hurler à l'humiliation.

Claude Castonguay ajoute deux autres observations d'importance. D'abord, que « les Québécois et les Québécoises ont bénéficié » de ces programmes qui, dans bien des cas, « comportent un élément de redistribution en faveur du Québec ». Ensuite, et avec beaucoup de sagesse, que « si les deux parties dans une négociation veulent vraiment s'entendre, il est généralement possible de trouver une solution même aux questions qui, de prime abord, apparaissent insolubles ». Le Conseil ministériel sur l'union sociale est un forum remarquable pour faire progresser les choses. Ce n'est pas le lieu, Claude Castonguay le reconnaît, d'un fédéralisme autoritaire et intransigeant. Bien qu'il soit difficile de trouver un fédéralisme plus souple et flexible que le fédéralisme canadien, il y a évidemment place à l'amélioration. Nous devons continuer à travailler en faveur d'un fédéralisme résolument moderne et efficace pour le XXIe siècle.

Alors que les Godbout, Sauvé, Lesage et Bourassa ont participé à chaque grande étape de l'édification sociale du pays, en 1998 le gouvernement Bouchard boude par principe l'immense travail que nous amorçons pour les enfants. En pratique, la politique familiale du Québec vise les mêmes objectifs que la prestation canadienne, et en profite même. Mais, par orthodoxie, voire par dogmatisme, le gouvernement actuel rejette un programme progressiste qui représente un nouveau style de fédéralisme et qu'une large majorité de Québécois appelle de tous ses vœux.

L'APPROCHE TRADITIONNELLE DU QUÉBEC ET UN NOUVEAU PARTENARIAT

Lorsque le premier ministre Bouchard prétend se fonder sur l'approche traditionnelle de ses prédécesseurs en matière d'union sociale, il prend, pour dire le moins, un raccourci peut-être commode mais qui dénature la réalité. La « chaise vide » n'a jamais été l'approche préférée des gouvernements du Québec[5]. Et pour cause ! Elle est tout à fait contraire au meilleur intérêt des Québécois.

Nous devons comprendre que l'heure est propice au changement désiré par tous. La mondialisation impose de redéfinir le rapport entre l'État et le marché, entre l'État et la communauté, entre l'État et l'individu. Le Canada n'a pas le choix. Nous devons redéfinir, réinventer les rapports entre Ottawa et les provinces et nous devons innover. *Les besoins des citoyens doivent primer toute autre considération.*

L'approche « étape par étape » et « cas par cas » est très prometteuse.

Elle a d'ailleurs déjà porté des fruits dans le domaine de la main-d'œuvre, avec le retrait fédéral des forêts, des mines, du logement social et avec l'établissement de limites au pouvoir de dépenser.

Ma vision, c'est celle d'un Québec toujours plus épanoui et partenaire majeur d'une fédération canadienne modernisée ; une société qui bénéficie du Canada, comme le reconnaît la déclaration de Calgary, et qui est en même temps essentielle à la vitalité du pays. Et l'union sociale canadienne constitue un canal privilégié pour renouveler la fédération. Personne ne veut de querelles improductives et coûteuses alors qu'un véritable partenariat imaginatif, respectueux et adapté aux défis du XXIe siècle est tout à fait possible dans notre fédération.

Les souverainistes qui affirment vouloir une union économique, mais non une union sociale, avec les autres Canadiens devraient examiner l'expérience européenne. L'union européenne démontre qu'il ne peut y avoir une union économique digne de ce nom sans union sociale. À mesure que les Européens ont approfondi leur marché commun et leur union économique, ils ont ressenti le besoin de développer considérablement ce qu'ils appellent l'Europe sociale. Le Canada est un modèle pour nombre d'Européens. « Le Canada, on en rêve », disait l'analyste politique français Alain Minc, en octobre 1995. Et, récemment, il déclarait en entrevue à Pierre Maisonneuve : « Pour nous, Européens, en tout cas pour une certaine tendance des Européens, nous rêvons que l'Europe devienne ce que le Canada est pour ses provinces. Donc vous, vous avez le modèle que nous espérons un jour atteindre. Ne cassez pas en réalité la porcelaine alors que nous, nous essayons de faire le même vase[6]. »

CHAPITRE XIV

La personnalité internationale du Canada

L'expérience apprend à chacun qu'il est difficile de se voir soi-même et que souvent le point de vue d'autrui jette un éclairage significatif sur son identité. Cette vérité s'applique aussi aux groupes humains, le Canada ne faisant pas exception à la règle. Même si nous n'en sommes guère conscients, la personnalité internationale du Canada existe bel et bien. Celle-ci est le produit de la mentalité d'accommodement et des valeurs qui en découlent. L'Agence canadienne de développement international (ACDI) en reçoit quotidiennement le témoignage. Qu'ils soient anglophones, francophones ou « allophones », si je puis me permettre ce terme inélégant, qu'ils évoluent à la Francophonie, au Commonwealth ou ailleurs, les Canadiens sont perçus comme respectueux d'autrui. Les étrangers qui rencontrent des Québécois ou des Canadiens d'ailleurs au pays formulent des témoignages convergents : les Québécois et les autres Canadiens laissent la même impression à ceux avec qui ils entrent en contact à travers le monde.

N'ayant aucun passé colonialiste, n'entretenant aucune visée impérialiste, le Canada jouit d'une réputation enviable : sa personnalité internationale est empreinte de respect, de tolérance, de générosité, d'ouverture[1]. L'exemple récent du traité sur les mines antipersonnel s'ajoute à toute une série d'initiatives qui ont fait du Canada un pays modèle sur la scène mondiale et dont la création des Casques bleus, à l'instigation de Lester Bowles Pearson, n'est pas le moindre exemple.

La civilité des Canadiens fait aussi partie de leur personnalité internationale. Nous manquerions, dit-on, de combativité sur les marchés étrangers. Peut-être. Notre civilité cependant, cette fameuse *gentleness of Canadians,* constitue un trait immensément plus attachant que beaucoup d'autres caractéristiques d'identité nationale que l'on dit parfois plus présentes chez d'autres peuples. Cette personnalité, développée par l'ensemble des Canadiens, explique pourquoi l'influence du Canada est tellement plus considérable dans les affaires de ce monde que ne le justifie son poids démographique. Car, enfin, nous ne sommes que trente millions !

UN RÔLE PLUS IMPORTANT QUE SA DÉMOGRAPHIE NE LE JUSTIFIE[2]

État de puissance moyenne, le Canada occupe dans la hiérarchie des acteurs internationaux une place qui l'a amené, en toute fidélité à sa personnalité, à s'engager dans la voie de la coopération pour mieux promouvoir les intérêts et les valeurs des Canadiens sur la scène internationale.

À l'issue de la Seconde Guerre mondiale, le Canada est devenu membre de l'Organisation des Nations unies et de toutes ses agences. C'est un des pays qui ont le plus contribué à l'ère de l'internationalisation qui allait durer cinquante ans. Voisin des États-Unis, le Canada a toujours cherché à maximiser son influence en participant au plus grand nombre d'organisations internationales possible et en favorisant le multilatéralisme. Aucun autre pays n'appartient à autant de clubs. Le multilatéralisme est devenu le mantra du Canada. En participant à la conférence de Bretton Woods, le Canada était d'ailleurs de ceux qui allaient mettre sur pied les grandes institutions économiques que sont la Banque mondiale et le Fonds monétaire international. Et le Canada figure aussi parmi les vingt-trois pays fondateurs du GATT, l'Accord général sur le commerce et les tarifs, devenu récemment l'Organisation mondiale du commerce.

Ces organisations internationales économique, financière et commerciale ont été le moteur de l'internationalisation voulue par les vainqueurs de la guerre, convaincus que des pays plus interdépendants sauraient mieux éviter la guerre, qui avait tellement nui à l'Europe tout au cours du siècle précédent. D'ailleurs, la Communauté économique européenne allait bientôt naître de la même inspiration, de la même volonté. Le premier objectif de l'interdépendance économique était donc politique : éviter les guerres entre peuples. Le Canada a été d'emblée parmi les instigateurs de ces nouvelles institutions, car il y voyait la promotion à la fois de ses intérêts nationaux et de ses valeurs politiques en faveur de la paix.

J'insiste sur cette volonté politique apparue dès le début de l'ère de l'internationalisation, car trop souvent les personnes qui plaident aujourd'hui la cause de l'État le font d'une façon exagérément étroite. Il faut en finir avec le manichéisme consistant à opposer, d'un coté, le marché qui serait inféodé à des intérêts privés et, de l'autre, l'État-nation qui serait le dépositaire exclusif de toutes les valeurs universelles associées à l'idée de bien commun. L'État a été au cœur de cet engagement en faveur de la promotion de l'interdépendance économique au moyen de l'internationalisation. Le libéralisme et la libéralisation commerciale qui doit l'accompagner n'émergent et ne prospèrent qu'à partir du moment où l'État lui-même devient libéral.

Frédéric Moulène l'exprime très bien :

> *La loi le Chapelier de 1791, qui interdit les coalitions, en témoigne, de même que les lois antisyndicales votées par la Chambre des communes sous l'impulsion de Mme Thatcher moins de deux siècles plus tard : c'est toujours l'instance politico-juridique qui donne au marché sa pleine puissance*[3].

Cette réalité s'est accélérée au cours de l'ère de l'internationalisation. Avec la mondialisation, l'innovation technologique permet souvent au marché et aux entreprises de faire fi des instances politico-juridiques ou de les contourner. Mais, jusqu'à très récemment, l'État et le politique favorisaient activement l'évolution économique et commerciale.

Si le Canada joue un rôle plus important que sa démographie ne le justifie, c'est bien sûr à cause de sa personnalité particulière, mais aussi à cause du cadre large qu'il choisit de donner à ses interventions. Le Canada a aussi été très actif dans les affaires politiques et militaires. Aux Nations unies, il a siégé au Conseil de sécurité à chaque décennie. Il vient d'être élu pour un sixième mandat, ce qui surclasse tous les autres pays de sa catégorie. Le Canada a aussi participé, dès le début, à l'OTAN, l'Organisation du traité de l'Atlantique Nord, dont la guerre froide avait entraîné la formation. C'est au Canada qu'on doit le souci d'y encourager les échanges économiques et culturels entre pays plutôt que de s'en tenir à la seule coopération militaire. À la Conférence sur la sécurité et la coopération en Europe (CSCE), le Canada a appuyé la création de forums où les pays d'Europe, y compris la Russie, participent à des pourparlers de sécurité dépassant la simple coopération militaire.

Le Canada, en outre, est un partenaire majeur du Commonwealth où son rôle d'intermédiaire est très apprécié. Il y bénéficie d'un accès privilégié aux nombreux pays membres qui ont en commun la langue anglaise ou, à tout le moins, qui en partagent l'usage. D'abord économique et commercial, le Commonwealth s'est réinventé au cours des dernières décennies en lieu politique de grande importance pour de nombreuses questions. Le Canada est aussi un partenaire majeur de la Francophonie et de l'Agence de la Francophonie, qui nous donne un accès aux pays d'une autre mouvance, les pays qui ont la langue française en partage. Le Québec et le Nouveau-Brunswick, les deux gouvernements provinciaux ayant adopté la langue française comme langue officielle, y jouissent d'un statut original.

Plus récemment, sur un plan proprement commercial, la plupart des pays ont ajouté des efforts régionaux de libéralisation à ceux consentis à un niveau multilatéral par le biais de l'Organisation mondiale du commerce. C'est une tendance générale à laquelle le Canada ne fait pas exception. Ainsi le Canada a signé un accord de libre-échange avec les États-Unis, qui s'est bientôt étendu au Mexique pour devenir l'accord de libre-échange nord américain (ALENA). Le Canada appuie l'expansion de l'ALENA à plusieurs pays d'Amérique latine. Pays du Pacifique, le Canada participe également au Conseil de l'Asie-Pacifique, où plusieurs pays travaillent à améliorer le commerce entre eux et à coopérer plus activement.

Le Canada est membre du groupe des sept, généralement appelé le G-7, le très prestigieux club des sept pays les plus industrialisés. Il appartient aussi à son pendant politique, le P-8, qui inclut désormais la Russie. C'est un avantage considérable que de siéger à ces tables des Grands, et plusieurs pays dans le monde apprécient le rôle d'intermédiaire que le Canada y joue.

Le Canada a systématiquement soutenu un système international régi par le droit et non la puissance. La primauté du droit est l'essence même d'une conduite civilisée à l'intérieur des pays et entre eux. Des règles claire-ment définies aident à restaurer l'équilibre des forces et empêchent les plus influents de soumettre la société et la communauté internationale à leur joug.

DÉFIS ET POSSIBILITÉS SUR LA SCÈNE MONDIALE : LA GESTION DES AFFAIRES INTERNATIONALES

Au cours des cinquante dernières années, le Canada s'est distingué sur la scène internationale en défendant les droits de la personne, la paix, le désarmement et le développement. Fidèle à sa tradition, le Canada a exprimé sa personnalité internationale encore récemment : il a dirigé l'initiative du traité international sur les mines antipersonnel.

Le monde où nous avons accompli de si grandes choses est en train de disparaître. La fin de la guerre froide, le règne de la technologie et des politiques de libéralisation de l'économie et du commerce de même que l'émergence de nouveaux problèmes mondiaux nous révèlent un monde qui n'a que peu à voir avec celui où nous sommes devenus un pays :

• Nous sommes en train de passer d'un système bipolaire à un système international multipolaire dominé par une seule superpuissance dotée de tous les atouts, les États-Unis.

• Les conflits internationaux traditionnels se sont apaisés, mais on assiste à l'éclatement de nouveaux conflits internes ou ethniques.

• L'informatisation et la mondialisation de l'économie ont élargi la base du processus décisionnel approprié, mais elles ont aussi créé le risque de marginaliser certains pays en développement ou certains segments de la population des pays développés.

• La croissance démographique fait maintenant s'opposer la population jeune et nombreuse des pays en développement à la population vieillissante des pays développés.

• L'exploitation accrue des ressources naturelles et les problèmes de pollution concomitants qu'engendre la croissance démographique sont susceptibles de provoquer des conflits quant à l'accès auxdites ressources.

• Les migrations massives sont devenues un phénomène mondial ayant une incidence directe sur la lutte aux maladies infectieuses.

• L'altération de l'environnement se fait à un rythme plus rapide que les efforts internationaux pour y mettre un terme.

• Le crime international non seulement menace l'équilibre économique, mais corrompt des gouvernements entiers.

• Le terrorisme frappe maintenant n'importe quand, n'importe où et pour n'importe quoi.

En somme, pour le Canada, la principale difficulté consiste désormais à faire face aux changements multiples qui nous forcent à remettre en question des politiques établies dans un autre ordre mondial.

LE NOUVEAU VISAGE DU POUVOIR : LA LUTTE
POUR LES CŒURS ET LES CERVEAUX[4]

Avec la fin de la guerre froide, la nature des relations entre les États, tout comme les instruments de pouvoir et d'influence, s'est profondément transformée. D'un monde dominé par les considérations géopolitiques, nous passons maintenant à la « géoéconomie ». De fait, nous sortons d'un monde hanté par la menace d'une destruction nucléaire pour entrer dans un monde tourné vers la prospérité économique. La coopération économique entre les alliés traditionnels au temps de la guerre froide a cédé la place à la concurrence internationale. Dans une économie fondée sur le savoir, cela implique nécessairement que l'axe d'influence ne sera plus déterminé par le seul pouvoir militaire ou économique. Entreront aussi en jeu l'expertise, l'ingéniosité et l'agilité économiques, l'acquisition du savoir et la gestion de l'information. Ce nouvel état de choses entraîne diverses conséquences. Il implique d'abord que le pouvoir sera moins concentré et plus malléable et que la coopération entre les pays de même idéologie sera une nécessité. Il implique par ailleurs que le Canada devra trouver et entretenir de nouveaux partenariats en dehors de l'ensemble nord-américain. Ensuite, il témoigne du fait que les coalitions autour d'un enjeu deviendront d'importants instruments pour affirmer notre influence et gérer nos rapports avec notre imposant voisin, comme le font, à bien des égards, les alliances actuelles. Enfin, il signifie que ces coalitions ne regrouperont pas nécessairement que des États, mais d'autres intervenants dont la collaboration est parfois vitale.

Notre capacité d'établir de telles coalitions dépendra en partie de la façon dont s'exercera le « pouvoir doux », cette force inhérente au nouvel ensemble de relations auxquelles la nouvelle économie globale du savoir et la révolution de l'information ont donné naissance. Le pouvoir doux, c'est l'art de communiquer de l'information aux observateurs étrangers, y compris les médias internationaux, de manière à obtenir les résultats voulus par la persuasion plutôt que par la coercition. Le pouvoir doux définit les règles du débat et détermine donc la nature de la solution. D'ici 2005, à cause de la connectivité croissante des réseaux d'information technologique, l'effet du pouvoir doux ne pourra que s'accroître. De nouveaux écosystèmes technologiques verront le jour. Pour les gouvernements, les retombées du pouvoir doux sont immenses : ils ne seront plus les détenteurs exclusifs du pouvoir interactif. Autrement dit, les États n'auront pas le monopole des avantages du pouvoir doux. On attendra désormais des gouvernements qu'ils gèrent par l'information plutôt que par la coercition.

Dans le contexte international, la maîtrise du pouvoir doux aura les effets suivants. D'abord, la diffusion de renseignements commerciaux sur la négociation des accords internationaux sera cruciale. Ensuite, la protection des intérêts nationaux se fera davantage par le biais de l'information que par l'expression de la force militaire. Puis, pour réussir, il faudra axer les activités diplomatiques sur *l'échange d'informations* plutôt que sur *la protection des renseignements*. Enfin, on élargira la collecte de renseignements et l'on pratiquera une diffusion ciblée de l'information.

Le pouvoir militaire continuera de jouer un rôle essentiel dans certaines circonstances. Il n'y a parfois rien pour le remplacer comme « argument musclé » quand vient le temps de défendre des intérêts vitaux. Dans quelles circonstances peut-on envisager de recourir au pouvoir militaire ? Dans le cas d'une guerre entre des États du Golfe persique ou lors de la chute d'un régime entraînant des répercussions immédiates et dramatiques sur la position canadienne dans le marché mondial de l'énergie. Une conflagration majeure dans la péninsule coréenne pourrait aussi nous inciter à intervenir, sans oublier d'autres possibilités plus lointaines mais non moins lourdes de conséquences. Nous ne pouvons éviter de nous préparer à des conflits qui pourraient mettre en péril nos intérêts vitaux. Par ailleurs, on assistera à plusieurs autres conflits surtout internes et plus mineurs où les intérêts du Canada ne seront pas spécialement menacés. L'obligation d'intervenir que ressentira le Canada sera alors largement liée à des considérations humanitaires et sera peut-être dictée par la population en raison de l'« effet CNN » ou par les communautés d'immigrants.

LE RÔLE DU CANADA EN 2005

Le Canada est particulièrement bien outillé pour jouer sur la scène internationale un rôle qui s'accorde avec la promotion et la protection de ses intérêts primordiaux dans un système mondial en mutation. Nous devrons cependant lutter pour préserver et améliorer la qualité de notre image et de notre caractère distinctif dans un contexte international plus fluide où l'influence est fonction d'une expertise précise et de la maîtrise du pouvoir doux.

En 2005, le Canada pourra se préoccuper de gérer son image internationale en utilisant des moyens qui feront paraître simplistes ceux auxquels il recourt actuellement. D'abord et avant tout, il pourra dépasser le stade de la formulation des messages et se lancer dans la bataille pour obtenir de l'espace de diffusion, de la « largeur de bande ». Le pouvoir doux sera alors crucial non seulement pour mettre les ressources internationales au service de nos objectifs nationaux, mais pour promouvoir et protéger nos intérêts vitaux, dont la prospérité et l'unité.

Le Canada de l'an 2005 sera placé devant des choix stratégiques quant aux enjeux internationaux qu'il ne pourra ignorer.

LA MONDIALISATION À VISAGE HUMAIN

Contrer les effets déstabilisants de la mondialisation de l'économie et protéger les économies naissantes tout en cherchant à faire profiter les pays moins développés de l'économie du savoir : voilà non seulement des objectifs cruciaux pour le Canada sur le plan de la sécurité, mais des mesures susceptibles de lui ouvrir des possibilités immenses en matière de commerce et d'investissement. À cet égard, l'Afrique pourrait fort bien être notre principal défi. Premièrement, nous pourrions viser à nous doter de meilleurs moyens de prévoir, de suivre et de prévenir les conflits meurtriers et les fléaux qui déciment les populations africaines. Deuxièmement, il y aurait probablement lieu de créer de nouveaux mécanismes de transfert du savoir, d'adopter de meilleures pratiques et des normes plus appropriées aux pays en développement en vue de faire du Canada un « courtier en savoir ». Troisièmement, il serait vraisemblablement avantageux d'axer notre politique d'aide au développement et les activités de nos organisations de développement international non plus sur des programmes mais sur la création d'institutions qui favoriseront l'autonomie des peuples en cause et la réduction de la pauvreté.

ASSURER LA SÉCURITÉ HUMAINE :
LA SOCIÉTÉ CIVILE GLOBALE

L'émergence d'une société civile globale animée par des intérêts communs doit présider à la recherche des solutions, nécessairement complexes, aux défis mondiaux qui ont résisté jusqu'à présent aux processus intergouvernementaux. Sans une communauté d'intérêts et de valeurs à l'échelle internationale, tout effort pour régler ces problèmes donnera lieu à un affrontement stérile entre pays riches et pays pauvres. Différents éléments de notre politique étrangère — développement, droits de la personne, bonne gestion, systèmes régis par des règles — pourraient être regroupés aux fins de la création d'une société civile globale. Au cours des dix prochaines années, nous pourrions, d'abord, définir le concept de « société civile globale » et nous assurer de l'intégrer à notre programme international. Nous pourrions ensuite incorporer nos objectifs en matière d'environnement, de bonne gestion, de main-d'œuvre et de politique sociale aux objectifs de croissance économique à court terme des institutions internationales compétentes. Nous pourrions enfin resserrer les liens entre les organisations internationales et régionales afin d'accroître notre capacité, à l'échelle nationale, de lutter contre les nouvelles maladies infectieuses, les polluants transfrontaliers, le crime international et les migrations non maîtrisées.

LE POUVOIR DOUX : DÉVELOPPER NOTRE POTENTIEL

Le Canada bénéficie d'une image enviable sur la scène internationale où il est un acteur influent et crédible. Mais pour tirer parti de cet avantage, il devra maîtriser l'exercice du pouvoir doux. Notre capacité de nous intégrer à une coalition et d'y faire jouer notre influence en dépendra. Le Canada devra chercher principalement à se doter des moyens de recueillir, de traiter et de diffuser des renseignements stratégiques ; il devra établir des mécanismes de coordination ou des synergies entre les intervenants — États et autres —, chez lui et à l'étranger ; il lui faudra mettre le plus possible en valeur le caractère distinctif et la qualité de son image et de ses produits culturels sur la scène internationale.

Comme toutes les grandes périodes de transition, le défi que nous pose la présente période de mondialisation n'est pas tant de prévoir l'avenir ou de préserver le passé mais de penser le présent. C'est un de ces rares intermèdes où l'histoire permet les choix délibérés. Encore faut-il avoir le courage de prendre les décisions qui s'imposent.

Il s'agit de savoir gérer les contradictions, les tensions et les risques associés aux grandes mutations du système international. La tâche la plus immédiate et la plus déterminante pour l'avenir est de combler le fossé de plus en plus profond, entre les anciens et les nouveaux acteurs, par la redistribution internationale ou domestique du pouvoir et de la richesse entre institutions politiques et sociales qui paraissent souvent imperméables au changement.

Au cours de la dernière année, nous avons atteint la croisée des chemins. La crise financière en Asie et, plus récemment, les essais nucléaires effectués par l'Inde et le Pakistan nous mettent en présence de situations dont le dénouement pourrait être crucial pour l'avenir de ce nouvel ordre international dont l'avènement se fait attendre.

Dans le premier cas, le risque d'un violent ressac contre les règles et les valeurs associées à la mondialisation des marchés financiers pourrait venir compromettre les acquis de la libéralisation des échanges. Les conséquences non seulement régionales mais aussi mondiales de cette crise mettent en relief la vulnérabilité de nos économies aux échecs d'un marché qu'on ne saurait laisser complètement à lui-même. C'est sous cet éclairage qu'il faut comprendre le sens de la proposition canadienne d'un mécanisme de surveillance et d'alerte avancée destiné à détecter ces crises potentielles.

Le cas du sous-continent indien est une autre illustration du présent déficit institutionnel. Faute d'avoir su refléter par des réformes institutionnelles, par exemple au Conseil de sécurité, les nouvelles aspirations et la nouvelle donne politique et économique de l'après-guerre froide, nous voici mis en présence d'une situation de fait. Alors que la majorité des États ont biffé de leur répertoire politique la menace de la force militaire, et plus particulièrement de l'arme nucléaire, l'Inde et le Pakistan remettent en cause une possible démilitarisation des relations internationales. Les essais récents vont à l'encontre de la politique du Canada en matière de non-prolifération des armes nucléaires et de désarmement. Il sera sans doute aussi difficile de convaincre ces deux pays de renoncer à l'arme nucléaire qu'il l'est de convaincre les cinq puissances nucléaires reconnues de faire de même.

Si nous ne sommes pas plus attentifs au risque de la constitution de blocs économiques, ce à quoi nous avons su résister jusqu'à maintenant, l'effet combiné de ces crises pourrait bien aboutir à la création de nouveaux blocs politico-militaires.

L'Afrique offre, d'autre part, un exemple des dangers de marginalisation que peut entraîner la mondialisation. Les nouvelles technologies de l'information ont beau offrir des possibilités de développement accéléré, il reste nécessaire d'établir un cadre politique et institutionnel apte à se prévaloir de ces potentialités.

Au moment où le capital privé remplace l'aide officielle au développement comme principal moteur du progrès économique, la crise financière asiatique est venue nous rappeler les dangers de l'inadéquation entre les règles ou les institutions de gestion publique d'un État et les lois du marché. Il n'y a pas encore de modèle bien précis quant à la meilleure manière de répondre aux défis de la mondialisation, mais il y a sans doute certaines leçons à tirer de l'expérience de certains pays.

Le Canada a toujours été un des pays les plus exposés aux risques de la diversité, de la disparité et de la complexité qui accompagnent l'ouverture sur le monde. Il a démontré de façon éclatante que ces risques pouvaient devenir de véritables avantages pour un pays, même si souvent ces risques se traduisent par une menace directe pour la stabilité de nos sociétés, voire pour l'intégrité physique de nos citoyens, ainsi que le montrent le crime organisé, le fléau de la drogue, le terrorisme, les migrations illégales et la dégradation de l'environnement. Mais notre prospérité est liée et a toujours été liée à la libre circulation des biens, des capitaux, des services, des personnes et des idées. En fait, plus de 40 % de notre PIB provient du commerce international. Tout en maintenant une société ouverte, multiculturelle et démocratique, nous avons su gérer les risques et bénéficier des avantages de cette ouverture et de cette diversité. C'est pourquoi le Canada peut assumer avec succès une position clé entre le nouveau monde et l'ancien, entre le Nord et le Sud, entre l'Europe et l'Asie ainsi qu'entre les anciennes et les nouvelles cultures. Des villes comme Montréal, Toronto et Vancouver sont maintenant des carrefours de toutes les grandes cultures du monde. Et c'est ce qui fait notre force. La famille canadienne est si nombreuse et si diverse qu'il y a toujours quelqu'un pour proposer une solution, inspirée de sa culture, à un nouveau problème ou pour voir dans chaque nouveau défi une possibilité à exploiter. L'expérience canadienne, c'est de nombreuses cultures, plusieurs peuples, deux langues et une seule voix. À Vancouver, les communautés sikhs, hindoues et pakistanaises vivent dans l'harmonie et prospèrent ensemble pendant que leur sous-continent d'origine est au bord d'un affrontement dangereux. La tolérance à l'égard de la diversité, voilà l'ingrédient qui fait la différence du Canada. Notre pays a été fondé par deux peuples. Depuis le début, cette dynamique a marqué la vie de notre pays et nous a constamment obligés à remettre en question nos attitudes respectives. Je pense que, dans le village global du XXIe siècle, les bons voisins seront ceux qui manifesteront la tolérance et l'esprit de compromis dont le Canada a toujours fait preuve. Ces sociétés prospéreront, donneront à chacun de leurs membres la possibilité de réaliser leurs rêves et profiteront en retour de la réalisation de ces rêves.

TROISIÈME PARTIE

Le Québec : vers une société postmoderne

CHAPITRE XV

Pour une autre Révolution tranquille : de l'État-Obélix à l'État-Astérix[1]

Le Québec est entré dans la modernité avec un grand retard sur la plupart des autres régions de l'Amérique du Nord. Mais les Québécois ont finalement réalisé ce passage, comme la plupart des sociétés dans le monde, par l'édification d'un État moderne — neutre, professionnel, doté d'expertises et non partisan — en remplacement de l'Église. Avant de prendre la forme qu'allait lui donner le gouvernement du Parti libéral du Québec de Jean Lesage, ce passage avait été souhaité et annoncé. Simplement pour établir un parallèle avec ce que j'ai déjà écrit sur l'importance de l'expérience esthétique et de ses effets sur l'évolution sociale et politique d'une société, je rappellerai brièvement la publication de *Refus global*, en 1948, ce manifeste du peintre automatiste Paul-Émile Borduas et de quelques-uns de ses collègues. Borduas y rejette les structures étroites qui étouffent l'art et la pensée dans une société refermée sur elle-même.

« La même année (1948), avec moins de tumulte mais tout autant d'effet, un jeune auteur dramatique, Gratien Gélinas, critique subtilement la famille, l'Église et l'État dans sa pièce *Tit-Coq*, l'histoire d'un enfant illégitime auquel le "bon monde" refuse toute vie normale[2]. »

C'est donc de là que la critique des valeurs traditionnelles est d'abord venue. La création d'un ministère de l'Éducation soucieux de l'éducation de l'ensemble des citoyens provient de la même source. Il n'en va pas autrement pour les services sociaux, et notamment la santé, secteurs auxquels la

société québécoise a également étendu son processus de déconfessionnali-
sation et de décléricalisation[3]. Bref, tous les éléments de la société dite traditionnelle sont alors disparus. Si bien que les Québécois, qui n'avaient
jamais pris une grande part à l'économie, allaient pouvoir utiliser les leviers
publics dont s'équipait un gouvernement devenu compétent et professionnel pour accéder à plusieurs secteurs de l'économie et du commerce.

Le Canada s'était, pour sa part, doté d'un appareil d'État moderne
quelques générations plus tôt. Pendant ses treize ans à Ottawa, Jean Lesage
avait appris à gouverner comme on fait l'apprentissage d'une profession, de
manière non étroitement partisane, avec l'aide d'une fonction publique
reposant sur des compétences et des expertises.

L'expérience fédérale de Jean Lesage a beaucoup aidé les libéraux du
Québec à réaliser leur ambition. Avec une poignée d'experts enthousiastes,
le Parti libéral a accéléré et institutionnalisé la modernisation du Québec.
Ce gouvernement a rapidement bâti un appareil étatique complexe et fait
adopter plusieurs mesures sociales qui assuraient une meilleure distribution des biens et des services, ainsi qu'une plus grande démocratie en étendant les droits des citoyens aux secteurs social et économique, sources du
bien-être[4].

La nationalisation de l'électricité sous l'égide d'Hydro-Québec, que le
dernier gouvernement libéral d'Adélard Godbout avait créé, allait devenir
un symbole des capacités des Québécois : contrôle des ressources naturelles, compétences en génie. Mais surtout, Hydro-Québec est aussi devenue une grande école de gestion pour nombre de cadres francophones qui
allaient bientôt envahir le secteur privé dans lequel ils allaient enfin trouver
leur place.

Jean Lesage était bien informé de ce que les libéraux fédéraux de Pearson avaient dans leurs cartons pour leur éventuel retour au pouvoir : il
connaissait, en particulier, leur intention de mettre sur pied un Régime
de pensions au Canada. Pearson n'allait reprendre le pouvoir qu'en 1963.
Jean Lesage a donc pu prendre les libéraux fédéraux de vitesse avec les
Michel Bélanger et les Jacques Parizeau en préparant tous ses plans pour
un Régime des rentes propre au Québec et en proposant la création de
la Caisse de dépôt et placement pour gérer l'épargne des Québécois et
ainsi rassembler un capital financier important pour notre développement économique.

À cette époque, l'État-Obélix[5] battait son plein : les entrepreneurs de
construction allaient bâtir des écoles en grand nombre, des hôpitaux,
des routes et des barrages, au point de développer une expertise expor-

table hors de nos frontières. L'État québécois, édifié par le gouvernement libéral, a donc mené à l'émergence de gens d'affaires francophones, puis d'un immense changement de mentalité des Québécois à l'égard de l'économie et de ses composantes, tels l'industrie, le commerce et la finance. Il a aussi provoqué un changement des mentalités par rapport au social où la charité, avec sa connotation religieuse, fait place à des droits, avec leur connotation civique, où la revendication devient légitime et protégée par des lois. Les syndicats eux-mêmes abandonnent alors leurs affiliations religieuses.

Le Canada n'allait jamais plus être le même. Jusque-là, seul appareil gouvernemental réellement professionnel, le gouvernement canadien avait pris beaucoup de place dans le pays depuis la guerre. Ottawa devait désormais composer avec Lesage qui connaissait bien le gouvernement central. Les autres provinces, devant les succès évidents du Québec à chaque rencontre fédérale-provinciale, allaient bientôt elles aussi se doter de gouvernements plus forts, appuyés par des fonctions publiques moins partisanes[6]. Si Ottawa avait pu jusqu'alors considérer avec hauteur les administrations provinciales plus amateurs, cette arrogance n'avait plus sa raison d'être. La compétence est désormais mieux répartie dans le pays. D'où l'importance de la tendance actuelle à former de plus nombreux partenariats entre ordres de gouvernement.

La première Révolution tranquille, dans les années 1960, avait eu lieu au milieu de cette ère de l'internationalisation qui, contrairement à la mondialisation, confirmait le rôle de l'État dans la société. Nous étions, à ce moment-là, à l'apogée du système de Bretton Woods.

L'ÉTAT DANS L'ÉCONOMIE MONDIALE

L'État central fort, jadis nécessaire comme État-entrepreneur, constitue désormais un fardeau, un boulet. L'État demeurera un acteur majeur dans notre société, mais il doit dorénavant agir comme catalyseur et accompagnateur du développement économique et social. Il lui faut en conséquence redéfinir son rapport à l'entreprise, une entreprise plus spécialisée qui crée et gère la valeur, une entreprise qui doit être plus concurrentielle et meilleur stratège, une entreprise dont les activités s'inscrivent dans un espace économique plus large. Il lui faut également retrouver le sens de la communauté et des individus qui la forment, le sens de la société civile.

LES EFFETS DE LA MONDIALISATION SUR L'ÉCONOMIE DU QUÉBEC

Désormais choses du passé, la notion et la réalité d'économie nationale font donc place au concept et, de plus en plus, à la réalité d'une économie mondiale. Privé de ses moyens traditionnels d'intervention, dont les tarifs et les subventions, l'État doit renoncer à son rôle habituel d'autant plus rapidement que la situation des finances publiques l'y contraint brutalement. Ce phénomène n'entraîne toutefois pas seulement des conséquences négatives. L'État, comme l'être humain, n'évolue bien souvent que sous la pression de circonstances imparables. Et, non moins souvent, ce type d'évolution se révèle bénéfique — comme s'il y avait une loi de la nature voulant qu'on se surpasse en cas de nécessité. Quoi qu'il en soit, partout au monde, dans des pays de tradition interventionniste comme la France ou le Japon aussi bien que dans des pays de tradition économique plutôt libérale comme les États-Unis ou l'Allemagne, le rôle de l'État s'est accru dans la vie commerciale et industrielle mais il est plus subtil. Le Québec ne doit pas non plus hésiter à s'adapter à un pareil raz-de-marée de changements. Du reste, a-t-il même le choix ?

L'économie du Québec se trouve en pleine restructuration. Les gens qui s'attendaient à ce que la fin de la récession ramène la prospérité pour tous ont dû se raviser. La moitié — peut-être davantage — des emplois disparus ne sont pas revenus malgré une meilleure conjoncture. Ce qui, contrairement à une perception superficielle, représente une occasion extraordinaire de restructuration de notre économie. Car les emplois perdus devront être créés ailleurs : partant de là, aussi bien les créer dans des secteurs d'avenir. Telle est la seule voie de prospérité qui s'offre à nous, une voie exigeant des changements majeurs dans la formation de la main-d'œuvre, qui doit être encore mieux préparée aux nouvelles fonctions industrielles et, notamment, à l'économie basée sur le savoir.

Une très large part de l'économie québécoise dépend toujours des richesses naturelles. C'est bien, mais ce n'est plus suffisant et cela rend le Québec vulnérable. La vulnérabilité du Québec tient aussi à l'importance qu'y revêtent diverses industries traditionnelles à main-d'œuvre intensive où une vingtaine de pays se livrent une guerre sans merci. Dans l'un et l'autre cas heureusement, il est possible de réagir. Nos industries tradition-nelles peuvent se transformer en une industrie de pointe ; mais il faudra, pour ce faire, que nos entreprises s'engagent davantage dans l'automatisa-tion et, surtout, l'informatisation de leurs usines. Ne serait-ce que pour conserver la place privilégiée que nous occupons objectivement parmi les sociétés du monde et pour maintenir notre niveau de vie, nous devrons faire des efforts considérables. Il est sûr que Montréal vit fort brutalement cette situation, car sa vieille base industrielle s'adapte mal au changement alors qu'il est nécessaire de se tourner vers des secteurs aujourd'hui de pointe ; mais, en même temps, nous constatons qu'il se crée plus d'emplois liés à l'économie du savoir à Montréal que partout ailleurs au Canada, ce qui est très encourageant et porteur d'avenir[7].

Le discours économique triomphaliste de certains invite à la passivité et à l'inaction. Un discours économique plus réaliste — admettant que notre économie est, sinon en crise, en tout cas moins performante que celle du reste du Canada — a plus de chances de mobiliser notre énergie et de nous faire accomplir les gestes nécessaires. En émergeant pendant une phase d'internationalisation, « Québec inc. » a pu nous aider. « Québec inc. » reposait sur la réalité des économies nationales, comme l'internationalisation elle-même. Mais cette période est révolue. Le Québec doit maintenant dépasser le stade de « Québec inc. ». Il lui faut rejeter le corporatisme de ses sommets élitistes. Les intervenants du gouvernement canadien n'y sont même pas conviés, car il faut rester « entre nous » ! Pourtant, leur poids et leur influence sur l'économie québécoise sont déterminants, tout comme sont avérées leurs responsabilités macroéconomiques et leurs compétences en développement technologique, en commerce et en développement international. Nous devons nous intégrer à la mondialisation, laquelle fait fi des frontières et des économies nationales. Les conséquences d'un tel scénario ont de multiples ramifications.

UN NOUVEL ÉTAT QUÉBÉCOIS : DE L'ÉTAT-OBÉLIX À L'ÉTAT-ASTÉRIX

Héritier d'un passé économique enviable puisqu'il se classe parmi les sociétés industrialisées assurant à ses citoyens l'un des meilleurs niveaux de vie du monde, le Québec doit rompre avec le type d'État qu'il a développé et qui n'a cessé de s'alourdir avec le temps. Trop de ministères sont devenus des fossiles, des « États dans l'État » qui, à cause d'une gestion verticale, imposent leurs décisions bureaucratiques prises à distance des réalités industrielles et régionales qu'ils connaissent mal. Qui plus est, les programmes et les politiques sont trop souvent pensés en vase clos, sans coordination interministérielle et sans possibilité d'adaptation à des enjeux particuliers.

Si l'État, qui ne peut plus remplir le rôle d'entrepreneur et de moteur du développement économique, tient réellement à devenir le catalyseur et l'accompagnateur du développement, il doit réduire sa taille et faire preuve d'une souplesse accrue, de plus d'intelligence et d'un meilleur sens de la stratégie. Il doit également coûter moins cher s'il souhaite libérer des ressources afin que la société civile et le secteur privé puissent assumer des fonctions entrepreneuriales. En un mot, l'État-Obélix, présence musculaire, doit céder la place à l'État-Astérix, présence cérébrale.

Le rétablissement de la compétitivité de l'État représente un objectif important des prochaines années. L'État occupe une telle place au Québec que notre économie n'a aucune chance de retrouver sa capacité concurrentielle si celui-ci ne restaure pas sa propre compétitivité. Nous devons donc maintenir le cap et poursuivre le travail d'assainissement des finances publiques. Mais il faut aller plus loin. Il faut en profiter pour réformer l'État. Jusqu'en 1994, le gouvernement québécois avait tendance à éviter de faire des choix budgétaires en réduisant *également* toutes les activités gouvernementales, sans discernement. Ce faisant, on a simplement pu réduire la *croissance* des dépenses. Les péquistes ont alors proposé « une autre façon de gouverner ». Le budget de la première année était référendaire et, depuis, on a évité de procéder à une revue pragmatique des programmes de bas en haut à travers tout l'appareil d'État. Typiquement, on a choisi l'approche « cartésienne » des grandes réformes décidées d'en haut et des compressions « mur à mur ». La réforme Rochon de la santé reflète bien ce travers.

Sans compter que, de toute façon, l'État québécois nous coûte trop cher pour ce que nous en retirons. Par exemple, nous sommes l'une des sociétés dont les gouvernements investissent le plus en éducation. Et c'est à bon droit que nous sommes fiers que l'ensemble de la population ait accès, chez nous, à l'éducation. Mais avec une année scolaire de 180 jours plutôt que de 220 jours comme en Corée du Sud, avec un décrochage scolaire de plus de 35 % avant la fin du secondaire et un taux de réussite de seulement 36 % au cégep, nous ne retirons manifestement pas de notre investissement un rendement acceptable. La formation de la main-d'œuvre est pourtant essentielle au développement d'une économie où la connaissance devient fondamentale.

Du côté de la gestion de l'information, l'État québécois doit aussi réaliser des progrès sensibles : il peut faire beaucoup pour la qualité de l'information mise au service de l'entreprise, particulièrement en matière de technologie et de marchés extérieurs. Mais une bonne performance en l'espèce ne surviendra que si l'on gère efficacement en fonction des clientèles en cause. Et Québec aura avantage à réaliser ces fonctions en partenariat avec Ottawa, qui profite déjà de réseaux impressionnants à travers le monde en matière technologique et scientifique. Ici comme ailleurs, il n'y a pas lieu de réinventer la roue.

L'État et l'entreprise doivent convenir de pratiques commerciales accordées avec leurs priorités de développement économique et industriel. Dans la foulée des Équipes Canada, il est heureux que Québec ait décidé de mettre sur pied les Missions Québec. Ces missions commerciales où l'État et l'entreprise travaillent en symbiose constituent certainement une voie d'avenir pour le développement économique. Dans cette perspective, la contribution des immigrants et des communautés culturelles d'ici peut être déterminante pour le développement de notre économie puisque nombre d'entre eux entretiennent des liens privilégiés avec le reste du monde.

REDÉFINIR LA SOUVERAINETÉ : LE CAS DE L'ÉDUCATION

L'État québécois ferait mieux de s'acquitter adéquatement des fonctions fondamentales qu'il peut d'ores et déjà exercer en toute souveraineté ; il serait bien inspiré, par exemple, de consacrer les meilleures ressources possible à l'éducation. Comme tous les autres gouvernements provinciaux, celui du Québec doit en effet comprendre que l'exercice de la souveraineté, même dans les secteurs où celle-ci est consacrée par la Constitution, doit être repensé en raison notamment de la nouvelle répartition des tâches qui s'impose entre le public et le privé. Cette répartition est bouleversée non seulement par les privatisations, les impartitions et les déréglementations, mais encore par le transfert massif de ressources, de compétences et de moyens du public vers le privé. En tenant davantage compte des réalités d'aujourd'hui, le gouvernement peut et doit réinventer la fonction étatique et convenir d'une nouvelle forme de partenariat avec le secteur privé. Il le peut et le doit en éducation, secteur névralgique s'il en est, tant pour l'émancipation des individus que pour l'identité d'un peuple et pour sa capacité concurrentielle dans l'économie mondiale nouvelle. De cette redéfinition dépend la faculté de réunir sur le territoire des fonctions industrielles, économiques et culturelles de haut niveau dans la hiérarchie technologique.

Le vrai pouvoir dans la nouvelle société vient de plus en plus d'entreprises capables d'initiatives et de réalisations de haute qualité *à l'extérieur* des institutions publiques. Il vient des individus et des intervenants communautaires qui font preuve d'audace et d'imagination pour améliorer la vie en société. Mais les institutions politiques doivent emboîter le pas. Par exemple, d'ici quelques années, les meilleurs élèves apprendront la physique et la chimie, les mathématiques et la musique, le français et l'anglais, à partir de logiciels. Or nos écoles trop souvent sous-équipées en ordinateurs et nos enseignants qui les connaissent mal devront rejoindre, d'une façon ou d'une autre, le niveau déjà atteint par nos excellentes entreprises d'informatique. Car le Québec doit pouvoir compter sur des institutions et des entrepreneurs scientifiques qui donneront à la prochaine génération un accès réel à la meilleure éducation possible. Puisqu'il existe, à Montréal et ailleurs au Québec, des compétences remarquables en informatique et en conception de logiciels, nous pourrons offrir à la prochaine génération une authentique formation de pointe, surtout si en plus nous tablons sur ce que font certaines entreprises privées dans le domaine de l'éducation ailleurs au pays. Quelques entreprises de la « Silicon Valley » canadienne dans la banlieue d'Ottawa et de Hull ont d'ailleurs développé une expertise spécifique fort importante dans ce secteur.

À cause du progrès des nouvelles technologies de l'information et des communications, la souveraineté provinciale en éducation est contestée beaucoup plus radicalement par le marché que par le gouvernement fédéral. Mais le débat politique est tellement monopolisé par les schèmes verticaux traditionnels, entre Québec et Ottawa, que cette problématique horizontale autrement plus profonde et sérieuse passe, hélas ! inaperçue[8].

Le montant des dépenses annuelles des pays membres de l'OCDE au titre de l'éducation s'établit à mille milliards de dollars US. Un tel marché ne peut que susciter l'intérêt des commerçants à l'heure même où divers groupes patronaux aimeraient bien assurer une meilleure adéquation de l'enseignement avec les exigences de l'industrie, une préparation adéquate au télétravail et une réduction des coûts de formation en entreprise.

Dans un tel contexte, l'éducation court le danger d'être étroitement considérée comme un service rendu au monde économique, puisque même l'OCDE souhaite que l'on se dirige vers un système d'éducation à deux vitesses où la responsabilité de l'État sera de garantir l'accès à l'apprentissage de ceux qui ne constitueront jamais un marché rentable[9]. En revanche, comme l'apprentissage à vie ne saurait se fonder sur la présence permanente d'enseignants, il devra être assuré par des prestataires de services éducatifs. En raison des nouvelles technologies de l'information et des communications, il existe désormais un marché mondial dans le secteur de la formation. Et la possibilité nouvelle d'offrir des programmes d'enseignement dans d'autres pays, sans que les élèves ou les enseignants aient à se déplacer, pourrait fort bien avoir d'importantes répercussions sur le système d'enseignement et de formation à l'échelle mondiale, y compris au Canada et sans égard aux compétences respectives des provinces et d'Ottawa.

Avec le téléenseignement, les industriels cherchent à créer un vaste réseau d'éducation privé en marge des réseaux d'enseignement publics réduits à donner une éducation de base[10]. Mais, comme l'attribution et la reconnaissance des diplômes relèvent du domaine public et restent strictement réglementées, il y aurait lieu de mettre au point une formule d'accréditation des compétences, tâche à laquelle s'est déjà consacrée la Commission européenne sur les recommandations de la table ronde européenne des industriels.

De quoi s'agit-il? Supposons qu'un jeune ait accès à plusieurs fournisseurs commerciaux d'enseignement par Internet et obtienne ainsi, en les payant, diverses compétences. Au gré de son autoapprentissage, les fournisseurs d'enseignement vont le créditer des connaissances acquises. Cette accréditation pourrait être comptabilisée sur une disquette, c'est-à-dire une carte qu'il aura glissée dans son ordinateur relié à celui de ses fournisseurs. Lors d'une recherche d'emploi, il introduira sa disquette dans son ordinateur et se branchera sur un site d'offres d'emplois vraisemblablement géré par le patronat en tant que représentant des employeurs. Son profil sera alors dépouillé par un logiciel et, si ses compétences correspondent à celles que recherche un employeur, il figurera parmi les « recrutables ». Le patronat gérera ainsi son propre système de formation sans plus se soucier du contrôle des États et du monde universitaire.

Le 29 février 1996, la Commission européenne sur les recommandations de la table ronde européenne des industriels a sollicité des offres de service en vue de la mise en œuvre de la deuxième phase du programme dit « Leonardo Da Vinci ». Dans le document explicatif distribué aux soumissionnaires, la Commission précise que le but de l'opération est d'assurer à chacun une reconnaissance de ses compétences par un système souple d'accréditation des unités d'apprentissage qui permette à chacun d'avoir une attestation de ses connaissances ou de son savoir-faire sous la forme d'une carte de compétences personnelles, de telles cartes étant destinées à devenir un véritable passeport pour l'emploi[11].

Le 6 mai 1996, les ministres de l'Éducation des Quinze ont décidé d'encourager la recherche sur les produits et les processus d'apprentissage et de formation à distance, y compris tout ce qui concerne les logiciels éducatifs multimédias[12]. Et, de nouveau, l'OCDE est intervenue, rappelant qu'aux

États-Unis le projet Annenberg/CPB collabore avec des producteurs d'Europe, du Japon et d'Australie pour créer plusieurs types de nouveaux cours destinés à l'enseignement à distance. Les étudiants deviennent ainsi des clients. Quant aux établissements, ils deviennent des concurrents qui luttent pour obtenir une part du marché et qui sont incités à se comporter en entreprises. Les étudiants doivent donc payer en entier ou en partie le prix de leurs cours[13].

Entre-temps, la table ronde européenne des industriels a voulu s'assurer que les didacticiels sont efficaces non seulement en matière de formation professionnelle, mais aussi pour l'enseignement fondamental primaire et secondaire, donc pour les principaux marchés quant à l'économie d'échelle. Petrofina et IBM Belgique/Luxembourg ont même déjà lancé le projet appelé « École de demain ». Celle-ci pourra-t-elle jamais être compatible avec son rôle social ?

La table ronde européenne des industriels a encore précisé ses positions dans un rapport de 1997. Elle y soutenait qu'il n'y a pas de temps à perdre et que la population européenne doit s'engager dans un processus d'apprentissage tout au long de la vie. Elle établissait que l'usage approprié des technologies de l'information et des communications dans le processus éducatif va imposer d'importants investissements sur les plans financier et humain mais générera des bénéfices à la mesure des enjeux. Il faudra, concluait-elle, que tous les individus qui apprennent s'équipent d'outils pédagogiques de base, tout comme ils ont acquis un téléviseur à une autre époque[14].

Certains de nos observateurs les plus perspicaces ici même au Québec s'interrogent également sur l'école de demain. Ainsi, après voir affirmé que « la vraie question de l'avenir du Québec, c'est l'éducation », Jean Paré continue en ces termes :

> *Faut-il choisir un « système », avec son organigramme et ses féodalités, ou un « marché » de l'éducation, une structure ouverte et multiforme, capable de répondre efficacement à des clientèles diverses et changeantes ? Et dont le destin n'est pas nécessairement local ou national. Car le travail est désormais mobile. Le défi est d'assurer à la fois la quantité, la qualité et la diversité[15].*

En brossant ce bref tableau d'une authentique révolution des méthodes éducatives, je cherche simplement à illustrer les véritables tenants et aboutissants dans le domaine de l'éducation. Or voilà qui est certainement bien plus décisif que les relations entre Québec et Ottawa en l'espèce. Il ne faut pas ici être manichéen. L'État utilisera l'éducation nationale surtout pour confirmer l'identité citoyenne de l'individu, l'industrie privée pour rendre plus performant le travailleur. L'éducation doit aider chacun à devenir une personne à part entière, autonome à tous égards. L'État et le marché doivent chacun offrir ce qu'ils ont de mieux pour permettre le développement de la personne. C'est *ce rapport spécifique* entre l'État et le marché qui est à redéfinir.

CHAPITRE XVI

Décentraliser et non provincialiser

L'État québécois doit modifier sa manière de gérer. Ce n'est pas tant du « moins-État » qu'il faut que du « mieux-État ». Il faut remplacer la gestion verticale du haut vers le bas par une gestion horizontale, plus légère, plus intelligente, mieux intégrée, davantage orientée vers les résultats. Il faut s'éloigner des solutions pensées dans des bureaucraties prisonnières de programmes normés « mur à mur » et d'une approche technocratique ; l'État édifié dans les années 1960 par notre première génération de diplômés a trop souvent privilégié les grandes réformes, l'intelligence stérile des solutions abstraites. Il faut se tourner résolument vers la compréhension pragmatique des problèmes.

L'État-Astérix québécois doit ouvrir trois grands chantiers : celui de ses rapports avec l'entreprise ; celui de la place des régions au Québec vue sous l'angle nécessaire de la décentralisation ; et, enfin, celui du statut de Montréal dans le pays et dans le monde. L'objectif visé doit être de libérer l'énergie et la créativité de tous et chacun partout à travers le territoire. Il y a beaucoup de potentiel.

LES RAPPORTS ENTRE L'ÉTAT ET LES ENTREPRISES

Les entreprises d'un même secteur doivent apprendre à travailler ensemble et à développer la coopération, ce qui permet d'utiles échanges d'information et favorise l'établissement de besoins communs. À l'occasion, ces entreprises peuvent même choisir de répondre collectivement à leurs besoins, par exemple à leurs besoins de formation du personnel, à leurs besoins d'expertise en analyse des marchés extérieurs ou encore à leurs besoins en recherche et développement. Quand une industrie a précisé ses besoins et fixé ses priorités, l'État doit coordonner son action et ses interventions pour que celles-ci soient adaptées à l'industrie : il est révolu le temps où l'entreprise devait s'ajuster tant bien que mal à des programmes universels conçus comme s'il était possible de tout réglementer *a priori*. Dans la mesure, dès lors, où l'État et l'industrie parviennent à rendre opérationnelle une telle politique, un grand pas est franchi sur la voie de la gestion horizontale. Mais bien des ministères, par souci de protéger leur pouvoir plutôt que de le partager, hésitent encore à s'engager sur cette piste. Or, nous sommes dans un monde où le pouvoir, tout comme l'information, doit être partagé pour donner sa pleine mesure. L'ancien ministre québécois de l'industrie Gérald Tremblay avait introduit ici le concept des grappes industrielles, du spécialiste américain du management Michael Porter. Le concept n'a pas levé même s'il avait des mérites. Le ministère du Développement des ressources humaines du Canada a contribué à la mise sur pied de vingt-trois conseils sectoriels où entreprises, syndicats et institutions d'éducation et de formation planifient ensemble les besoins en main-d'œuvre de l'industrie à court, moyen et long terme et prennent les mesures appropriées. Ils fonctionnent, en général, très bien.

Les secteurs industriels doivent également réussir à intégrer l'industrie du Québec à l'économie nord-américaine, voire mondiale. Et les ministères doivent comprendre cette réalité, car — en fait — tous nos secteurs industriels dépassent l'espace économique québécois. Cela inclut non seulement les besoins de marchés extérieurs pour nos entreprises, mais encore les besoins d'alliances stratégiques et de partenariats sur les trois plans de la finance, de la technologie et de la production.

Le secteur de l'aérospatiale, si important pour l'économie de Montréal, est présent tout à la fois au Québec, en Ontario et en Alberta. Et c'est tous ensemble qu'il faut travailler dans ce dynamique secteur d'avenir. D'une façon comparable, le secteur pharmaceutique se trouve à la fois au Québec, en Ontario, en Colombie-Britannique et au Massachusetts. Il en va de même pour l'industrie de l'équipement de transport urbain, établie surtout au Québec et en Ontario et dont les entreprises réussissent de grandes choses à l'échelle du monde pour peu qu'elles coopèrent. Dans ce dernier secteur, nous avons un bon départ avec Bombardier et ses partenaires canadiens UTDC et de Havilland ainsi que ses entreprises d'Irlande et de Belgique.

VERS UNE APPROCHE GLOBALE
DE LA RESPONSABILITÉ SOCIALE

Ici, comme ailleurs en Occident, la mondialisation mène les politiques sociales à un carrefour. Là où d'aucuns voient une menace à l'égard de nos programmes sociaux, je décèle au contraire une occasion incomparable de poser de nouveau la question sociale et d'y apporter une réponse adaptée aux circonstances sans précédent que nous connaissons actuellement.

À l'encontre de ce que trop de gens craignent, la déréglementation et le libre-échange ne conduisent pas fatalement au capitalisme sauvage. Ils peuvent tout aussi bien conduire à de nouvelles manières d'agir. En témoigne l'esprit d'*action volontaire* qui peut s'incarner non seulement dans le bénévolat mais aussi dans des programmes de reconnaissance et de valorisation du sens de la responsabilité sociale dont les entreprises seront appelées à faire preuve.

Nous devons passer de l'ère de la *politique sociale* à l'ère de l'*approche globale de la responsabilité sociale*. Qu'est-ce à dire?

S'il est vrai que l'État et le secteur privé sont deux piliers essentiels du développement économique et social comme on le conçoit habituellement au Canada, il est désormais de plus en plus vrai qu'un autre pilier émerge. L'équation État-marché — plus d'État, moins de marché, ou moins d'État, plus de marché — doit être complétée par l'émergence de la « communauté » où évoluent l'*individu* et le *secteur du bénévolat*. Du moins, la période d'après-déficit dans laquelle nous entrons nous invite à repenser nos orientations à la lumière d'un fait essentiel devenu évident : le développement économique et social de notre pays ne peut plus être l'apanage de l'État. Il ne peut même plus procéder d'un partenariat réunissant seulement l'État et le secteur privé.

Il y a ici de *nouvelles* formes de solidarité sociale à établir entre Canadiens. Fort heureusement d'ailleurs, car de *nouvelles* formes de solidarité sont devenues nécessaires pour s'adapter à la société *nouvelle* qui se construit en ce moment. À la convergence de l'économique et du social correspond donc le renouvellement nécessaire de la solidarité. Or le Québec se trouve particulièrement bien placé pour se doter d'une politique de responsabilité sociale, car il en réunit les principales conditions : un secteur bénévole dynamique et en expansion, un besoin d'engagement des citoyens eux-mêmes pour qui le temps de la passivité et de la confiance aveugle en l'État est bien révolu et, enfin, des entreprises qui prennent de plus en plus d'initiatives dans l'ensemble du domaine de la responsabilité sociale.

L'État ne peut plus, seul, prendre en charge les besoins des citoyens, même si l'on restreint la chose aux besoins urgents. Il lui faut, en conséquence, inscrire son action en matière de responsabilité sociale dans un réseau beaucoup plus étendu d'initiatives de toute origine et de toute nature. En Europe et, de plus en plus, en Amérique du Nord, les entreprises s'inscrivent toujours davantage dans ce mouvement. Et pour cause. Car la valeur économique de la responsabilité sociale est maintenant reconnue : les entreprises savent pertinemment que, pour se différencier de leurs concurrents, elles doivent compter de plus en plus sur des facteurs intangibles, dont — au premier chef — la responsabilité sociale. Cela les aide à la fois à motiver leur personnel et à gagner des parts de marché.

Ce qui se trouve en cause ici, c'est beaucoup plus que l'image de marque de l'entreprise. C'est la réalité même de l'engagement des entreprises à l'égard de valeurs que, pour de très sérieuses raisons, nos concitoyens ne permettent plus qu'on ignore et tolèrent encore moins qu'on bafoue. Si ces valeurs incluent le respect de l'environnement, elles comprennent aussi et surtout le respect des personnes, en particulier des plus démunies, qu'elles le soient en raison de leur âge ou d'une vulnérabilité attribuable à la maladie, à la pauvreté ou à quelque autre cause du même ordre.

LA PLANIFICATION STRATÉGIQUE RÉGIONALE

Les rapports entre l'État et les entreprises demeurent encore trop souvent la chasse gardée de l'administration centrale. Les régions devront se les approprier et leur imprimer, à partir de la réalité locale des entreprises, un mouvement du bas vers le haut contrairement à ce que Québec pratique actuellement en imprimant un mouvement du haut vers le bas. En tant qu'espace *sui generis*, la région reste à inventer au Québec. Et elle doit l'être d'urgence, car elle deviendra bientôt le lieu par excellence d'une nouvelle synthèse du privé et du public où se redéfiniront le lien et la dynamique unissant l'économique et le politique. « Aujourd'hui, ce sont les régions économiques, non les États-nations, qui déterminent le développement mondial[1] ».

Partout à travers le monde, la mondialisation s'accompagne de régionalisation et de subsidiarité, pratique et principe qui invitent à transférer certains pouvoirs et certaines responsabilités au niveau le plus rapproché du citoyen en vue de minimiser les coûts de détermination des besoins et de réduire les coûts de transaction. Chez nous, jusqu'à présent, les rapports entre l'État et les régions ont été principalement, sinon essentiellement, de nature sectorielle : il s'est agi, en règle générale, de rapports entre des ministères centraux et des clientèles spécifiques de citoyens individuels, tels les agriculteurs et les entrepreneurs, ou corporatifs, comme les municipalités. De telles modalités de fonctionnement engendrent inéluctablement un manque de coordination des interventions et mènent fatalement à une dilution de l'effet recherché. C'est pour cette raison que j'avais proposé il y a quelques années de remplacer les sommets socioéconomiques corporatistes par des exercices rigoureux de planification stratégique régionale[2]. Les sommets socioéconomiques ont conduit à une concertation trop polie et trop peu serrée entre les intervenants régionaux. On y a élaboré de longues énumérations de mesures souhaitables, sans ordre de priorité et sans orientation stratégique, ce qui a donné lieu à un saupoudrage inutile de fonds publics devenu de toute façon impossible en raison de la situation délicate des finances de l'État.

Il ne suffit pas de dépenser en région, il faut y investir. Le gouvernement Bourassa avait fait des progrès très importants dans le sens de la planification stratégique régionale. Cet exercice de planification stratégique régionale vise précisément à dépouiller de toute partisanerie le développement régional en forçant les intervenants à faire des choix selon des critères objectifs découlant d'un diagnostic des forces et des faiblesses régionales et d'une analyse de l'environnement. La région peut ainsi investir dans ses forces et désinvestir dans ses faiblesses, qui sont souvent les forces de ses voisins. Chacun investissant dans ses forces, tous se trouvent alors renforcés. La région définit ainsi sa vocation, sa mission et, dans ce cas comme dans celui de l'industrie, l'État progresse sur la voie de la gestion horizontale si, pour ainsi dire, il adapte ses interventions aux besoins du client, en l'occurrence la région, plutôt que de demander à celle-ci de s'adapter aux programmes normés élaborés par les ministères provinciaux. De leur côté, en se regroupant pour faire ce difficile exercice, les intervenants régionaux dépassent leurs stériles chicanes de clocher pour situer leur solidarité à un niveau beaucoup plus élevé. Ils relèvent ainsi le défi de la nouvelle concurrence qui ne vient plus du village d'à côté, mais de la Corée du Sud, du nord de l'Italie, du Tennessee, et qui viendra, plus tôt qu'on ne le croit, de Budapest, en Hongrie, ou de Monterrey, au Mexique.

C'est inexorablement une logique économique qui remplacera, finalement, les logiques politique et administrative. S'il est une chose que la commission Bélanger-Campeau a révélé, c'est bien que les régions sont actuellement plus malheureuses au Québec que le Québec ne l'est au Canada.

Un tel virage devient donc indispensable. Une fois ce virage effectué, mais alors seulement, les entreprises régionales pourront être adroitement mises à contribution, ce qui permettra aux régions de se prendre en main et de jouer dans l'économie du Québec le rôle qui leur revient. Bien faits, ces exercices de planification régionale pourraient éventuellement conduire à l'élaboration de budgets régionaux plus importants. Qui dit budget dit imputabilité : cela entraînerait donc une innovation sur le plan de la démocratie régionale. La décentralisation doit mener à une véritable autonomie. Mieux comprises et adéquatement soutenues, les régions deviendront plus solidaires de Montréal et de son rôle à la fois crucial et irremplaçable.

MONTRÉAL, VILLE NORD-AMÉRICAINE

Dans cette nouvelle configuration, Montréal pourra enfin concentrer ses efforts sur la place particulière qu'elle peut occuper au sommet de la hiérarchie technologique du nouvel ordre économique. Montréal ne peut pas et ne doit pas se contenter de son statut de métropole du Québec. Il faut qu'elle redevienne une grande ville d'Amérique du Nord. Il faut affirmer haut et fort que Montréal n'est pas une région comme une autre.

À cet égard, les plus de quarante pour cent de Québécois de toutes origines qui sont montréalais doivent être considérés comme un atout important contribuant à la personnalité et au dynamisme de Montréal, non comme une anomalie d'un Québec que l'on préférerait homogène. La capitale doit respecter et apprécier cette « différence » montréalaise, peut-être en intégrant dans ses rangs davantage d'effectifs provenant des communautés autres que la communauté francophone afin de mieux comprendre la situation.

L'intégration des « immigrants » de récente ou de longue date doit respecter la tradition canadienne de valorisation des différentes cultures et non viser l'assimilation à l'américaine. Les courants linguistiques qui s'y rencontrent font de Montréal une véritable ville internationale. On peut produire ici, en cinquante langues et en quelques jours, un logiciel conçu par un Québécois. Des centres d'appels nord-américains et mondiaux offrent des services vingt-quatre heures sur vingt-quatre avec des agents parlant des douzaines de langues à des clientèles de partout à travers les espaces commerciaux et industriels[3]. On doit également encourager nos concitoyens à conserver leurs réseaux culturels ou réseaux d'affaires transnationaux et à en faire bénéficier notre économie.

Montréal est la ville internationale par excellence parce que les Mont-réalais ont développé des habitudes d'adaptation aux chocs culturels. Il n'y a pas de tendance à l'homogénéisation à Montréal, ni au cosmopolitisme à l'américaine, et cette mentalité est saine. Il s'agit là d'un réel avantage pour s'adapter à la mondialisation, à ses flux migratoires et à l'accueil des tra-vailleurs spécialisés provenant d'ailleurs et grâce auxquels notre économie, notre société et notre vitalité culturelle peuvent s'alimenter profitablement.

Si le Québec ne veut pas être condamné aux tâches et aux fonctions les moins nobles de la nouvelle répartition mondiale du travail et de la pro-duction, un redéploiement industriel s'impose. Sauf en ce qui touche la production de biens de haute technologie, Montréal ne peut plus, ne doit plus s'engager dans les fonctions de fabrication et d'assemblage.

Avec quatre universités, deux de langue française et deux de langue anglaise, deux grandes Écoles (Polytechnique et HEC) et des hôpitaux uni-versitaires, avec 450 centres de recherche, 200 sociétés de génie-conseil, de multiples laboratoires privés et publics et quelque 1 100 entreprises de sec-teurs de pointe comme l'aéronautique, l'aérospatiale, les télécommunica-tions, les sciences pharmaceutiques et médicales, l'informatique et les sciences de l'information ainsi que la biotechnologie, Montréal possède un bassin de connaissances et des chercheurs qui la placent en amont de la hié-rarchie urbaine. Bilingue et multiethnique, Montréal peut accueillir les scientifiques étrangers dont nous avons besoin pour compléter nos équipes afin de concevoir et de mettre au point de nouvelles technologies et de nou-veaux produits. Montréal dépendra ainsi de moins en moins des rythmes de croissance décidés à Toronto ou à Boston, comme c'est malencon-treusement le cas lorsqu'elle se cantonne dans les fonctions ancillaires de fabrication et d'assemblage. Montréal doit s'engager de plus en plus profondément dans des créneaux clés : les technologies de l'informa-tion, les télécommunications aussi bien terrestres que spatiales, l'aéro-nautique et l'aérospatiale, la biotechnologie, la microélectronique, les in-dustries de l'environnement, entre autres. Les chefs de file de ce virage technologique sont bien connus : Nortel Telecom, AES Data, Micom, SPAR Aérospatiale, Marconi, CAE Électronique, Téléglobe, CGI, DMR, l'Agence spatiale, Bombardier.

Une industrie de pointe dans le secteur des services prend aussi une importance de plus en plus marquée pour la compétitivité d'une écono-mie. Même la compétitivité des manufacturiers dépend toujours davantage des services de gestion qui sont à leur disposition, de l'accessibilité de l'in-formation dont ils ont besoin. Le tertiaire moteur constitue également un créneau de prédilection pour Montréal : l'informatique, l'ingénierie, la gestion, la finance, les assurances, les transports et les communications sont essentiels au virage technologique.

Si Montréal assume pleinement ses responsabilités, il se produira un réaménagement de l'espace québécois et un renouveau de la solidarité entre la métropole du Québec et les régions. La redistribution des activités et des responsabilités aura contribué au renforcement de l'harmonie et de la coopération à l'intérieur du Québec ainsi qu'à la bonification de son image et à l'amélioration de sa capacité concurrentielle à l'extérieur. Sur tous les plans, nous aurons progressé.

L'« APRÈS-QUÉBEC INC. »

La bonne utilisation stratégique d'un capital de plus en plus difficile à attirer se révèle fort utile, sinon indispensable, au rétablissement, au maintien et à l'amélioration de la compétitivité de notre économie. La Caisse de dépôt et placement de l'« après-Québec inc. » doit revoir ses critères et ses stratégies d'investissement. Sensible au développement industriel et régional, elle doit prendre ses décisions en suivant une logique économique et non pas politique. Il ne s'agit plus désormais de jouer le jeu de l'interventionnisme étatique ; en s'internationalisant, la Caisse s'acquittera simplement mieux du deuxième volet de sa mission : l'essor économique du Québec. Car, en investissant de façon judicieuse à l'étranger, la Caisse pourra trouver des partenaires pour les entreprises québécoises et intéresser au Québec d'éventuels investisseurs. Tout en respectant l'Accord de libre-échange, elle pourra notamment investir dans des réseaux de distribution couvrant certaines parties des États-Unis et s'occupant de produits stratégiques susceptibles de contribuer au développement du Québec. Elle pourra aussi investir dans des réseaux présentant un intérêt pour les exportateurs européens, ce qui donnerait enfin un contenu au vieux rêve de faire du Québec une plaque tournante entre l'Europe et l'Amérique du Nord.

Le courage, la lucidité et les choix éclairés des dirigeants politiques et économiques des années 1960 ont permis au Québec de rattraper une bonne partie du retard qu'il accusait alors par rapport à l'Ontario et au reste du continent. Nous avons fait des progrès considérables depuis trente ans : nous avons développé des avantages comparatifs remarquables nous permettant de considérer l'avenir avec optimisme. Une chose reste sûre, néanmoins : l'espace économique et l'espace politique du Québec coïncident de moins en moins. « Québec inc. » ne suffit plus. Et, surtout, nous sommes dans un tout autre monde que celui des années 1960 à 1985. Le monde a changé depuis quarante ans ; il est bouleversé depuis dix ans. Et cela nous oblige à faire une nouvelle Révolution tranquille. La première aura consisté à moderniser une société vieillotte en renouvelant ses réalités internes par la création d'institutions publiques et la mise sur pied d'un État moderne. La prochaine révolution sera celle de l'ouverture du Québec sur le monde, ce sera celle de son intégration dans cette vaste restructuration planétaire qui a déjà commencé. Cette révolution, qui devra tenir compte de la nouvelle géographie économique et industrielle et de la nouvelle culture mondiale, ne nous prendra pas au dépourvu : le Québec a des atouts pour réussir.

UN DOUBLE PARI

Je fais le pari que les composantes de cette seconde Révolution tranquille ne dépendent pas essentiellement d'un renouvellement constitutionnel. Leur mise en œuvre par nos dirigeants politiques et économiques relève de divers arrangements administratifs entre provinces et avec le gouvernement canadien et requiert sans plus un certain nombre de mesures législatives. Ces initiatives sont donc accessibles à nos leaders, s'ils se donnent la peine d'avoir une vision de l'avenir.

Devant cet avenir rempli d'imprévisible, on ne peut se borner à extrapoler à partir des *patterns* d'aujourd'hui et des solutions d'hier. Seul un État et des entreprises de classe mondiale nous permettront d'avoir une société elle-même de classe mondiale dans laquelle les individus libres et autonomes donneront leur pleine mesure.

Et, au-delà de cette révision de la première Révolution tranquille et du passage de l'État-Obélix à l'État-Astérix, la nouvelle Révolution tranquille ne doit pas se contenter de revoir sa modernité, elle doit être résolument postmoderne, permettant au Québec, cette fois-ci, d'ouvrir la marche de l'histoire plutôt que de la fermer.

CHAPITRE XVII

Une Révolution tranquille postmoderne : la puissance du Québec[1]

L'énergie des Québécois et de leurs institutions doit désormais servir à renforcer la société civile et à faciliter son intégration aux réseaux transnationaux, aux alliances stratégiques et aux coalitions culturelles qui se forment rapidement. Et ce, pour que les individus libres et autonomes puissent s'épanouir et donner leur pleine mesure.

La société québécoise montrera sa maturité, son originalité et sa réalité distincte en s'engageant résolument dans une intégration réussie sur le modèle horizontal transnational, qui prend de plus en plus d'importance, plutôt que sur le modèle vertical de l'État-nation, qui devient de plus en plus obsolète. D'autant que la fragmentation des espaces politiques conduit toujours davantage à la fragilisation de l'État et à la domination du marché.

LA SOCIÉTÉ QUÉBÉCOISE ET L'ÉCONOMIE TRANSNATIONALE

Si le Québec a beaucoup tardé à entrer dans la modernité, il y est si bien parvenu, en fin de compte, que les Québécois ont en main toutes les cartes pour devenir une des premières sociétés postmodernes en cette ère de mondialisation. Un tel projet politique pourrait être très rassembleur pour l'ensemble des Québécois et fort stimulant pour les jeunes qui ont envie de s'engager dans des projets individuels et collectifs allant dans le sens de l'avenir. S'il fait les bons choix, le Québec pourrait même devenir un modèle pour beaucoup à travers le monde.

Richard Martineau rappelle ce que disait Bernard-Henri Lévy au cours d'un entretien accordé à *Voir* en novembre 1995 :

> *Toutes les terres de confins sont des terres riches, des terres où l'on réfléchit plus vite qu'ailleurs ; où les intelligences sont extrêmement affûtées, où les cultures non seulement cohabitent, mais se télescopent les unes les autres. Les communautés qui doutent, les communautés fragiles, les communautés qui ont à se mobiliser pour exister sont des communautés où la culture est plus féconde qu'ailleurs*[2].

Et Richard Martineau de poursuivre en affirmant que « le Québec est un laboratoire fascinant » et que « notre société est en quelque sorte le brouillon du monde de demain, [...] la bande-annonce du film à voir[3] ».

Je partage l'intuition de Richard Martineau. Je dirais, pour ma part, que les Québécois peuvent apporter une contribution unique et novatrice au devenir du monde et ainsi influencer le cours de l'histoire. Nous sommes situés au carrefour des grandes tendances de l'avenir et de notre propre destinée. Plusieurs, sinon toutes les sociétés, font face à des défis semblables mais, chez nous, ce débat est déjà fort bien défini : nous sommes avancés dans notre réflexion, ce qui constitue un grand avantage. En ce sens, le débat des trente dernières années autour de l'idée d'indépendance n'aura pas été vain. Mais à condition d'en sortir. Comment ? Par quelle politique ?

En reconnaissant, d'abord, que le monde des États et le monde « multicentré » obéissent à des principes de plus en plus contradictoires : le monde « multicentré », celui qui s'implante maintenant, cherche toujours à s'affranchir du cadre territorial qui entrave son action basée sur des flux transnationaux, alors que le monde des États, celui qui en quelque sorte s'achève, déploie son action sur un territoire dont il fait la marque de son identité et de sa souveraineté. Tout projet politique réellement adapté aux circonstances doit tenir compte de la juxtaposition de ces deux mondes dans lesquels nous évoluons et non seulement du monde des États auquel nous limite le débat actuel, monopolisé depuis trente ans par la question de l'indépendance politique et de la souveraineté juridique verticale.

Je propose de procéder à une nouvelle Révolution tranquille. Cette nouvelle Révolution tranquille devra se libérer de la première et, en particulier, de ses prémisses : notre avenir ne passe pas étroitement par l'État et par la mainmise du gouvernement du Québec sur tous les pouvoirs. Notre avenir ne passe pas par là à la fois parce que les solutions étatiques sont désuètes et ont perdu beaucoup de leur influence en cette ère de frontières poreuses et de flux transnationaux et parce que cet État construit durant les années 1960 doit lui-même s'adapter aux besoins d'aujourd'hui et de demain.

Les Québécois ne pourront cependant jouer leurs cartes avec profit que s'ils acceptent d'entrée de jeu une donnée incontournable : le passage à la société postmoderne ne se fera pas par l'État. *Autant le dire sans détour : la prochaine Révolution tranquille au Québec ne doit surtout pas consister à accentuer la première en renforçant encore davantage l'État québécois.*

Plusieurs observateurs ont remarqué que le nouvel État québécois avait permis à un nouveau clergé de s'installer chez nous durant les années 1960. À tout le moins, je constate que cet État a été édifié sur une base bien particulière et en faisant appel à la culture catholique de sa société.

Chantal Bouchard écrit que « la Réforme, en modifiant profondément la conception de l'État et de son rôle dans l'organisation sociale, transforme les cultures qui s'élaborent autour des diverses formes du protestantisme et les différencie des cultures restées catholiques. Même si les sociétés occidentales se sont considérablement laïcisées au cours du XXᵉ siècle, elles restent profondément marquées, dans leur organisation politique et sociale, par la forme de christianisme qu'elles ont pratiqué pendant des siècles[4]. » Les prochains chapitres s'intéresseront au lien entre les formes de christianisme et le développement économique. Il y a aussi un lien entre les formes de christianisme et les institutions politiques qu'une société se donne. Je crois utile ici de citer de nouveau Chantal Bouchard, qui démontre que l'État issu de la Révolution tranquille reflète la forme catholique du christianisme pratiqué au Québec.

Les rapports entretenus avec la loi, l'État, l'Église et Dieu sont profondément différents pour un catholique et pour un protestant. Pour le catholique, le rapport à Dieu s'établit par la médiation de l'Église, formée d'une structure de pouvoirs hiérarchisés. Le pouvoir temporel, lui, calqué sur l'Église, a tendance à être centralisé et à gérer la société à travers une bureaucratie importante et fortement différenciée. L'État québécois des années 1960 a de toute évidence été très marqué par cette culture découlant de la pratique du catholicisme jusque-là omniprésent au Québec.

Pour le protestant, seule la loi divine est légitime, et le rapport à Dieu doit être direct, sans intermédiaire. Dans ces conditions, « au lieu de renvoyer à une relation de contrainte individuelle, le pouvoir se confond avec la connaissance de la loi et l'obligation pour tous de s'y tenir. Légitime dans la mesure où elle est l'expression des consciences, elle [la loi divine] introduit à une culture et à une pratique du contrôle social, de l'autorégulation de la société civile et d'une étatisation limitée[5]. »

La prochaine Révolution tranquille doit viser à permettre à chaque être humain de s'épanouir… et tenir compte de la montée en importance des réseaux transnationaux. Le Québec deviendra une grande société postmoderne si les Québécois sont en position de résister tant à l'appel du marché réducteur aux rôles étroits de consommation et de production qu'à celui de l'enfermement communautaire ou du repli sur soi.

D'entrée de jeu, j'affirmerai que cette nouvelle Révolution tranquille, comme celle des années 1960, amènera le Québec d'aujourd'hui à changer profondément. Autant la société de 1960 a courageusement marqué la rupture avec son passé, autant notre société actuelle doit créer une nouvelle synthèse et une nouvelle dynamique entre l'intérêt général et l'intérêt particulier. Cette nouvelle synthèse voudra surtout éliminer l'exclusion comme phénomène social ; et cette nouvelle dynamique visera l'épanouissement de chacun dans sa société.

LES FEMMES ET LA NOUVELLE RÉVOLUTION TRANQUILLE

Lise Bissonnette affirme avec raison « que même la Révolution tranquille, dont nous nous croyions partie prenante, avait pensé la modernité sans nous [les femmes][6] ». Il est clair, pour moi, que la contribution des femmes sera nécessaire et salutaire à la création de cette nouvelle Révolution tranquille et de cette nouvelle synthèse, de cette nouvelle dynamique. Déjà, celles-ci se retrouvent, au Québec comme ailleurs dans le monde, au cœur de la mutation des valeurs. Une des raisons en est la constatation que « le réflecteur se déplace — on l'a vu avec la marche du pain et des roses — vers la pauvreté, lieu où les femmes sont surreprésentées[7] ».

Le progrès des femmes est très significatif. À ce chapitre, le Québec a été longtemps « en Amérique du Nord, sous influence cléricale, l'un des endroits les plus rébarbatifs à la progression des femmes, à leur éducation comme à leur arrivée sur le marché du travail, à leur droit de vote comme à leur droit de parole[8] ». Le droit de vote au niveau provincial, on s'en souviendra, ne leur a été accordé qu'en 1940 par le gouvernement d'Adélard Godbout, alors qu'elles votaient déjà au fédéral et que leurs compatriotes des autres provinces votaient également au niveau provincial. L'ensemble du numéro que la revue *Forces* a consacré aux femmes québécoises témoigne des progrès accomplis et des capacités des femmes de contribuer pleinement à la prochaine Révolution tranquille.

La seconde Révolution tranquille sera postmoderne si elle permet aux individus qui appartiennent à des groupes mûrs pour ce faire de participer activement à la recomposition du monde. On vient d'évoquer les femmes et leur souci de combattre l'exclusion et la pauvreté. J'ai déjà précisé que l'expérience des femmes les préparait spécialement bien à faire une contribution non seulement importante mais essentielle à la société postmoderne.

J'ai alors également évoqué deux autres groupes d'individus que leur expérience personnelle et collective amènent à jouer un rôle essentiel dans l'émergence des sociétés modernes : les jeunes et les immigrants. Le Québec peut s'enorgueillir de pouvoir compter là aussi sur des populations très dynamiques et vivantes.

La première Révolution tranquille avait favorisé l'éducation universelle des jeunes. Les efforts ont porté des fruits, notre jeunesse est bien formée et compétente. Les jeunes sont aussi plus avancés sur le chemin de la recomposition personnelle étant donné leur expérience plus variée : ils ont vécu souvent dans des familles reconstituées, nucléaires ou monoparentales ; ou, à tout le moins, ils ont connu plusieurs amis qui vivaient des situations familiales très différentes. De plus, l'accès au marché du travail se faisant plus difficile, ils ont le sentiment d'être près de l'exclusion. Leur contribution à la société postmoderne est également incontournable.

Les immigrants, comme les femmes et comme les jeunes, n'ont pas été acteurs et penseurs de la première Révolution tranquille. Eux aussi, à l'instar des femmes et des jeunes, auront un rôle important à jouer en vue du succès de la Révolution tranquille postmoderne. Et ce, pour trois raisons. À cause de leur expérience personnelle de changement de société, d'abord, car un tel changement les a amenés à vivre intensément une expérience de recomposition de leur vie et donc du monde ; à cause aussi de leur connaissance directe de la mondialisation et de ses flux migratoires, car ils en ont été ; à cause enfin de l'importance, dans ce nouveau contexte, des réseaux transnationaux avec lesquels ils entretiennent des liens privilégiés.

Les Premières Nations ont aussi une expérience particulière d'adaptation de leur culture et de la vie contemporaine en société. Les autochtones ont de plus une longueur d'avance en ce qui a trait aux réseaux horizontaux et transnationaux, en ayant pratiqué un certain nombre depuis très longtemps. En effet, la plupart ignoraient nos frontières politiques et connaissaient des identités transnationales.

Eh bien ! là aussi les Québécois ont l'avantage d'avoir dans leur société des communautés autochtones culturelles et ethniques d'une richesse et d'une diversité qui les aideront en cette ère postmoderne. Au Québec, tous les groupes les plus avancés dans la recomposition de leur vie et donc dans la recomposition du monde sont des groupes de qualité qui se trouvent en bonne position pour faire le grand saut vers le postmodernisme. En voici un signe avant-coureur. Les héros contemporains des Québécois sont carrément des héros « globaux ». Attardons-nous un instant à Céline Dion et à Jacques Villeneuve, deux héros indiscutablement « globaux ». Ces deux vedettes confirment aux Québécois qu'ils peuvent apporter une contribution à la mouvance mondiale, qu'ils ont leur place dans les loges du courant montant. Céline Dion et Jacques Villeneuve confirment également que les « autres » nous accueillent volontiers dans les premières pages de l'histoire contemporaine où nous pouvons même occuper beaucoup de place.

Ce sont des exceptions, dira-t-on… Pourtant, il ne s'agit pas là de cas isolés. Des milliers de Québécois réussissent très bien à s'intégrer à la mondialisation et à en profiter. Du Cirque du Soleil ou du Théâtre des Deux Mondes à Robert Lepage, le metteur en scène, du docteur Jacques Genest en recherche à Laurent Beaudoin dans l'industrie, on ne compte plus le nombre d'organisations et d'individus de chez nous qui s'illustrent partout dans le monde…

Tocqueville et Marx, même s'ils sont arrivés à des conclusions contraires, ont tous deux affirmé la priorité de l'État social sur l'État politique. Pour l'un et l'autre, la démocratie moderne, c'est l'abstraction égalitaire : en définissant l'être humain à partir du citoyen, elle prétend fonder l'égalité qui sert de règle à la constitution de la souveraineté publique et, de façon imaginaire, l'étend à toutes les sphères de l'activité humaine. Marx conclut à l'aliénation de l'individu concret, car la démocratie abstrait le citoyen du bourgeois aussi bien que du prolétaire, et extrait la figure *communautaire* de l'État de l'individualisme *conflictuel* du marché. La mondialisation nous ramène à cette contradiction et nous devons éviter, comme je l'ai déjà signalé, que la chute du mur de Berlin nous conduise à une revanche de Marx. Le Québec pourrait devenir la première société résolument postmoderne. Il nous faut donc surtout rassembler les conditions qui permettent l'épanouissement de la société civile, des communautés et des individus qui, ici comme ailleurs, et peut-être plus qu'ailleurs, sont aux prises avec la crise identitaire.

L'ÉMERGENCE DES RÉGIONS DANS LE MONDE

Une autre caractéristique du nouveau régime mondial tient au fait que ce sont les régions économiques et non plus nécessairement les États-nations qui déterminent le développement mondial. Le Québec postmoderne a, à cet égard, des avantages considérables. Son caractère unique représente un atout social et économique inestimable. Plusieurs régions dans le monde se sont distinguées par leur cohésion interne et leurs performances économiques, bien qu'elles ne disposent pas d'autant de pouvoirs constitutionnels que le Québec dans le cadre du fédéralisme canadien. Le *land* de Bade-Wurtenberg, les régions de Catalogne, de Lombardie et de Rhône-Alpes, pour ne citer que ces endroits, ont établi une coopération dynamique qui en fait les « moteurs de l'Europe ». Ces quatre régions de quatre pays différents sont partenaires dans le développement technologique, les banques de données sur les investissements, la coopération et les échanges dans les domaines de la culture, de l'éducation et de l'enseignement supérieur. Et les chefs des gouvernements *infranationaux* de ces régions se rencontrent régulièrement.

Sous David Peterson, le gouvernement ontarien avait établi une collaboration avec ces quatre moteurs de l'Europe et avec les États américains des Grands Lacs. Le gouvernement néo-démocrate qui lui a succédé n'a malheureusement retenu que quelques initiatives individuelles de cette orientation pourtant ouverte sur l'avenir.

Le Midwest, vieux cœur industriel des États-Unis, martelé par la concurrence étrangère au début des années 1980 et laissé pour mort il y a sept ou huit ans, connaît de nouveau un grand essor. Son économie manufacturière, en Ohio et en Iowa, s'est transformée, passant de sa base traditionnelle liée à l'automobile à de nouveaux produits recherchés dans le monde. Dans cette région, un emploi manufacturier sur six dépend aujourd'hui des exportations, en particulier dans les domaines des semi-conducteurs, des services financiers et des soins de santé. De petites entreprises de technologie de pointe, de logiciels et de biotechnologie ont littéralement poussé autour des différentes universités du Midwest américain. Et le secteur privé ne vit pas ces profondes transformations tout seul. Chaque État de la région combat sa bureaucratie sclérosée et se donne un gouvernement capable de réagir. Tout se ramène là à une question d'attitude. Ces États américains disposent pourtant d'une souveraineté nettement moindre que celle dont jouit le Québec.

Des régions de pays unitaires, comme le pays de Galles en Grande-

Bretagne et la zone Osaka-Kobé au Japon, s'intègrent également aux réseaux transnationaux. Contrairement au Québec, ces régions n'ont pourtant aucune souveraineté juridique.

Pourquoi le Québec, qui peut déjà compter sur une large souveraineté, avec des compétences importantes au sein du régime fédéral canadien, ne s'engage-t-il pas dans une voie comparable ? Car, en fin de compte, au-delà des pouvoirs constitutionnels, ce qu'il faut développer par-dessus tout, c'est une mentalité favorable à l'économie, à la postmodernité et à la tolérance, une mentalité désireuse de tirer profit des occasions actuelles en vue de préparer adéquatement l'avenir plutôt qu'une mentalité préoccupée de modalités constitutionnelles, de « butin » juridique et de symboles de souveraineté.

L'IDENTITÉ VERTICALE OU L'AFFAIBLISSEMENT DE LA SOUVERAINETÉ

Le père de l'Europe contemporaine, Jean Monnet[9], écrivait ceci :

La souveraineté dépérit quand on la fige dans les formes du passé. Pour qu'elle vive, il est nécessaire de la transférer, à mesure que les cadres d'action s'épanouissent, dans un espace plus grand où elle se fusionne avec d'autres appelées à la même évolution. Aucune ne se perd dans ce transfert, toutes se retrouvent au contraire renforcées[10].

C'est manifestement l'expérience qu'ont connue les Québécois dans la fédération canadienne, où ils auront simplement été en avance sur leur temps en partageant leur souveraineté avec leur voisin dès le XIXᵉ siècle. Mais aujourd'hui, il y a davantage. Alors que Monnet parle de souveraineté *verticale* et du besoin d'élargir son cadre d'action sur le plan géographique, donc territorial, notre défi maintenant est de définir la souveraineté, c'est-à-dire la marge de manœuvre réelle sur le plan *horizontal*.

La souveraineté, on le voit donc, doit être redéfinie de façon moins étroitement légaliste que ne le propose le camp qui se dit souverainiste mais qui, au fond, est indépendantiste. La souveraineté, sa capacité d'action, sera ainsi mieux assumée, et le Québec deviendra une société encore plus distincte *dans les faits* que dans la Constitution. Voilà cependant qui implique des changements de cap majeurs.

Opter pour l'indépendance du Québec, ce serait recourir aux moyens d'hier pour régler les problèmes de demain[11]. Ce serait réduire la marge de manœuvre, la souveraineté des Québécois.

En consacrant la rupture des espaces économique et politique, la souveraineté juridique, loin de renforcer l'identité québécoise, l'affaiblirait même tragiquement puisque, justement, elle la réduirait à sa seule dimension québécoise. Partout à travers le monde, les identités se complexifient et les allégeances se multiplient. Les Français, par exemple, sont de plus en plus européens, et chacune de leurs deux identités renforce l'autre.

De la même façon, l'identité québécoise est renforcée par l'identité canadienne, d'autant plus que cette dernière est profondément ancrée dans la tête et dans le cœur des Québécois, qui ont tant fait pour la forger — au grand dam des élites souverainistes. Davantage intégrée à la réalité nord-américaine, cette identité canado-québécoise favorise nombre de nos entreprises et de nos groupes et leur permet de se joindre à des réseaux transnationaux et à des alliances mondiales. Il faut ne rien comprendre à ce qui survient dans le monde actuel pour s'imaginer que la concentration de notre identité dans sa seule « québécitude » la renforcerait. Ce serait, au contraire, en exclure des éléments de richesse, de dynamisme et d'avenir. La force d'une identité, tout de même, tient plus à sa capacité de refléter les réalités d'une société qu'au statut constitutionnel qu'elle se donne : les faits importent davantage que leur expression plus ou moins formelle !

L'IDENTITÉ HORIZONTALE

Revenons un instant à Céline Dion et à Jacques Villeneuve. Tout en refusant de faire de la politique, l'une et l'autre se définissent comme québécois *et* canadiens, sans l'ombre d'un problème. Voilà pour l'identité verticale. Céline Dion ajoute rapidement qu'elle est chanteuse : « Je suis québécoise et canadienne. Je suis une chanteuse. » Voilà pour l'identité horizontale[12].

Le rapport entre identité et altérité mérite ici toute notre attention. La définition de notre identité détermine souvent la nature du rapport que nous pouvons établir avec l'autre. Si l'autre est perçu comme une menace et suscite la méfiance, inévitablement nous préférerons nous retrouver « entre nous » où nous ne risquons pas le questionnement ou la remise en cause. Mais si, au contraire, l'autre devient plutôt une occasion de rencontre et éventuellement de « reconnaissance », il permet d'approfondir notre propre identité et de l'enrichir d'une autre perspective sur le monde et sur la vie, d'un autre point de vue. L'ouverture sur l'autre, dans la confiance, devient en ce sens une condition de réalisation et d'épanouissement.

Manifestement, seule cette deuxième attitude permet à l'individu de devenir une personne à part entière, un sujet véritablement personnel ; or, c'est cela même qui se trouve au cœur de la postmodernité et qui est devenu fondamental en cette ère de flux migratoires et de frontières poreuses. C'est également là la seule attitude qui permette aux membres des sociétés non homogènes — et quelle société est homogène aujourd'hui ? — de vivre ensemble, c'est-à-dire comme *une* société, et différents, c'est-à-dire dans une cohabitation respectueuse de l'altérité.

Il est donc impérieux que le Québec démontre à toutes les personnes qui, à travers le monde, s'interrogent sur son avenir que, s'il est géographiquement une terre de confins, il n'entend pas rester à la périphérie. Au contraire, en devenant une société résolument postmoderne, le Québec doit montrer qu'il entend ouvrir le chemin à tant d'autres qui cherchent leur voie d'avenir.

Bertrand Badie soutient que nous assistons actuellement, dans nos sociétés, à « une régression de l'idée de contrat au profit de liens présentés comme naturels et spontanés, prescrits et innés : la politique est de moins en moins l'affirmation d'une volonté de coexistence avec l'autre, et de plus en plus l'organisation d'une cité de l'identique[13] ». Or, le Canada constitue un espace politique à géométrie variable. En cela, il peut, à mon avis, contribuer à renforcer la communauté politique au cœur même de la crise qu'elle vit en cette fin de siècle à cause de la place immense que prennent désormais l'économie et le marché.

Autant il est impérieux de réinventer *le* politique et *la* politique pour empêcher la dictature du marché et de ses lois dans le domaine de l'économie et du social, autant il faut réinventer *le* politique et *la* politique pour que cette fonction puisse recommencer à faire son travail dans le domaine culturel : si l'on accepte que les liens soient construits en des termes primordiaux basés sur l'instinct plutôt qu'en des termes politiques, les volontés d'accommodement, les compromis, la recherche de la tolérance et de l'équilibre seront de plus en plus difficiles. Émergeront fatalement des ghettos que Badie définit comme tout « espace social d'homogénéité fondé sur des liens primordiaux, monolithiques, non contractuels et exclusifs[14] ». Comment s'étonner, dans un tel contexte, que Badie termine son article en affirmant que cette tendance conduit à la « renaissance de l'intolérance et au refus de l'altérité sur la scène mondiale[15] » ?

Nous, Québécois, à tous égards champions politiques depuis le début de notre histoire, saurons faire une contribution au renforcement et à la réinvention de la fonction politique. Le Québec n'ira pas s'isoler à la périphérie, aux confins nord-est de son continent nord-américain. Il se recréera en une société postmoderne résolument intégrée à la mouvance mondiale.

Arnold Toynbee n'a-t-il pas écrit qu'à la fin de l'histoire il resterait au moins deux peuples : le peuple chinois, à cause de son immense population, et le peuple québécois, à cause de son génie pour la survivance[16]?

CHAPITRE XVIII

Le rouge et le bleu

Il existe, au Québec, deux grands courants que l'on appelle habituellement le courant bleu et le courant rouge. Dans son livre intitulé *Regards sur
le fédéralisme canadien*[1], Claude Ryan a fort bien décrit ces deux courants
qui se sont affrontés durant toute notre histoire politique. Je cite un passage
tiré de son paragraphe de conclusion :

> [...] *il y a plus d'un siècle et demi — c'est-à-dire depuis le temps de Louis-
> Joseph Papineau et de Louis-Hippolyte LaFontaine — que s'opposent au sein
> de la société québécoise deux courants de pensée profondément différents, l'un
> fortement centré sur la protection et l'affirmation des valeurs québécoises,
> l'autre davantage axé sur l'ouverture à des ensembles plus larges et à des
> valeurs qui peuvent nous être communes avec des cultures différentes. Cette
> opposition a connu différentes expressions à travers notre histoire, mais elle a
> toujours été au cœur de nos luttes politiques. Son expression la plus récente fut
> sans doute l'opposition farouche qui exista entre René Lévesque et Pierre
> Elliott Trudeau. Chaque camp a pu souhaiter à un moment ou à un autre
> l'écrasement définitif de l'adversaire. Mais chaque fois, jusqu'à maintenant, le
> peuple québécois, dans sa sagesse souvent déroutante, en a jugé autrement,
> préférant être servi par deux courants qui s'équilibrent et se complètent plutôt
> que d'être tributaire d'un seul. Notre régime fédéral n'a certes pas été étranger
> à ces jeux savants d'équilibre dont l'électorat québécois a le secret en temps
> d'élections et dont les conflits qu'ils engendrent et nourrissent au niveau de*

l'action paraissent souvent nuisibles à l'intérêt général. Mais il n'est pas impossible que soit également tributaire de ce contexte très particulier la vitalité exceptionnelle qui caractérise les débats politiques au Québec.

Je connais bien ces deux tendances, et elles m'inspirent le même respect puisque certains de mes grands-parents appartenaient à l'une alors que certains autres appartenaient à l'autre. Avec une compréhension, en quelque sorte native de ces deux sensibilités, mes ancêtres m'ont également légué un sens inaltérable du respect dû à chacune de ces deux orientations.

Mon choix personnel n'a rien d'ambigu : je me rattache au courant rouge. Mais je sais reconnaître sa valeur au courant bleu. Tiraillé entre l'appel du marché mondial sans règle et le repli communautaire, notre société doit manifestement rechercher une approche nuancée. Tout est ici question d'équilibre à maintenir et de dynamisme à promouvoir.

Le contexte de la mondialisation représente un tel changement qu'il poussera peut-être ces deux courants sociopolitiques à donner le meilleur d'eux-mêmes en vue d'assurer l'avenir des Québécois, à condition que ces derniers n'en retiennent que les éléments les plus sains et les plus modérés. C'est cette synthèse et cette dynamique qui permettraient au Québec de devenir une société postmoderne.

Il est clair cependant que le courant rouge doit être dominant en cette ère de mondialisation et de frontières poreuses. Car le coût des replis communautaires est exorbitant en période de transnationalité où tout va plus vite.

LES REPLIS COMMUNAUTAIRES

Les replis communautaires nous ont déjà coûté assez cher. Ce retard à entrer dans la modernité, ce retard à nous intéresser à l'économie — qui fait l'objet du prochain chapitre — tient beaucoup à la mainmise d'une élite extrêmement conservatrice qui a situé le salut du Canada français dans son isolement.

Certaines citations révélatrices me reviennent en mémoire. Mgr Ignace Bourget, évêque de Montréal, était allé chercher en France, vers 1840, un grand nombre de religieux incapables de s'adapter à l'après-révolution. Ultramontains, ils étaient déterminés à conserver ici les valeurs perdues là-bas. C'est à cette époque que l'on commence à parler de la conquête du Canada par les Anglais plutôt que de la cession du Canada par la France[2].

Le mythe du peuple conquis est né alors. C'est ce même Mgr Bourget qui affirmait que « le bon Dieu préfère la fumée des encensoirs à la fumée des usines ».

Encore aujourd'hui, des gens de ma génération me disent que c'est cette attitude qui a permis notre survie. La terre et les familles très nombreuses. Mais ne voit-on pas que nous avons perdu une portion importante de notre population canadienne-française entre les années 1870 et 1920 au bénéfice des usines du Massachusetts et du New Hampshire, donc d'États américains où notre population canadienne-française a été rapidement assimilée ?

Cette méfiance à l'endroit de l'économie, de l'éducation et du progrès a été longuement entretenue par le courant bleu. Au cours des années 1950, alors que les libéraux de George Marler, puis de Georges-Émile Lapalme, réclamaient la création d'un ministère de l'Éducation au Québec (l'Ontario avait le sien depuis les années 1920), le ministre de la Jeunesse, Antoine Rivard, leur répondait en 1957 : « Nos ancêtres nous ont légué un héritage d'ignorance et de pauvreté. Ce serait les trahir que de faire instruire les nôtres. » Encore une accusation de trahison à l'encontre des libéraux… « Le ciel est bleu, l'enfer est rouge. » C'est décidément une constante regrettable de notre histoire ! Quoi qu'il en soit, il y a surtout dans cette remarque d'Antoine Rivard beaucoup de mépris à l'endroit de notre population. D'ailleurs le premier ministre provincial de l'époque, Maurice Duplessis, le « cheuf », constatant que son ministre était probablement allé trop loin, même si sa remarque reflétait l'action — ou plutôt l'inaction — de son gouvernement, le rappela à l'ordre par son célèbre « Toé, tais-toé ! »…

Il ne faut tout de même pas croire que c'est ce rappel à l'ordre qui valut à Duplessis que René Lévesque sorte sa statue des limbes du Parlement de Québec, un an après la prise du pouvoir par le Parti québécois, en 1977. Que ne faut-il pas faire pour plaire à ses partisans !

On me trouvera sans doute un peu facétieux. Je reconnais qu'il y a moins d'obscurantisme au PQ. Mais de l'Union nationale, l'union de la nation, au Parti québécois, le parti des Québécois, il y a pour moi le même abus, la même imposture : celle de prétendre parler au nom de tous. Or, le Québec n'est pas une société monolithique ; il ne l'est ni par ses opinions ni par sa composition linguistique ou ethnique. J'ai toujours déploré que René Lévesque perde sa bataille contre Gilles Grégoire, du Ralliement national, cofondateur du PQ, pour ce qui est du nom du parti : René Lévesque privilégiait le nom de Parti souveraineté-association. Car le nom même du parti implique que ceux qui ne partagent ni ses politiques ni ses objectifs sont moins « québécois » que les autres[3]. C'est l'exclusion à sa face même. En effet, le point de vue indépendantiste n'est qu'un des points de vue québécois. Et il n'est même pas majoritaire. Pourquoi alors monopoliser l'appellation commune de tous les Québécois et les symboles qui appartiennent à tous les Québécois ?

Au moment de la fondation du Bloc à Ottawa, Lucien Bouchard a commis le même abus flagrant de respect à l'endroit des Québécois en utilisant le même stratagème, la même astuce. Les péquistes et les bloquistes auraient fait preuve d'un sens plus élevé de la démocratie s'ils avaient appelé leur formation *indépendantiste* ou *souverainiste*. À la limite, ils auraient pu la qualifier de nationaliste, ce qui, sans indiquer leur objectif premier de la souveraineté juridique du Québec, aurait au moins eu le mérite de décrire l'idéologie dont ils se rapprochent le plus. Mais cela aurait affaibli le message insidieux destiné à convaincre les Québécois qu'ils sont plus fidèles à leur société en appuyant les souverainistes. Cela nous ramène à l'Union nationale, l'union de la nation.

Cette imposture conduit à un discours public navrant pour les esprits démocrates et libéraux. Le plus récent exemple est celui du « référendum gagnant » qui a émergé au cours de la campagne électorale de 1998. Cette expression, très typique de la logique de M. Bouchard, implique qu'un référendum n'est gagnant que si les péquistes gagnent. Pour le fondateur du Bloc, maintenant chef du Parti québécois, les Québécois gagnent si les péquistes gagnent. Poussé par des questions sur la nécessité d'un référendum gagnant, il ajoute que les Québécois ne pourraient tout de même pas se dire non une troisième fois.

Les Québécois ne se sont jamais dit non, ni à eux-mêmes, ni au Québec. Ils ont majoritairement dit non à l'option péquiste de l'indépendance ou de la souveraineté juridique. Il y a beaucoup de condescendance à l'endroit de la démocratie québécoise lorsque les dirigeants nationalistes en viennent à « accuser » les Québécois de se dire non et de dire non à leur société. Personnellement, comme Québécois, je suis heurté par cette rhétorique d'exclusion. La préférence de l'interdépendance avec les autres Canadiens à l'indépendance est un idéal parfaitement respectable, un choix légitime, d'ailleurs davantage dans le sens de l'histoire contemporaine.

Pour moi, un référendum est gagnant chaque fois que les Québécois s'expriment librement. Il en va de même pour une élection. Pour les partis, une élection signifie toujours la victoire de l'un et la défaite des autres. Sur un autre plan, seule la démocratie est toujours gagnante dans une élection, mais peu importe justement l'issue de l'élection. Les Québécois, du moins la majorité, ont par définition gagné les derniers référendums. Il est malhonnête et méprisant de dire, comme les péquistes sont trop prompts à le faire, que les Québécois se sont dit non. En ce qui me concerne, j'ai la passion du Québec et j'ai trop de considération pour les Québécois pour penser qu'ils se soient jamais dit non. Les Québécois sont simplement capables de plus que ce que les souverainistes proposent. Un autre exemple de ce discours public navrant a amené Lucien Bouchard, en tout début de campagne électorale, à affirmer que « Jean Charest n'aime pas le Québec tel qu'il est en son identité ». Faut-il être péquiste pour aimer le Québec ? Maurice Duplessis aimait-il plus le Québec « en son identité » que Jean Lesage ? Venant d'un premier ministre, une telle affirmation est profondément regrettable, car elle encourage l'exclusion d'un grand nombre de nos concitoyens et elle invite au repli communautaire.

Un parti doit se définir par des politiques, des orientations, une idéologie, non une ethnie. Surtout, lorsqu'il est appelé à former le gouvernement, le parti ne doit pas se contenter de ne refléter que les vues et les intérêts des personnes qui appartiennent à la majorité de la population.

LES CONSENSUS QUÉBÉCOIS

Au Québec, on aime beaucoup parler de consensus. Cette prédilection pour les consensus relève de cette même tendance à vouloir former un tout, se fondre en un tout. « Mais il y a consensus là dessus, au Québec » est l'argument massue qui cherche à mettre fin à toute discussion. Indépendamment des relents de corporatisme ou d'intimidation qui ont pu conduire à un certain consensus, la vraie mesure d'une démocratie ne tient pas à sa capacité d'établir des consensus, mais à la façon dont ceux qui participent aux consensus traitent ceux qui n'y adhèrent pas.

Tocqueville écrivait que « toute majorité a tendance à être tyrannique[4] ». C'est la raison pour laquelle je tends systématiquement à me ranger du côté de la minorité ou de l'individu. C'est ma conception de la démocratie, une conception libérale. Ce n'est pas nécessairement cette forme de démocratie qui gagne du terrain dans le monde[5]. Mais s'agissant de mon pays et de ma société, j'aspire au meilleur niveau de démocratie, c'est-à-dire à un système politique qui, au-delà d'élections libres et justes, repose sur la règle de droit, la séparation des pouvoirs, la protection des libertés d'expression, de réunion, de religion et de propriété. Ces libertés qui relèvent du constitutionnalisme libéral sont conceptuellement et historiquement distinctes de la démocratie.

LE CANADA ET LES MAJORITÉS SINGULIÈRE ET PLURIELLE

La majorité demeure une règle décisionnelle fondamentale en démocratie. Mais la fonction politique peut chercher à construire ces majorités très différemment. Là aussi les courants rouge et bleu se distinguent nettement.

Certains partis politiques tentent de construire une majorité que, faute d'un meilleur terme, j'appelle singulière dans le sens que celle-ci se conjugue au singulier : ils s'intéressent à une majorité existante sur un territoire donné et l'invitent, l'incitent même à s'affirmer, à prendre sa place, toute la place qui lui revient. Leur discours flatte les groupes majoritaires et les pousse à devenir encore davantage « eux-mêmes », c'est-à-dire... à imposer leur majorité aux autres ! C'est le cas du Parti de la Réforme aussi bien établi en Alberta que le PQ au Québec en dehors de Montréal. Le discours mobilisateur sera plus émotif et s'adressera davantage aux passions. Il suscitera plus facilement la ferveur, sinon la fièvre.

D'autres partis politiques cherchent à construire des majorités que, par commodité, j'appelle plurielles : ils tentent de rassembler plusieurs groupes minoritaires en une majorité. Leur discours sera non pas un discours d'affirmation, mais de respect de l'autre, de valeurs communes aux uns et aux autres par-delà les différences. C'est certainement là un projet politique plus exigeant, un exercice plus complexe. Ici, le discours mobilisateur sera inévitablement plus rationnel et s'adressera davantage à la tête.

Il est clair que, pour moi dont le projet politique en cette ère de mondialisation vise à pouvoir vivre « égal et différent », pour reprendre le sous-titre du livre d'Alain Touraine, une majorité plurielle sera toujours préférable à une majorité singulière.

Ces deux courants plongent donc des racines profondes dans notre terreau historique. Les deux sont essentiels dans une société comme la nôtre. Plus encore : je crois que l'un des plus remarquables succès du Canada tient précisément au fait qu'il permet la coexistence de ces deux courants. Ce pays permettait à mes deux grands-pères d'être heureux : enfant pendant les années 1950, j'appréciais les mérites de pouvoir être bleu à Québec et rouge à Ottawa. Chacun de mes grands-pères avait la satisfaction d'être au pouvoir, ici ou là[6]. Je crois aujourd'hui important de permettre au courant rouge de dominer au Québec.

À mon sens, le courant rouge doit maintenant avoir la préséance, d'autant que le courant bleu est monopolisé depuis trente ans par la promotion du souverainisme, ce qui entraînerait l'élimination de l'exutoire et du champ d'action que représente le pays canadien pour les acteurs du courant rouge. En contrepartie, les indépendantistes offrent aux libéraux l'alternance des deux courants exclusivement dans l'exercice du pouvoir à Québec.

Et c'est là que le bât blesse! La question de l'indépendance divise les Québécois sur un enjeu stratégique, et non le moindre. Cet enjeu, en effet, provoque une rupture par rapport aux longs débats que nous avons connus au cours de notre histoire entre les deux courants en ce qui touche le pays canadien, «l'un centré sur la conservation et l'enrichissement au Québec même de nos valeurs, l'autre centré sur l'acceptation loyale du pari que représente la participation à un ensemble économique et politique plus large[7]». En effet, la ligne de partage actuelle étant essentiellement tirée en fonction de l'attitude des uns et des autres à l'égard de l'État-nation, on ne peut plus faire un heureux dosage des deux tendances et espérer faire progresser le Québec. Le souverainisme divise les Québécois comme jamais, car les gestes accomplis ont des conséquences qui vont bien au-delà du gouvernement des quatre prochaines années : ce qui est en cause, c'est le pays et, avec lui, le cadre d'action, les institutions, le lieu de rencontre politique des Québécois pour des générations.

Or, une divergence en un domaine aussi stratégique que celui de l'indépendance ne peut aller sans conséquence puisque, comme je l'ai déjà signalé, l'originalité même du Canada tient en large partie à son refus de l'État-nation traditionnel dominé par *une* langue, *une* religion, *une* culture. Par comparaison avec le projet souverainiste, la mosaïque canadienne qui résulte d'un tel refus comporte, pour les minorités ethniques, une garantie de respect. À considérer les choses sous cet éclairage, il n'y a donc rien d'étonnant à ce que le Canada constitue *le* choix des communautés ethniques du Québec. Le caractère accommodant de la conception canadienne et son côté exaltant en raison du défi inhérent à sa pluriethnicité offrent en effet aux minorités ethniques une « sécurité » que l'État-nation conventionnel n'est tout simplement pas en mesure de leur procurer. Derrière ce choix des minorités ethniques se profile un jugement selon moi terrible pour les souverainistes. Qu'ont-ils à répondre sur ce point ?

UN ÉQUILIBRE UNIQUE ENTRE RESSEMBLANCES ET DIFFÉRENCES

Le Québec, au dire des péquistes, ne peut devenir « normal » que s'il s'engage dans la voie de la souveraineté, étant sous-entendu qu'un peuple normal se dote toujours d'un État-nation et que le Québec doit devenir normal à l'instar des autres. Mais, justement, les autres pays, dans la plupart des cas, ne gèrent pas aussi bien que le Canada le dilemme que posent des citoyens désireux de vivre à la fois *ensemble* et *différents,* c'est-à-dire soucieux d'afficher aussi bien leurs traits communs que leurs caractères distinctifs. Jugé à cette aune, le Canada constitue un succès à l'échelle de la planète et un modèle dont le monde des années 2000 aura un vif besoin en raison même de l'évolution de nos sociétés, de nos cultures et de toutes leurs composantes.

Qu'on me comprenne bien ici : je ne prétends absolument pas que les Québécois soient moins tolérants que les autres Canadiens. Montréal me paraît, au contraire, la preuve vivante de notre capacité de cohabitation avec les différences de toute nature incarnées par nos concitoyens d'origines fort diverses, qu'il s'agisse d'origines récentes ou lointaines. Et l'immigration moins nombreuse en région se dit généralement très bien accueillie partout sur le territoire du Québec. Je crois d'ailleurs que les meilleures majorités sont celles qui font également l'expérience d'être aussi des minorités. Les Québécois connaissent intimement les deux réalités de majorité et de minorité. Simplement, je suis d'opinion que l'équilibre atteint sous ce rapport par le Canada constitue une exception, et une exception au sens le plus fort du mot : un fait rare qui repose lui-même sur un dosage à peu près sans précédent de participation à des valeurs communes *et* de respect des différences dans des limites compatibles avec les valeurs partagées. Or un État-nation soucieux de « normalité » devrait presque fatalement se doter d'institutions qui briseraient des équilibres aussi délicats. En somme, le modèle déjà ancien de la souveraineté de l'État-nation ne permet plus de répondre au défi tout neuf que représente le degré inouï de brassage socioculturel mondial auquel nous assistons actuellement[8].

Manifestement, l'équilibre atteint par le Québec dans le pays canadien le prépare fort bien au passage à la postmodernité où le Québec pourrait exceller. Ce projet politique pourrait d'ailleurs recevoir l'appui de plus des trois quarts des Québécois, certainement au moins d'une très large majorité d'entre eux et d'une majorité bien plurielle. Nous sommes loin du débat sur la validité du 50 % plus une voix. Ayons de l'ambition.

La souveraineté, ce serait non seulement une victoire du courant bleu pour *un* mandat. Ce serait son institutionnalisation en *un seul* pouvoir central fort exclusivement exercé à Québec sans possibilité de contrepoids à Ottawa. Pour les régions qui veulent plus de pouvoirs et de responsabilités, ce serait une victoire à la Pyrrhus, car ce pouvoir, peu enclin à la décentralisation, serait porté à ne guère tenir compte des données propres à chaque région. La situation particulière de Montréal, joyau parmi les villes nord-américaines, requiert, qu'on l'admette ou non, beaucoup de doigté et de souplesse.

DÉCENTRALISER N'EST PAS PROVINCIALISER

Régulièrement à travers le Québec, les gens des régions, de toutes allégeances politiques, me disent qu'ils aiment mieux faire affaire avec l'administration fédérale qu'avec l'administration provinciale. L'exemple des deux ministères du Revenu est notoire. Mais il y a plus, et le phénomène est généralisé : en effet, on apprécie énormément que l'administration fédérale laisse un pouvoir décisionnel beaucoup plus élevé à ses fonctionnaires en région que l'administration provinciale très centralisée à Québec.

Le dossier de la main-d'œuvre est révélateur à cet égard. Le bureau régional de Chicoutimi, par exemple, pouvait prendre des engagements à hauteur de 350 000 dollars avant de devoir consulter le ministère du Développement des ressources humaines du Canada à Hull. Avant l'accord sur la main-d'œuvre, les bureaux provinciaux en région ne pouvaient prendre des décisions qu'à hauteur de 5 000 dollars. Ce qui veut dire que les engagements fédéraux étaient plus largement pris en région par des fonctionnaires qui connaissaient les intervenants locaux alors que les engagements provinciaux étaient pris par une bureaucratie lointaine à Québec qui ne connaissait peut-être pas du tout la région. Ce qui veut dire aussi, pour les gens de la région, que des décisions importantes, dans un secteur névralgique comme la main-d'œuvre, leur échappait avec le transfert du fédéral au provincial. Ce qui veut dire enfin que, pour les régions, tout transfert à la province ne signifie pas nécessairement « décentralisation ». Au contraire, un tel transfert peut signifier « centralisation[9] ». Heureusement, avec le transfert des responsabilités, des budgets et de mille fonctionnaires, Québec a adopté une partie de la culture fédérale et a modifié ses normes pour y introduire de la souplesse au chapitre du pouvoir décisionnel.

D'ailleurs, c'est un fait que la personnalité propre du Québec a été beaucoup mieux traitée à l'intérieur du pays canadien que celle de Montréal ne l'a été à l'intérieur du Québec. C'est un fait aussi que le fédéralisme canadien a su faire, au profit du Québec dont l'épanouissement a porté et continue de porter d'admirables fruits, beaucoup plus d'exceptions que le Québec lui-même n'en a consenti au bénéfice de Montréal dont le caractère distinct appelle pourtant des mesures adaptées. En 1976, le PQ ne s'est-il pas fait élire avec ce slogan inlassablement répété : « Montréal : une région comme les autres » ? Je pense qu'on pourrait dire la même chose de chaque région du Québec dont le système politique n'a pas su refléter les caractéristiques propres et les différences ou s'y adapter. Quel aveuglement !

Les souverainistes ont bien sûr le droit de proposer leur vision des choses. Il importe cependant de souligner que le fédéralisme canadien a su créer, entre les courants bleu et rouge, un équilibre qui tienne compte vraiment de l'un et de l'autre : il a su préserver la communauté de valeurs si chère aux Canadiens et respecter *en même temps* les traits propres du Québec, il a su faire place à la *protection* de la langue française et *en même temps* qu'à la *promotion* de la culture, de l'industrie et de l'économie québécoises. Avant d'étoffer davantage cette dernière assertion, il faut insister sur deux faits cruciaux.

LA SOCIÉTÉ POSTMODERNE ET LE BESOIN DE PROTECTION

D'abord, quoi qu'on en dise, le projet péquiste, la souveraineté, engendre par définition la rupture de l'équilibre entre les deux grands courants rouge et bleu. Ensuite, et de façon éminemment intempestive, cette rupture surviendrait au moment même où la mondialisation fournit une occasion historique de réconciliation entre ces deux tendances à maints égards contradictoires, puisque l'une est essentiellement orientée vers la protection par opposition à l'autre qui est fondamentalement tournée vers la promotion. Vue d'un certain angle, la mondialisation est effectivement propice à la conciliation de ces deux préoccupations puisqu'elle permettrait au Québec *simultanément* d'affirmer sa personnalité *et* de maintenir son ouverture sur le progrès sous toutes ses formes, c'est-à-dire de devenir l'une des premières sociétés postmodernes, une société capable d'assurer sa protection *et* sa promotion parce qu'elle sait que *la première ne peut aller sans la seconde*.

Or, dans le contexte canadien, les Québécois peuvent assumer leur besoin de protection d'une façon remarquable. Avec la loi 101 par exemple, le gouvernement du Québec protège explicitement la langue française. Et, contrairement aux préjugés trop souvent reçus sans analyse critique, le jugement fameux de la Cour suprême du Canada n'affaiblit pas la portée de cette loi là où elle compte réellement ; bien plutôt, il en aplanit les aspérités, la rendant ainsi acceptable sur le plan international et la dédouanant de ce fait auprès de l'ONU, de l'UNESCO et de nombreux autres organismes à vocation mondiale qui s'intéressent aux droits de la personne.

De plus, au-delà de la protection légale du français, les Québécois ont bénéficié, et continuent de bénéficier, de la protection géo-démographique que leur procurent les tampons de communautés francophones situées aux frontières canadiennes du Québec, tant du côté de l'Acadie au Nouveau-Brunswick que du côté de l'Outaouais et du nord de l'Ontario. La comparaison entre le sort fait aux francophones qui ont émigré aux États-Unis au début du siècle pour travailler dans les usines de la Nouvelle-Angleterre et le sort fait aux francophones qui sont demeurés au Canada parle d'elle-même. Il a suffi d'une ou deux générations pour que nos compatriotes partis pour les États-Unis perdent complètement leur langue française. Par contraste, le pays canadien a fait preuve d'une capacité réelle de protection du français dans le contexte nord-américain : malgré certaines résistances, nos compatriotes québécois ont pu conserver leur identité lorsqu'ils sont allés ailleurs au Canada, contrairement à ceux qui sont allés chez nos voisins du Sud. Et cela, sans parler de l'épanouissement admirable et fécond du fait français au Québec, donc à l'intérieur même des frontières d'un Canada qui, loin d'interdire aux Québécois de se protéger s'ils en éprouvent le besoin, leur fournit un appui irremplaçable lorsqu'il s'agit de promouvoir le Québec.

LA SOCIÉTÉ POSTMODERNE ET LE BESOIN DE PROMOTION

Car le pays canadien fait la promotion du Québec depuis ses tout débuts, depuis qu'ont été rejetés les projets d'assimilation concoctés par certains. Que le français soit protégé, voilà qui est bien ! Que la culture québécoise dans son ensemble fasse l'objet d'un soutien durable et d'une promotion active n'est certes pas moins bien ! Or de nombreuses institutions fédérales ont rempli avec efficacité une telle mission : la Société Radio-Canada, l'Office national du film, Téléfilm Canada, le Conseil des Arts du Canada et le ministère des Affaires étrangères dont les bourses ont permis à tant de Québécois de parcourir le monde aussi bien pour étudier et se perfectionner que pour se produire et s'exprimer. Tous reconnaîtront que plusieurs de ces institutions essentielles au développement de la culture québécoise d'expression française ont été mises sur pied par des Canadiens dont plusieurs étaient québécois, à une époque où le courant bleu dominé par Duplessis était anti-intellectuel et méprisait la culture. Elles ont fourni l'oxygène indispensable à une époque où l'air se faisait rare. À cette époque stratégique, et il en reste des effets très importants, le fédéralisme a joué un rôle essentiel dans le développement de la culture au Québec.

La promotion des intérêts des Québécois par le gouvernement canadien ne s'arrête cependant pas à la sphère culturelle. Le Canada a établi divers réseaux à travers le monde, notamment pour aider les entreprises. Le Canada participe aussi aux activités de nombreux organismes et regroupements, formels ou informels, dont le maillage profite aux Québécois comme à tous les autres Canadiens. Les expériences récentes et concluantes d'Équipe Canada en donnent une illustration indiscutable : il suffit de penser aux retombées économiques de ces voyages pour en apprécier la valeur[10] !

LE MODÈLE CANADIEN

Tout compte fait, le double besoin de protection et de promotion du Québec est magnifiquement pris en charge dans un Canada qui sert de plus en plus de modèle aux autres pays. Le fédéralisme canadien doit évidemment se moderniser. Il doit, par exemple, accorder et même favoriser, là où tous y gagnent, une plus grande autonomie régionale, ce qui à bon droit conservera au Québec son pouvoir de se protéger. Mais il doit tout autant renforcer la coopération d'un océan à l'autre, en particulier la coopération économique, puisqu'il s'agit là d'une condition *sine qua non* de compétitivité. Si les deux grands courants — le rouge et le bleu — sont essentiels dans une société comme la société québécoise, le fédéralisme canadien avec ses deux niveaux de gouvernement constitue une formule exceptionnellement avantageuse pour en permettre la cohabitation. Ces deux tendances existent au Canada et, au Québec, elles sont extrêmement fortes. Chacune peut apporter une contribution déterminante à l'épanouissement de la collectivité et des individus. Notre pays doit être capable de les refléter.

Mieux encore : il faut harmoniser ces deux tendances pour qu'il devienne enfin possible de produire tout ce dont nous nous savons capables. D'une façon ou d'une autre, chacun d'entre nous tirera profit de cette situation nouvelle et, surtout, en cette ère de mondialisation, nous apporterons ainsi à l'ensemble du monde une contribution que nos avantages comparatifs nous imposent le devoir moral d'effectuer.

CHAPITRE XIX

Confiance et méfiance au Québec[1]

Si le Québec est entré en retard dans la modernité politique, on constate également que l'économie moderne du Québec dans son ensemble s'est développée tardivement. Bien sûr, le Montréal britannique, c'est-à-dire anglais et écossais, surtout protestant donc, a constitué la première base industrielle du Canada. Mais, depuis 1960, la collectivité francophone du Québec a réussi à combler en grande partie son retard sur les collectivités voisines de plusieurs régions d'Amérique du Nord, dont l'Ontario. On a vu combien la Révolution tranquille a contribué à ce développement, à la fois en changeant les mentalités par rapport à la chose économique et en mettant au point des outils dignes d'un État moderne, tels la Caisse de dépôt et placement et Hydro-Québec.

Ce ne sont donc pas les facteurs traditionnels du travail et du capital qui expliquent ce retard. C'est plutôt l'absence, jusqu'alors, d'une mentalité collective favorable à la chose économique. Pendant des générations effectivement, chez nous comme dans la plupart des sociétés catholiques, surtout les ultramontaines, l'industrie, les affaires et le commerce furent franchement méprisés par les élites québécoises de langue française. Celles-ci, on l'a assez répété, encourageaient la grande majorité de nos ancêtres à vivre sur la terre et réservaient à quelques-uns d'entre eux seulement l'exercice des professions libérales ou du sacerdoce. Et on laissait la finance, l'industrie et le commerce aux autres, aux Britanniques et bientôt aux Juifs qui arrivaient d'Europe centrale et qui, refusés dans nos écoles, ont rejoint les rangs de la communauté de langue anglaise. Les Steinberg à Montréal et les Pollack à Québec en représentent d'excellents exemples.

Si l'on revient au rapport entre confiance et développement, le dossier historique du Québec est clair : la mentalité collective à l'égard de la chose économique a longtemps été empreinte de méfiance. Son avenir est cependant moins évident : les deux mentalités, la confiance et la méfiance, se trouvent en réelle concurrence, même si la confiance a nettement gagné du terrain depuis quarante ans.

Revenons sur le passé avant de nous intéresser à l'avenir. Le Québec dans son ensemble a longtemps été, pour reprendre brièvement l'analyse de Fukuyama, une société à faible niveau de confiance, c'est-à-dire une société où les regroupements spontanés, hors la famille, étaient peu nombreux. Sans une aide importante de l'État, les entreprises de type familial ne peuvent guère s'en sortir. Ainsi, combien d'entreprises québécoises n'ont pas survécu à la deuxième génération ? Manifestement l'entrepreneur-fondateur, n'ayant pas voulu élargir l'actionnariat à l'extérieur de la famille, aura limité à sa seule progéniture la responsabilité de poursuivre son œuvre. Et celle-ci, n'ayant pas toujours son talent, son énergie ou ses intérêts, fera faillite.

Profitons-en ici pour approfondir la thèse de Peyrefitte évoquée plus haut. Rejetant les arguments théologiques de Weber, celui-ci s'attarde surtout à l'influence de l'Église sur les mentalités et dans les affaires temporelles. Le développement humain, qui demeure l'exception dans le monde, est d'abord apparu en Europe du Sud, dans cette partie de l'Europe donc qui allait demeurer catholique. Par où l'on voit qu'il n'y a aucune incompatibilité fondamentale entre catholicité et développement. Mais il reste que l'essor du capitalisme a surtout été le fait des sociétés d'Europe du Nord, puis des États-Unis, c'est-à-dire des sociétés protestantes. Pourquoi ? Essentiellement à cause du rôle laissé à l'initiative individuelle. Au concile de Trente, on a vu l'Église catholique se crisper pour se défendre contre les assauts des Réformes luthérienne et calviniste. Elle s'est placée sur la défensive avant de lancer sa contre-offensive[2].

LE CONCILE DE TRENTE CONDAMNE LA CONFIANCE

Le concile de Trente, le premier concile qui a suivi le grand schisme de la chrétienté occidentale au XVIe siècle, raidit plusieurs traits de l'enseignement économique et social catholique, de ses dogmes, de son organisation, de sa culture. Les tabous du profit et de l'usure, le refus de la nouveauté et de la modernité, la prétention au monopole de la vérité et la méfiance envers la liberté individuelle seront essentielles à la doctrine de Rome jusqu'à Jean XXIII et au concile du Vatican II. Cherchant à se démarquer des Réformes, l'Église, lors du concile de Trente, condamna sévèrement la « confiance », élément central de la doctrine des nouvelles églises et ingrédient fondamental du développement économique : elle n'y vit qu'orgueil et outrecuidance. Peyrefitte s'amuse à reprendre positivement les formules du concile : « Cet homme est dangereux, qui se fie à ses propres lumières, qui s'appuie sur son propre pouvoir de prévision, qui agit dans la confiance en soi et non dans la soumission à une autorité extérieure[3]. »

La Révolution française de 1789 entraînera un nouveau durcissement de la part de l'Église. Cette Révolution ayant été faite sous le drapeau de la liberté, Rome retrouvera sa vigueur en se donnant une nouvelle mission : combattre cette liberté. La Révolution poussant au maximum une demande de souveraineté pour le pouvoir politique, Rome exigera en contrepartie le droit pour l'Église de diriger spirituellement la société. Le pape exercera de nouveau son magistère dans une Église de plus en plus ultramontaine et qui se serrera autour de son chef. L'Église du XIXe siècle connaîtra ainsi un siècle rude où elle comptera plus de défaites que de victoires. Son enseignement cherchera à résister le plus possible aux conditions du monde moderne[4].

Un siècle après la Révolution française, en 1888, Léon XIII commence à corriger le tir. Il présente l'Église catholique comme l'adversaire du libéralisme, mais non plus de la liberté. Rappelant la mission libératrice de Jésus-Christ, Léon XIII présente même l'Église comme gardienne de la liberté. La liberté des « libéraux » modernes ne suppose pas cette nécessité d'obéir à une règle suprême et éternelle, elle usurpe donc le nom même de liberté, et les libéraux, « à l'exemple de Lucifer, de qui est ce mot criminel : "je ne servirai pas", entendent par le nom de liberté ce qui n'est qu'une pure et absurde licence[5] ».

Rerum novarum, en 1891, dénoncera une nouvelle fois le mal libéral et écartera le remède socialiste en récusant la propriété collective. Léon XIII cherche ici à asseoir solidement « la propriété privée et personnelle » en tant que « droit naturel[6] », puis regrette la disparition des corporations, blâme le prêt à intérêt[7] et dénonce l'inhumanité de la concurrence. Ce sont là les maux engendrés par le libéralisme, cette soif d'agitation fiévreuse et funeste. Tout en étendant le caractère de droit naturel à la propriété immobilière et mobilière, Léon XIII professe une nostalgie de l'économie rurale, du travailleur penché sur sa terre :

Ce champ remué avec art par la main du cultivateur a changé complètement de nature : il était sauvage, le voilà défriché ; d'infécond, il est devenu fertile ; ce qui l'a rendu meilleur est inhérent au sol et se confond tellement avec lui, qu'il serait impossible de l'en séparer[8].

Historiquement, le clergé d'ici, alors qu'il œuvrait sans compétition idéologique de la classe marchande et administrative, s'est donné comme mission de protéger ses ouailles contre ses ennemis : contre la menace protestante, à partir de 1763, ce qui l'a amené à dénoncer aussi la confiance ; puis, contre la menace libérale à la suite de la Révolution française[9]. Comme nous l'avons vu plus haut, le clergé actif au Québec à partir de 1840 a suivi Mgr Bourget, qui faisait précisément partie du clergé catholique le plus dur en matière de valeurs. Celui-ci était particulièrement vigilant lorsqu'il s'agissait d'appliquer la doctrine intégrale de l'Église de cette époque. Il était rigoriste à l'extrême : janséniste sur le plan moral et ultramontain sur le plan institutionnel. L'épopée de Mgr Bourget contre l'Institut canadien et contre les libéraux relève de cette croisade universelle.

« Au XIXe siècle, la société canadienne-française connaît, à l'instar de l'Europe catholique, la révolte des intellectuels libéraux contre l'orthodoxie rigoureuse de l'ultramontanisme[10]. » Les libéraux cherchent à réaliser la séparation entre les affaires de l'Église et les affaires de l'État. L'ultramontanisme — dont l'origine du nom signifie littéralement « ce qui est au-delà des montagnes (les Alpes) et qui veut imposer des doctrines et des positions favorables à l'Église de Rome » — est, ici comme ailleurs, marqué d'un esprit réactionnaire facilement hostile au monde moderne. Les ultramontains refusent cette séparation de l'Église et de l'État.

Mgr BOURGET CONTRE LES ROUGES

Les rouges, encouragés par la vague libérale d'Europe et notamment par les révolutions de 1848, se regroupent dans l'Institut canadien. Ils assemblent une bibliothèque, publient quelques journaux et ont l'appui d'une minorité de Canadiens français. Leur principal adversaire, Mgr Bourget, rêve de faire de sa ville épiscopale une petite Rome et de son Église une Église canadienne bien organisée et prestigieuse. Celle-ci est souvent prête à utiliser l'excommunication, comme on l'a vu dans l'affaire Guibord, où l'Église a refusé à Joseph Guibord la sépulture au cimetière catholique Côte-des-Neiges en raison de son appartenance à l'Institut canadien. Mgr Bourget est soutenu par la plupart des leaders politiques du Canada français et par Rome, du moins jusqu'à ce que les excès deviennent si exagérés que le conseil privé et même Rome ramènent les ultramontains à l'ordre.

Toutefois, ils ont obtenu en 1875 la suppression du ministère de l'Instruction publique qui avait existé depuis l'administration LaFontaine-Baldwin et dans le premier gouvernement du Québec après la Confédération de 1867. Spécialiste en éducation et encore surintendant de l'Instruction publique, le premier ministre Pierre-Joseph-Olivier Chauveau avait créé, dès le début de son gouvernement, un ministère de l'Instruction publique dont il était le titulaire[11]. Il faudra attendre près d'un siècle avant que les Canadiens français ne se donnent à nouveau un ministère de l'Éducation et renoncent à leur système de valeurs traditionnelles[12].

Nous avons vu précédemment que le Québec entretenait une méfiance profonde à l'endroit de l'industrie, de l'économie, du progrès et de l'éducation. Nous comprenons ici pourquoi cette méfiance était à ce point viscérale. La confiance des libéraux, si essentielle au développement de la société, était ramenée à un orgueil mal placé tandis que la liberté était réduite à une absurde licence.

Rerum novarum commence cependant à évoquer le recours aux moyens humains, à définir le rôle de l'État, du patron, de l'ouvrier. Pour ce qui est de l'État, il s'agit d'un rapprochement. L'Église lui a d'abord beaucoup résisté, ayant vu le champ de la décision politique s'élargir considérablement à ses dépens. L'encyclique multiplie les propositions concrètes sur les institutions caritatives, les sociétés de secours mutuel, de bienfaisance et d'assistance fraternelle, les syndicats chrétiens. Donc, on y trouve un début de pensée sociale pour l'organisation de *ce* monde, quoiqu'on y perçoive toujours une invitation à renoncer aux biens de ce monde. Le travail est une expiation, la richesse et la pauvreté sont toutes deux des épreuves. Richesse ou pauvreté, d'ailleurs : n'importe. Seul l'usage déterminera les mérites pour l'autre vie, la seule véritable[13]. « Le premier principe à mettre en avant, c'est que l'homme doit prendre en patience sa condition[14]. » Historiquement, le Québec a été essentiellement dominé par ce courant de pensée, nourrissant la méfiance et condamnant les libéraux. Ici comme ailleurs cependant, il y a toujours eu une bonne place pour la confiance et les idées libérales.

En pratique, l'*éthos* d'une société donnée — comme l'*éthos* des personnes — n'est jamais pur. Confiance et méfiance se disputent le cœur et la tête, les réflexes et la raison de chacun d'entre nous, et de chaque société. Mais la confiance comme la méfiance ont en elles un principe dynamique ;

dans l'action, l'une l'emporte sur l'autre[15]. La question est de savoir lequel de ces principes, confiance ou méfiance, est dominant.

Gaulliste de longue date, peu suspect d'antipathie envers les nationalismes francophones, dont celui des Québécois, Peyrefitte désigne comme moteur de la prospérité ce qu'il appelle l'« *éthos* de la confiance compétitive », cet *éthos* dont la France, suivant son analyse, ne serait pas trop bien pourvue. On se souviendra que Fukuyama avait aussi classé la France parmi les pays à faible niveau de confiance. Je crois que Peyrefitte a eu raison de démontrer que le facteur « protestantisme », débarrassé du déterminisme religieux qu'il revêtait chez Max Weber, intervient comme simple variable intermédiaire dans la relation entre les mentalités et les progrès de la modernité économique[16].

La pensée catholique a beaucoup progressé à cet égard, notamment avec Pie XI à l'occasion du quarantième anniversaire de *Rerum novarum*. Toujours à la recherche d'une troisième voie entre « les erreurs du socialisme et les fausses théories de la liberté humaine[17] », cette pensée a continué son évolution avec Jean XXIII, qui, tous le savent, a amorcé avec Vatican II la réforme intérieure de l'Église catholique, que le concile de Trente n'avait pas osé entreprendre.

VATICAN II RÉTABLIT LA CONFIANCE

De cette réforme, il découlera en particulier un grand essor de la confiance. Dans son encyclique *Mater et magistra,* parue en 1961, Jean XXIII « revendique l'initiative personnelle et autonome en matières économiques[18] ». Le Québec connaît une évolution remarquablement parallèle avec la Révolution tranquille, officiellement commencée par l'élection des libéraux de Jean Lesage en 1960. Cette encyclique marque, sinon une rupture, à tout le moins une évolution majeure dans l'ouverture de l'Église à la modernité et à l'autonomie individuelle, notamment dans la sphère économique. Jean XXIII reconnaît la fin du monopole de l'Église. L'économie et la société sont désormais sous le signe du pluralisme. Les catholiques ne pourront façonner tout seuls une réalité conforme à leurs idées ; leur engagement est de « donner un accent humain et chrétien à la civilisation moderne[19] ».

La formulation véritablement novatrice du principe de subsidiarité, traditionnel dans l'Église, accentue l'autonomie de l'initiative privée : « En vertu du principe de subsidiarité, les pouvoirs publics doivent venir en aide à cette initiative et lui confier de prendre en main le développement économique, dès que c'est efficacement possible[20]. »

Le principe a pivoté ; il ne s'agit plus de sous-traiter des affaires mineures à l'échelon subalterne, mais de laisser à l'échelon inférieur tout ce qu'il n'est pas indispensable de réserver au niveau supérieur[21].

Je cite ici le paragraphe de conclusion de Peyrefitte sur l'encyclique de Jean XXIII, *Mater et magistra*[22] :

> *Autonomie, initiative, adaptation, participation*[23]. *Tels sont les maîtres mots d'une encyclique qui prône en outre la « confiance*[24] *» et plus encore la « confiance réciproque*[25] *» entre partenaires économiques de secteurs différents. C'en est donc fini des doctrines envisageant l'inexorable restauration d'un ordre social ancien. L'accomplissement de la personne humaine dès ce monde devient, avec Jean XXIII, le combat de l'Église catholique, qui rattrape ainsi un retard de plus de quatre siècles sur l'enseignement économique et social de Calvin.*

Il ouvrait la voie à Paul VI, qui a pu dire « le développement est le nouveau nom de la paix ». Quel long cheminement pour que l'Église ose cette affirmation[26] !

Le virage opéré par Jean XXIII et maintenu par Paul VI a connu son aboutissement logique avec l'encyclique *Centesimus annus*[27] de Jean-Paul II, qui, en 1991, soulignait le centenaire de *Rerum novarum*. Le pape de l'Est renouvelle bien sûr la condamnation du socialisme[28] dont l'erreur est de caractère anthropologique, car il considère l'individu comme un simple élément, une molécule de l'organisme social. Et plus près de notre propos sur la confiance, alors que Jean-Paul II condamne la philosophie libérale, il en établit tous les fondements. Peyrefitte attribue sa condamnation au besoin de respect à l'endroit de ses prédécesseurs. Mais, en réalité, il ne rejette que la version extrême du libéralisme, « l'affirmation illimitée de l'intérêt particulier[29] ».

La propriété privée est toujours défendue, mais à ses côtés sont réhabilités les rôles positifs du marché et du profit. Plus intéressant encore — fondamentalement plus intéressant —, Jean-Paul II parle avec davantage de profondeur du travail humain :

> *Mais à notre époque, il existe une autre forme de propriété, et elle a une importance qui n'est pas inférieure à celle de la terre : c'est la propriété de la connaissance, de la technique et du savoir. La richesse des pays industrialisés se fonde bien plus sur ce type de propriété que sur celui des ressources naturelles*[30].

Avec la reconnaissance du « tiers facteur immatériel », voilà enfin reconnu le facteur mental. Non seulement le travail humain l'emporte sur le capital mais, dans ce travail, l'accent est mis sur les capacités de connaissance, d'anticipation, d'initiative et d'entreprise.

Tout en dénonçant l'idolâtrie du marché, Jean-Paul II se limite à en critiquer les excès. Plus généralement, il affirme que la liberté économique n'est qu'un élément de la liberté humaine[31]. Mais elle en est un élément constitutif. Sans libre initiative, pas de développement économique. Et sans développement économique, pas de liberté. Du champ économique au champ spirituel, il y a continuité de liberté, et la même dignité et la même nécessité sont reconnues à la liberté économique et à la liberté spirituelle. L'humanisme profond de l'Église a repris le dessus. La vie l'emporte sur les dogmes. Le pape remet à l'honneur le principe remodelé de la subsidiarité, laquelle est un autre nom de la confiance dans l'initiative individuelle, interindividuelle et contractuelle, que l'État se limite à garantir dans des cadres juridiques et institutionnels, car cette initiative seule donne son sens et sa valeur à l'activité humaine.

Même si les Québécois se sont détournés de l'Église depuis 1960, il serait éclairant que nous nous intéressions au développement de la pensée sociale et économique de l'Église, qui nous a marqués si longtemps. Hasard ou non, il est frappant que l'évolution du Québec depuis la Révolution tranquille soit allée dans le même sens. Or, ce qui importe, du point de vue du développement, c'est que la mentalité de confiance devienne résolument dominante.

LA QUESTION DU QUÉBEC ET LES DEUX GRANDS COURANTS ROUGE ET BLEU

Le Québec et le reste du Canada se situant aujourd'hui parmi les sociétés les plus développées de la planète, il est compréhensible que le débat politique qui se déroule chez nous ait fait au cours des dernières années une large place aux arguments économiques. On y a fait grand état des finances publiques d'un Québec indépendant, du partage de la dette fédérale, des emplois liés au commerce avec le reste du Canada et de la capacité qu'aurait un Québec souverain de maintenir les mêmes programmes sociaux que le Canada bien que son produit intérieur brut soit proportionnellement inférieur à celui du Canada. C'est peut-être en raison de la précarité des thèses souverainistes sur chacun de ces points que Lucien Bouchard a refusé de s'engager dans un débat autour des résultats des « études Le Hir ». C'est peut-être également en raison de la faiblesse des thèses souverainistes sur le déficit appréhendé d'un Québec souverain qu'on a vu les autorités politiques indépendantistes détourner l'attention du travail remarquable[32] d'un des plus éminents chercheurs de l'Institut national de la recherche scientifique, Georges Mathews, dont les sympathies souverainistes ne sont pourtant un secret pour personne[33].

Quoi qu'il en soit, au cours du dernier référendum, le débat a glissé sur un autre terrain : celui, surprenant après la chute du mur de Berlin, de la lutte des classes telle qu'on la concevait ici dans les années 1960. N'importe : derrière la guerre des chiffres, ce ne sont pas tant les classes qui s'affrontent que deux mentalités fort différentes à l'égard de la chose économique : la mentalité traditionnelle, bien enracinée dans notre histoire et tout empreinte de méfiance, et la mentalité plus moderne, plus récente, ayant quand même des racines profondes et tout à fait en progression chez nous, pleine de confiance. Or, ces deux mentalités économiques antagonistes se situent de plus en plus nettement de part et d'autre du choix référendaire. Il est encourageant, à tout le moins, de constater que les gens font preuve de cohérence et que leurs orientations politiques et économiques vont de pair.

On trouve, du côté des fédéralistes, le courant rouge, composé de ceux qui souhaitent orienter la solidarité québécoise vers la *création* de la richesse et la *promotion* économique internationale. Les tenants de cette orientation manifestent, du fait même de leur choix, une mentalité économique marquée par la confiance. Il s'agit, bien sûr, de la même confiance que le courant rouge manifeste en acceptant loyalement le pari que représente le pays canadien.

Dans le camp souverainiste, le courant bleu, on trouve surtout ceux qui tiennent à la *redistribution* de la richesse sans toutefois se préoccuper de la créer. Ici, c'est la méfiance qui prévaut à l'égard de l'économie. Du fait même de leur choix, les leaders souverainistes orientent la solidarité québécoise vers la revendication et la protection, ce qui en fait, en un sens, d'authentiques représentants du courant bleu.

En somme, le camp fédéraliste vise la prospérité, la création de la richesse et l'ouverture sur la concurrence alors que celui de la souveraineté fait la promotion de la redistribution et de la protection des acquis derrière une seule et même frontière. Autrement dit, le premier veut faire la plus grande tarte possible, alors que le second est préoccupé d'avoir la part qui lui revient, sa juste part. Tels sont certains des nouveaux termes de l'alternative traditionnelle entre le courant rouge et le courant bleu.

Qui croire dans ces circonstances? Laurent Beaudoin ou Gérald Larose? Bombardier ou la CSN?

UN QUÉBEC DE CONFIANCE OU DE MÉFIANCE?

Le choix du Québec est crucial. Le Québec doit opter résolument pour le parti de la *confiance,* celui du développement et de l'acceptation loyale du pari que représente la participation à l'ensemble économique et politique plus large qu'est le Canada. Après tout, le décollage d'une société et celui de son économie vont de pair, ce qui implique que les pôles économique et politique sont liés. On ne peut dès lors envisager un choix politique de première importance comme s'il était dénué de corollaires économiques. En choisissant le pays canadien, les Québécois choisissent à la fois un pays *et* une mentalité particulière à l'égard de la chose économique : ils choisissent deux orientations en une seule opération.

L'adéquation manifeste entre confiance et développement[34] comporte de riches enseignements pour les Québécois, surtout au moment où ils souhaitent se donner les assises qui assureront leur épanouissement à l'aube du XXIᵉ siècle. Il ne s'agit pas ici de nier tout rôle à l'État mais bien de voir quelle forme d'État — fédéral ou unitaire — pourra le mieux stimuler, entretenir et encadrer la confiance et les initiatives économiques les plus propices à la prospérité collective.

Au cours d'un exposé à la Chambre de commerce de Montréal en 1995, Laurent Beaudoin a parfaitement montré, pour qui veut bien se donner la peine de comprendre, combien l'entreprise qu'il dirige, Bombardier, bénéficie de l'ensemble économique canadien. Si l'on considère l'envergure de l'État canadien et l'envergure de l'État québécois, c'est-à-dire le domaine sur lequel s'exerce leur souveraineté respective, on constate qu'ils se situent à la limite inférieure des États capables d'appuyer une entreprise de pointe dans l'industrie des équipements de transport lourds et, davantage encore, dans le secteur de l'aéronautique. C'est là une réalité incontournable à laquelle font face Bombardier et de nombreuses autres entreprises québécoises maintenant concurrentielles à l'étranger, même si l'État n'est évidemment pas la seule variable d'une telle équation.

Peyrefitte décèle, comme on l'a vu au chapitre IV, une affinité élective entre l'initiative économique individuelle et un certain choix confessionnel (qui détermine lui-même, on l'a vu, le genre d'État dont on se dote). Ce constat conserve toute sa pertinence dans le débat actuel, surtout si l'on considère que l'État québécois a remplacé l'Église dans la mentalité collective locale. « Les nationalistes ont pris le relais des curés de jadis », écrivait il y a quelque temps dans *Le Devoir*[35] le professeur Robert Melançon, du département d'études françaises de l'Université de Montréal[36]. Et il ajoutait : « Le dogme nationaliste a succédé au dogme religieux, avec les mêmes effets stérilisants pour la pensée. » Il y a même davantage. L'appartenance confessionnelle qui a marqué le Québec depuis ses débuts et longtemps encore après la Confédération se fait toujours sentir : nombre de Québécois demeurent plus à l'aise avec l'argent public qu'avec l'argent privé.

Or, l'argent public, comme l'argent privé, provient essentiellement de la productivité individuelle, ce que même l'Église catholique reconnaît depuis Jean XXIII et Jean-Paul II. Aucun gouvernement de nos jours, sauf peut-être ceux du Brunei et de quelques États du golfe Persique, ne réalise des « profits » capables de remplacer sa fiscalité. Avec une dette publique proportionnellement plus élevée que celle de chacune des autres provinces canadiennes, une fiscalité plus onéreuse que partout ailleurs au Canada et un produit intérieur brut de 10 % inférieur à la moyenne canadienne, l'État québécois n'a pas les moyens de pratiquer seul la solidarité que souhaitent les Québécois. Pour « avoir du cœur », ce qui est certes souhaitable, le Québec doit ou bien s'organiser pour que la prospérité privée soutienne sa fiscalité ou bien compromettre par un endettement accru l'avoir déjà lourdement hypothéqué des générations montantes. À la lumière de pareilles données, n'est-il pas significatif que la grande majorité des péquistes évoluent dans le secteur public, parapublic, syndical ou communautaire, c'est-à-dire dans des activités qui procèdent davantage de la redistribution de la richesse que de sa création ?

À l'occasion du débat référendaire, en 1995, on a attaqué — en les qualifiant d'arguments de « privilégiés arrogants [...] qui ont le complexe de supériorité du "jetset" » — les points de vue exprimés par les porte-parole de plusieurs grandes entreprises québécoises. Jacques Parizeau, premier ministre, parlait de ces gens qui « crachent dans la soupe », de ces « milliardaires qui nous crachent dessus[37] ». Ces passes d'armes rappelaient fâcheusement les emportements idéologiques des années 1960, sinon les condamnations par le concile de Trente de la confiance où il ne voyait qu'orgueil et outrecuidance. Et seule une lourde rhétorique a permis encore une fois d'esquiver les arguments de fond. Pourtant, de nombreux et solides propos de nos décideurs donnent réellement à réfléchir. Lorsque les Laurent Beaudoin, les Marcel Dutil et les Guy Saint-Pierre déclarent qu'ils ont besoin du pays canadien pour assurer la survie et la croissance de leurs entreprises, il parlent notamment des conditions qui permettent l'épanouissement d'une mentalité concurrentielle. Ce qui n'est pas rien. Car la mentalité inverse — celle du retranchement, du repli sur soi, du marchandage constitutionnel et de la revendication légaliste de créances que l'État n'a plus les moyens d'honorer — est dépassée par les réalités économiques actuelles et n'a guère sa place — c'est le moins qu'on puisse dire ! — dans l'univers des marchés mondiaux.

L'ARGENT ET LES « ETHNIQUES »

La remarque déplorable de Jacques Parizeau, le soir du référendum de 1995, démontre aussi la cohérence des attitudes adoptées par l'un et l'autre courant. Attribuant à l'argent et aux « ethniques » l'échec de son parti, allant même jusqu'à les blâmer pour cet échec, il manifestait le mépris traditionnel du courant bleu pour l'argent, vieux réflexe bien janséniste et ultramontain, aussi bien que sa méfiance et une attitude d'exclusion à l'égard de concitoyens d'origines diverses. M. Parizeau n'a pas blâmé les très nombreux Canadiens français qui n'ont pas appuyé sa cause, ni les Canadiens anglais : « Eux, c'est "normal", ils veulent faire partie de la majorité. » Il n'a montré du doigt que les « ethniques », pour qui, comme je l'écrivais, le choix du pays et de la mosaïque canadiens peut pourtant être parfaitement rationnel et plus prometteur que le choix de l'État-nation « normal » promis par les indépendantistes. En effet, ils font preuve d'un instinct sûr en défendant ardemment le pays canadien. Ils savent d'expérience qu'une société de type fédéral comme la nôtre — par la diversité même des intérêts auxquels elle doit faire place en son sein — est plus propice au libre développement de leurs propres valeurs et à l'épanouissement de la liberté tout court.

Or, phénomène absolument cardinal, parmi les Québécois qui ont adopté une mentalité favorable à la chose économique et qui souhaitent orienter la solidarité québécoise vers la création de la richesse, la promotion internationale et le bien-être collectif, une très forte majorité se montre favorable au fédéralisme canadien. Et, depuis dix ans, à l'échelle mondiale, tout concourt à faire de cette mentalité, justement, la source même de la prospérité, de cette prospérité sans laquelle — autre phénomène cardinal — aucune redistribution qui vaille n'est possible.

CHAPITRE XX

Les désavantages
de la souveraineté juridique[1]

Puisque nous nous trouvons, selon Rosenau[2], dans un ordre international, que d'aucuns appelleraient un désordre mondial, qui est forcé de composer avec la juxtaposition de la nouvelle perspective mondiale et de l'ancienne perspective internationale, il y a lieu de considérer la pertinence de la souveraineté dans l'un et l'autre cas, car ces deux mondes coexisteront encore pendant longtemps. Nous avons vu que la souveraineté n'aurait aucun effet sur la capacité d'adaptation du Québec à la mondialisation et aux forces transnationales qu'elle libère puisque l'action se passe largement en marge de l'État. Il faut maintenant évaluer l'effet de la souveraineté sur la marge de manœuvre réelle du Québec dans l'ordre international, c'est-à-dire dans cet ordre où l'État continue et continuera pour un long moment à jouer un rôle primordial.

L'ORGANISATION DES NATIONS UNIES

La société québécoise a tout intérêt à tourner son énergie et à canaliser son nationalisme vers le monde qui émerge, avec ses réseaux transnationaux et sa configuration complexe d'allégeances. Comme ce monde accroît constamment son autonomie par rapport à l'État puisqu'il fait un usage prioritaire des relations directes entre individus et groupes, le Québec n'a aucun besoin de la souveraineté pour s'y insérer. Car non seulement le

Canada n'empêche pas la société québécoise de s'intégrer résolument dans le monde transnational émergent, mais il lui permet de tenir dans les affaires internationales traditionnelles un rôle qui lui serait autrement inaccessible. La personnalité internationale du Canada, son influence tellement plus considérable que ne le justifie sa démographie, doit beaucoup aux Québécois, bien sûr, et sert très bien les intérêts québécois aussi.

Évidemment, l'indépendance de l'État québécois lui permettrait à court ou à moyen terme de participer directement, plutôt que par le biais de l'État fédéral canadien, aux délibérations de l'Assemblée générale des Nations unies. Cependant à l'ONU, où règne la souveraine égalité des États-nations, le Québec n'exercerait qu'un rôle bien symbolique. Les résolutions de l'Assemblée générale n'ont effectivement aucune portée véritable tant qu'elles ne sont pas adoptées par le Conseil de sécurité. Or, au-delà des cinq membres permanents de ce conseil, le Canada est le seul pays occidental à y avoir été élu six fois. Le Canada réalisera son sixième mandat au Conseil de sécurité en 1999-2000. Des pays comme la Suède et la Finlande n'y ont siégé que deux fois, la Norvège trois fois, la Grèce et le Portugal une seule fois. Il est impensable que le Québec fasse mieux que ces pays, lesquels sont déjà largement distancés par le Canada.

LE G-7, LE P-8 ET LES AUTRES ORGANISATIONS MAJEURES

Mais il y a plus. Les Québécois, en tant que Canadiens, participent au G-7, le groupe des sept Grands, qui exerce aujourd'hui une influence considérable sur l'évolution du monde. Regroupant les chefs d'État et de gouvernement des sept pays industrialisés les plus riches, le G-7 est un lieu de concertation et de coordination dont l'énorme influence touche aussi bien le monde transnational qui gagne en puissance que l'ordre international qui lui cède la place progressivement. En tant que groupe, le G-7 exerce un authentique leadership sur le reste du monde, même si — et, peut-être même, parce que —, contrairement au Conseil de sécurité, il ne possède aucune base juridique.

Jamais un Québec souverain n'aurait auprès des Grands du monde cet accès privilégié que lui donne le Canada. Soit dit en passant, pendant vingt des vingt-deux ans d'existence du G-7, ce sont des Québécois qui y ont dirigé la représentation canadienne. Au sommet de Halifax en juin 1995, c'est Jean Chrétien qui a reçu les chefs d'État tandis qu'André Ouellet était l'hôte des ministres des Affaires étrangères, et Paul Martin celui des ministres des Finances. Trois Québécois ont de la sorte été des partenaires et des interlocuteurs privilégiés de Washington, de Tokyo, de Bonn, de Londres, de Paris et de Rome.

La souveraineté du Québec l'exclurait aussi du P-8, c'est-à-dire du G-7 plus la Russie. Or, le P-8 prend de très sérieuses décisions politiques et stratégiques. De même, le Québec cesserait d'appartenir à la Commission quadrilatérale, ce forum de consultation économique et commerciale où les États-Unis, le Japon, l'Union européenne et le Canada discutent des sujets les plus délicats et les plus importants *avant* de négocier avec les quelque cent dix pays membres de l'Organisation mondiale du commerce (OMC).

Le Québec participe également au Conseil de l'Asie-Pacifique, un organisme crucial pour nos relations avec plusieurs des économies qui, de nos jours, connaissent une des croissances les plus remarquables. Seule son appartenance à la fédération canadienne permet au Québec de satisfaire à la condition géographique d'admission à ce Conseil. Or, parmi les secteurs industriels en croissance en Asie-Pacifique, il s'en trouve plusieurs où le Québec compte des atouts compétitifs majeurs : les télécommunications, le transport, l'énergie et l'infrastructure du développement, entre autres. Ce serait encore s'exclure des missions d'Équipe Canada et des avantages économiques et commerciaux qui en résultent pour les entreprises québécoises. La réputation du Canada et la force que donne l'union des leaders économiques et politiques d'un grand pays — qui est de surcroît un acteur influent au sein des principaux lieux de pouvoir, fussent-ils les plus exclusifs — contribuent largement à l'ouverture des portes de nombreux marchés et à la conclusion de multiples négociations d'affaires.

Le Québec n'a donc aucun besoin de la souveraineté pour participer à tous ces forums. Il n'en a pas davantage besoin pour adhérer à la Francophonie. Il y bénéficie déjà du statut de gouvernement participant et a pu, de la sorte, taire son opinion sur les essais nucléaires français pour être agréable à ses alliés gaullistes — ce qui témoigne de la réalité de l'autonomie dont il dispose au sein du fédéralisme canadien.

LA DIPLOMATIE CANADIENNE : UNE DIPLOMATIE UNIQUE ET IRREMPLAÇABLE

Opter pour la souveraineté, ce serait donc s'exclure d'un grand nombre d'enceintes délibérantes et d'organisations stratégiques influentes et prestigieuses. Ce serait en outre renoncer à une diplomatie de premier ordre, de grande compétence et de haute renommée, ce qui obligerait le Québec à abandonner des ambassades dans presque tous les pays du monde et des consulats dans plusieurs régions stratégiques. Jamais nous, Québécois, n'aurions les moyens, avec sept millions de citoyens, de maintenir une représentation diplomatique de cette envergure. Et cela dit, sans même évoquer les coûts supplémentaires requis par l'établissement de la politique de défense d'un Québec souverain, ni ceux qu'impliquerait son adhésion éventuelle à l'OTAN.

La souveraineté du Québec nous contraindrait à rejoindre la majorité des pays qui peuvent au mieux exprimer leurs intérêts et leurs volontés politiques, économiques et sociales auprès des leaders et des décideurs du monde, dont le Canada. L'Autriche, l'Australie, la Norvège, la Suède et la Suisse doivent passer par le Canada ou par un autre membre du G-7 ou de l'une ou l'autre des organisations restreintes pour faire valoir leurs points de vue. Et leurs diplomates sollicitent des rencontres avec les nôtres pour aider leur gouvernement souverain à mieux comprendre les orientations à venir. La réputation exceptionnelle du Canada tient certes à sa contribution au cours des deux guerres mondiales et à l'apport de ses Casques bleus au maintien de la paix. Mais cette crédibilité se maintient aussi, voire surtout, parce que des douzaines de pays dans le monde apprécient le rôle d'intermédiaire du Canada auprès des instances internationales.

Comme Québécois et comme Canadiens, c'est à la fois notre devoir et notre intérêt de maintenir ce rôle et de poursuivre cette mission dans le monde. Cela représente un atout de taille pour nous tous. Avoir accès à une information privilégiée et pouvoir compter sur la bonne volonté de pays amis, voilà qui a une valeur stratégique pour nos entreprises et nos institutions culturelles, politiques et sociales, bref pour l'ensemble de notre société. Il s'agit là d'un avantage auquel les Québécois, s'ils sont réellement désireux de développer leur société, ne devraient jamais renoncer.

L'ALENA : WASHINGTON ANNIHILERAIT « QUÉBEC INC. »

C'est toutefois sur notre propre continent nord-américain que la souveraineté modifierait le plus sensiblement la place du Québec. Soyons francs : l'adhésion d'un Québec souverain à l'Accord de libre-échange nord-américain (ALENA) ne serait ni automatique ni facile. Les gens qui disent le contraire ne savent pas de quoi ils parlent. Ou — chose bien pire mais que personne n'a le droit d'exclure — ils dissimulent ce qu'ils savent pertinemment. Quoi qu'il en soit, les déclarations du sous-secrétaire d'État au Commerce à Washington, Bill Merkin, de l'ambassadeur des États-Unis à Ottawa, James Blanchard, et de Laura Tyson, conseillère économique du président Clinton, sont très claires à ce sujet.

Le Québec serait soumis à l'arbitraire du Congrès des États-Unis où il risquerait de devenir l'objet de marchandages et d'enjeux qui au-raient bien peu à voir avec ses demandes. L'adhésion du Québec serait extrêmement complexe en l'absence d'un « partenariat supranational » avec le Canada. Et la durée des négociations — le temps politique — serait très longue. Nous avons déjà payé un prix élevé pour obtenir l'accord avec les États-Unis. Il faudrait payer une deuxième fois pour y adhérer de nou-veau. L'adhésion du Québec exigerait, au minimum, une renégociation des règles d'origine et des conditions du commerce réglementé de l'auto-mobile, du textile et des produits agricoles. Des milliers d'emplois seraient en jeu.

Plus encore : il est clair que l'indépendance du Québec réduirait singu-lièrement sa marge de manœuvre à l'intérieur de l'ALENA, même une fois son adhésion obtenue. Pour cette raison et par un cruel paradoxe, la souve-raineté menacerait directement le modèle québécois de développement économique. En effet, l'union économique canadienne s'accommode faci-lement de « Québec inc. ». Des Québécois en prennent la défense dans le contexte fédéral où le Québec a un poids politique souvent supérieur à son poids démographique. Et, surtout, ce modèle économique qui repose sur une relation privilégiée et parfois intime entre l'État, les milieux d'affaires, les institutions financières et la Caisse de dépôt et placement s'inscrit dans la tradition canadienne. « Québec inc. » a été bâti *à l'intérieur* du cadre fédéral canadien et il recevra aisément l'appui des responsables politiques et économiques du reste du Canada. Il ne faudrait quand même pas que ceux qui tiennent le plus à ce « Québec inc. » deviennent responsables de l'accélération de son démantèlement !

Mais qu'arriverait-il si le Québec devait renégocier son adhésion à l'Accord de libre-échange nord-américain ? Il se trouverait seul face aux États-Unis qui ont une *aversion profonde* pour cette approche éco-nomique. Les Américains n'accepteraient certainement pas dans l'inti-mité d'une zone de libre-échange ce qu'ils dénoncent et combattent, sur le plan multilatéral, de la part du Japon. Quelles seraient alors les exigences des Américains ?

LE STATUT PROVINCIAL DU QUÉBEC : UNE PROTECTION DANS L'ALENA

Dans la meilleure des hypothèses, le Québec serait invité à signer le texte actuel de l'ALENA, mais on se berce d'illusions si l'on croit que cela préserverait le *statu quo*. En effet, puisque le Québec passerait d'un statut de zone provinciale à un statut d'État national et puisque certains paragraphes de l'Accord s'appliquent aux institutions *nationales* mais non aux institutions *provinciales*, les paragraphes en cause s'appliqueraient désormais au Québec. Par exemple, l'Accord interdit les politiques préférentielles d'achat public à vingt-deux ministères et à dix agences du gouvernement national *fédéral* mais ne limite pas du tout celles des États américains ou des *provinces* canadiennes. L'accession à la souveraineté ferait des achats publics québécois, dont ceux d'Hydro-Québec, des achats *nationaux*, qui seraient alors soumis à la rigueur et à la discipline de l'ALENA. Dans une logique de négociations, on n'échapperait à ce régime qu'au prix de concessions onéreuses ailleurs.

En digne successeur de l'Accord de libre-échange avec les États-Unis (ALE), l'ALENA constitue essentiellement un exercice de désarmement économique des gouvernements *fédéraux*. Ce qui explique que les *provinces* aient conservé la plupart de leurs pouvoirs d'intervention économique. Par exemple, le chapitre 14 de l'ALENA exempte les résidants américains des restrictions à la propriété étrangère des institutions financières relevant de la compétence *fédérale*, mais ne leur consent pas les mêmes privilèges pour les institutions relevant de la compétence *provinciale*. Si le Québec devenait un pays, il ne pourrait plus, dans un tel contexte, protéger ses institutions financières contre d'éventuelles prises de contrôle par des Américains.

Il existe un autre élément stratégique que les Américains auraient à l'œil : les liens privilégiés entre les institutions financières et les entreprises. Appliqué dans toute sa rigueur à un Québec devenu État national, le chapitre 14 pourrait entraîner de lourdes conséquences dans plusieurs secteurs. Ce serait tout spécialement le cas des liens étroits entre le secteur financier — dont le Mouvement Desjardins et la Caisse de dépôt et placement, qui dépendent de lois *provinciales* et non *fédérales* — et les secteurs commercial et industriel, qui sont au cœur de la stratégie industrielle du Québec. Le statut *provincial* du Québec a donc protégé son modèle « distinct ».

Ce statut *provincial* le protège aussi à l'Organisation mondiale du commerce. Les subventions au développement régional y sont permises dans l'ensemble du territoire québécois parce que la moyenne du PIB y est inférieure à la moyenne canadienne. Si le Québec devenait souverain et adhérait à l'OMC, seules les *régions* du Québec dont le PIB est inférieur à la moyenne du PIB *québécois* auraient droit à ces subventions. Voilà qui exclurait de larges pans du territoire québécois.

SOUVERAINETÉ CONTRE MARGE DE MANŒUVRE

Si le Québec devenait un pays souverain avec son État national, la rigueur de l'ALENA anéantirait « Québec inc. », qui a pourtant été construit *à l'intérieur* du fédéralisme canadien. Les nostalgiques des années 1960 et du « Maîtres chez nous » feraient mieux de comprendre rapidement que la mondialisation de l'économie a rendu le concept de souveraineté extrêmement relatif, pour ne pas dire anachronique. En se passant des quelques symboles et attributs de l'État-nation, qui de nos jours servent surtout à encenser les élites, le Québec peut conserver une plus grande marge de manœuvre au bénéfice de tous ses citoyens, dont les travailleurs et les moins nantis. La mondialisation de l'économie entraîne la création de blocs, c'est-à-dire une continentalisation poussée. Étant voisins des États-Unis, nous nous devons de définir notre souveraineté, ou mieux notre marge de manœuvre, dans ce contexte nord-américain.

Le fédéralisme canadien, loin d'être un frein, se révèle un excellent cadre d'intégration qui aide le Québec à mieux faire face à l'avenir. Soyons réalistes. À long terme, que ce soit dans le Canada, avec les États-Unis ou à l'OMC, le modèle québécois est menacé par les tendances universelles à la libéralisation. La souveraineté accélérerait dangereusement le démantèlement de ce modèle alors même qu'il peut encore contribuer substantiellement à l'amélioration de la structure de notre économie.

De toutes les provinces, c'est le Québec qui dépend le plus du marché intérieur canadien. La part de nos exportations destinée au marché canadien représente presque autant que la part destinée à l'ensemble des États-Unis. En 1989, 27 % de la production manufacturière québécoise trouvaient preneur sur le marché des autres provinces. L'Ontario, par comparaison, n'exportait dans les autres provinces que 17 % de sa production, la moyenne canadienne s'établissant à 19 %. Si la négociation avec les autres provinces canadiennes faisait long feu, le Québec en souffrirait donc davantage qu'elles. En cas de désagrégation de l'union monétaire, élément cardinal de toute union économique, le Québec se trouverait isolé, alors que les économies de petite et de moyenne taille ont impérativement besoin d'accéder à un grand ensemble économique. Or, hormis la formule de l'État unitaire, aucune forme d'union politico-économique ne procure des garanties aussi fortes que celles offertes par le fédéralisme.

Les souverainistes doivent se montrer lucides et reconnaître que le partenariat qu'ils proposent, quelle qu'en soit la forme, restera toujours à des années-lumière d'une véritable union économique capable de garantir la liberté de circulation des biens, des services, des personnes et du capital. Lors du dernier référendum, Jacques Parizeau a refusé de rendre publique son offre de partenariat parce que le seul moyen de tendre vers les objectifs annoncés consistait précisément en une supranationalité fort engagée sur la voie du fédéralisme. Et cela, il n'en voulait pas. Il privilégiait, au contraire, certaines ambiguïtés propres à lui assurer des alliés circonstanciels et à faire passer *incognito* une souveraineté juridique dont les Québécois ne veulent pas.

LA SOUVERAINETÉ *INCOGNITO*

Pour obtenir cette souveraineté — qui aurait notamment pour effet de vider de leur substance les promesses dont la société québécoise est porteuse dans le contexte canadien —, le camp souverainiste prévoit une négociation avec le « partenaire » canadien qu'il accuse, entre-temps et sur un ton belliqueux, de nous avoir trompés et de nous avoir manqué de respect. Le même camp souverainiste essaie pourtant de faire avaler la pilule en promettant le maintien de la citoyenneté canadienne, à laquelle les Québécois tiennent tellement, du passeport canadien, l'un des mieux perçus à travers le monde, et de la monnaie canadienne. Bref, ayant perdu jusqu'à son *sens symbolique* et donc son pouvoir mobilisateur, la souveraineté qui est ainsi proposée ne ferait que réduire notre potentiel et risquerait de nous ridiculiser à la grandeur de la planète.

LE DÉSORDRE EN AMÉRIQUE DU NORD

La souveraineté juridique réduirait inévitablement la marge de manœuvre du Québec en Amérique du Nord. Déstabilisé en son cœur même, le Canada pourrait éventuellement se retrouver morcelé en trois ou quatre nouveaux pays, ce qui entraînerait un désordre nord-américain favorisant les diktats du marché au détriment du politique qui se verrait transformé en valet de l'économie. Le nouvel État-nation du Québec devrait entrer en concurrence avec ces trois ou quatre nouveaux pays pour obtenir l'attention politique de Washington et l'attention économique des investisseurs de New York ou d'ailleurs dans le monde. Surviendrait alors une forte pression à la baisse sur nos normes environnementales, nos lois sociales, peut-être même nos exigences linguistiques. Le nouvel État qui aurait exploité l'énergie de la société pour conquérir une souveraineté illusoire aurait augmenté considérablement l'insécurité des milieux d'affaires et serait contraint d'accepter certaines des tâches les moins nobles de la nouvelle hiérarchie technologique.

La souveraineté impliquerait d'isoler le Québec et de le priver des alliances intra-canadiennes que, suivant ses intérêts, il noue parfois avec l'Ontario, parfois avec l'Ouest, parfois avec les provinces de l'Atlantique. Ce serait séparer le politique de l'économique. Or la force des Québécois a toujours résidé dans leur habileté proverbiale à bien jouer leurs atouts sur les fronts politique et économique *à la fois*. Le concept même de « Québec inc. », dont les souverainistes s'enorgueillissent tellement, est le fruit d'une conciliation habile et originale du politique et de l'économique, de l'État et du marché. Or « Québec inc. » — on ne le rappellera jamais assez — a profondément profité du contexte, du marché et des possibilités d'alliances qu'offre le Canada. Si plusieurs aspects importants de « Québec inc. » ont survécu aux négociations de l'Accord de libre-échange avec les États-Unis, c'est que l'ALE et l'ALENA ont imposé discipline et rigueur aux gouvernements *fédéraux* et non à ceux des États ou des *provinces*. S'il devenait souverain, le Québec verrait cette rigueur et cette discipline s'appliquer à lui d'une manière implacable.

DES NÉGOCIATIONS LONGUES ET INCERTAINES

En optant pour la souveraineté juridique, les Québécois feraient en somme un détour inutile, laborieux et trompeur en cette époque où la souveraineté juridique n'est plus guère qu'un miroir aux alouettes. Car l'État n'est plus l'acteur privilégié du développement, et l'efficacité de ses moyens traditionnels diminue de jour en jour.

Pourquoi investirait-on tant d'années, d'énergies et de matière grise dans des négociations longues et ardues à l'issue fort incertaine, dans des négociations infiniment plus complexes que les négociations fédérales-provinciales actuelles du fait de l'ampleur des dossiers et de la question de la légitimité qui se poserait aux négociateurs canadiens ? Pourquoi ferait-on tout cela en vue d'aller chercher à Ottawa des leviers auxquels nous-mêmes, nos entreprises, nos groupes d'intérêt et nos artistes avons déjà accès puisqu'ils nous appartiennent aussi ? Le temps économique s'accélère en cette période où les réseaux transnationaux s'établissent rapidement. Le temps des négociations politiques, au contraire, ne cesse de s'allonger, puisque de plus en plus d'individus et de groupes d'intérêt tiennent à avoir voix au chapitre. L'indépendance ne ferait qu'accentuer la rupture entre ces deux temps déjà si différents.

Il est vrai que la solution des années 1960, celle d'un État central fort, a permis au Québec de rattraper le retard de deux ou trois générations sur l'Ontario et le reste de l'Amérique du Nord que ses élites politiques et religieuses lui avaient infligé. Or — il ne faut pas l'oublier — ce rattrapage s'est réalisé *à l'intérieur* de la fédération canadienne mais durant l'âge d'or de l'internationalisation, de la décolonisation et de l'« après-Bandoung » : c'était alors l'apogée de l'État providence et de l'État aux Nations unies, mais c'était il y a quarante ans ! À la vérité, le sentiment de sécurité que la souveraineté entraînerait serait illusoire et constituerait même un danger sérieux : la souveraineté de l'*État* québécois — car c'est bien de cela qu'il s'agit, puisque la société québécoise et les Québécois eux-mêmes sont déjà souverains — représente en effet la solution type aux problèmes surannés d'une époque révolue, c'est-à-dire une solution complètement inadaptée à la présente ère de mondialisation.

UN PEUPLE « NORMAL »

Les peuples modernes et démocratiques recherchent des modèles nouveaux et mieux adaptés à leur réalité et à leurs besoins. Conscients des limites de l'État-nation, les Européens ont été les premiers, dès après la guerre de 1939-1945, à s'engager dans la voie supranationale. Ils ont d'abord choisi de s'intégrer sur la base du fonctionnalisme : dans le cas du charbon et de l'acier, ils ont créé la CECA ; pour l'énergie atomique, ils ont mis sur pied l'EURATOM ; et, pour développer un réel marché commun, ils ont conçu et implanté la CEE. Depuis, l'Union européenne du traité de Maastricht adopte résolument des méthodes, des objectifs et des visées *fédéralistes* pour approfondir l'intégration européenne et, surtout, éliminer le déficit démocratique persistant des institutions communautaires, de ces institutions où les souverainistes persistent à voir un modèle.

Comme modèle politique, l'État-nation a fait son temps. Sans exclure la pulsion territoriale, le nationalisme québécois, au XXIe siècle, devra se révéler moderne et s'affirmer sur les plans économique, technologique, culturel et financier. Le Québec n'a aucun besoin de l'attribut désuet de la souveraineté qui entraîne tellement de désordre à cause du morcellement et de l'exclusion qui en découlent.

Les Québécois ont, ici et maintenant, la possibilité extraordinaire de prouver qu'un peuple « normal » choisit de manifester son originalité, sa détermination et son intelligence en redéfinissant ses priorités et sa souveraineté à la lumière de l'avenir plutôt que sous l'éclairage du passé. Les Québécois doivent se prévaloir d'une telle possibilité.

Les préoccupations des Québécois d'aujourd'hui ne portent pas sur la souveraineté, qui est au reste mal définie, vidée de ses symboles et dépourvue de projet de société. Ce que veulent les Québécois, c'est la plus grande marge de manœuvre possible pour revigorer Montréal, renforcer les régions, donner aux gens des emplois rémunérateurs et valorisants, dynamiser leur langue et leur culture et assurer un environnement sain pour demain. N'allons pas encore une fois affaiblir le Québec en voulant le renforcer.

Conclusion

Nous avons la chance de vivre une époque fascinante où l'humanité s'apprête à connaître une évolution profonde qui change le monde et qui change la vie : *un véritable changement de civilisation.* Les jeunes ont encore plus de chance que leurs aînés, car — la transformation actuelle s'opérant sur quelques générations — ils auront une influence plus grande sur le monde de demain ; à tout le moins, ils connaîtront plus de réponses à toutes les questions que nous nous posons aujourd'hui. Et Dieu sait si nous nous en posons des questions par les temps qui courent. Notre époque comporte de telles interrogations que je comprends de moins en moins les personnes qui expriment tant de certitudes dans leurs discours et dans leur action. Le doute, qui insécurise un si grand nombre de personnes, m'apparaît comme beaucoup plus sage et, au fond, beaucoup moins inquiétant pour la liberté des autres.

J'ai la profonde impression de vivre dans une société charnière où la postmodernité pourrait prendre une forme concrète et ainsi inaugurer une nouvelle ère. Nous sommes mûrs pour cela. D'autres terres de confins comme l'Écosse expérimentent aussi. Mais je crois que les Québécois ont des choix cruciaux à faire, des décisions importantes à prendre, qui feront d'eux les premiers à pénétrer dans la modernité en adoptant une attitude de confiance. Je trouverais profondément regrettable qu'ils choisissent plutôt de fermer la marche de la modernité en adoptant la voie obsolète de la souveraineté juridique.

Plusieurs observent ce qui se passe chez nous. Chacun de nos gestes individuels et collectifs a donc une portée sur le monde en devenir. Aux griefs historiques, sans cesse ressassés au point qu'ils deviennent des mythes, les jeunes chez nous sont capables d'opposer une nouvelle conscience plus profonde, plus large, plus personnelle. Ils sauront, avec les femmes, avec les membres des minorités et des différentes communautés ethniques, engager le Québec dans les grands réseaux transnationaux tout en approfondissant leur expérience, ils sauront concilier l'économie et la culture, concilier vie privée et vie publique comme jamais auparavant.

Cette voie non seulement est compatible avec le pays canadien, mais elle est une incitation à ce que ce pays original qu'est le Canada, espace à géométrie variable en constante évolution, continue d'offrir au monde un modèle de pays. En effet, comme pays d'abord « politique », le Canada doit plus que jamais affirmer que la soumission aux seules lois du marché et des flux économiques ne sert pas les intérêts de l'être humain. Et que son pluralisme, inhérent à la personnalité, à l'identité même du pays, vaut mieux que le repli identitaire. Le Canada est le lieu d'une expérience qui a toujours su résister aux modes et aux truismes du temps. À tous égards pays phare, il peut démontrer au reste du monde que l'interdépendance est une valeur morale supérieure à l'indépendance. Même l'individu le plus fort, le plus robuste, dans les neiges du Nord, sait qu'il a besoin de coopérer pour survivre.

Et l'apport canadien à la mondialisation pourra justement contribuer à mettre celle-ci au service de l'humain. La démonstration sera ainsi faite de la juste place de l'activité politique pour réaliser les nécessaires arbitrages de toute vie en société.

La mondialisation conteste l'ordre établi. Plusieurs institutions, l'État, puis le marché né dans un territoire adéquat, ont permis un développement économique sans parallèle dans l'histoire de l'humanité. Ces institutions ont également permis un remarquable développement de la liberté humaine. Mais cette modernité avait ses limites, en particulier celle de reposer trop exclusivement sur la raison.

La postmodernité à laquelle la mondialisation nous convie doit être l'occasion de reconnaître plus intégralement la personne. Ses institutions doivent permettre à l'humanité un nouveau progrès, non une régression sur le plan du développement économique, de la qualité de vie et de la liberté.

Celle-ci devrait donc retenir certaines caractéristiques d'ordre qu'avait introduites la modernité mais donner libre cours à la créativité plus complète de l'être humain. Il est toujours insécurisant de vivre à une époque de grande évolution. L'ordre d'hier répondait à certaines de nos aspirations, mais le désordre répond à d'autres aspirations et peut aussi conduire à de nouveaux sommets.

J'exprimerai ici mon enthousiasme quant à l'avenir en partageant cette belle phrase de Christian Bobin :

La sainteté a si peu à voir avec la perfection qu'elle en est le contraire absolu. La perfection est la petite sœur gâtée de la mort. La sainteté est le goût puissant de cette vie comme elle va — une capacité enfantine à se réjouir de ce qui est sans rien demander d'autre[1].

Il n'est pas dit, au reste, que la vie soit caractérisée d'abord par l'ordre. Car il existe une telle chose que l'exubérance de la vie : elle donne souvent lieu à une profusion qui désoriente et pousse à récréer un monde ordonné. En ce sens, le désordre est source d'une dynamique irremplaçable, et l'on doit y voir un aspect indiscutablement positif. Il en va de même du doute, qui engendre souvent de l'inconfort mais qui est incomparable pour stimuler la curiosité, le désir de comprendre et la volonté d'agir.

Le désordre et le doute sécrètent la créativité.

Orientation bibliographique[1]

ADLER, Nancy J. et Dafna N. Izraeli, *Competitive Frontiers : Women Managers in the Global Economy*, Cambridge (Mass.), Blackwell Publishers, 1994.

ALBERONI, Francesco, *La Morale*, Paris, Plon, 1993.

ALBERONI, Francesco, *Le Choc amoureux. L'amour à l'état naissant*, Paris, Ramsay, 1981.

AMIN, Samir, Jorge Semprun *et al.*, *Les Grands Entretiens du* Monde. *Penser la fin du communisme, l'Europe, l'État, la politique, l'Histoire avec...*, Paris, Monde-Éditions, 1994.

ARON, Raymond, *Mémoires. 50 ans de réflexion politique*, Paris, Julliard, 1983.

ATTALI, Jacques, *Dictionnaire du XXIᵉ siècle*, Paris, Fayard, 1998.

BADIE, Bertrand, *Culture et Politique*, Paris, Economica, 1983.

BADIE, Bertrand, *La Fin des territoires. Essai sur le désordre international et sur l'utilité sociale du respect*, Paris, Fayard, 1995.

BADIE, Bertrand, « L'État-nation, un modèle en épuisement ? », CORDELIER, Serge et DIDIOT, Béatrice (sous la direction de), *L'État du monde 1996. Annuaire économique et géopolitique mondial*, Montréal, Boréal, 1995, p. 70-74.

BADIE, Bertrand, « L'essor des politiques de ghetto devient une source d'instabilité internationale », *L'État du monde 1998*, Paris/Montréal, La Découverte/Boréal, 1997, p. 40-42.

BADIE, Bertrand et Marie-Claude Smouts, *Le Retournement du monde. Sociologie de la scène internationale*, Paris, Presse de la Fondation nationale des sciences politiques et Dalloz, 1992.

BADINTER, Élisabeth et Robert Badinter, *Condorcet (1743-1794). Un intellectuel en politique*, Paris, Fayard, 1988.

BAYART, Jean-François (sous la direction de), *La Réinvention du capitalisme*, Paris, Karthala, 1993.

BAYART, Jean-François, *L'État en Afrique. La politique du ventre*, Paris, Fayard, 1989.

BAYART, Jean-François, *L'Illusion identitaire*, Paris, Fayard, 1996.

BAYROU, François, *Henri IV, le roi libre*, Paris, Flammarion, 1994.

BÉNÉTON, Philippe, *Le Fléau du bien. Essai sur les politiques sociales occidentales (1960-1980)*, Paris, Robert Laffont, collection « Libertés 2000 », 1983.

BENSON, Bruce, « Crime control through private enterprise », *The Independent Review*, vol. 2, hiver 1998, p. 341-371.

BERNARD, Michel, *L'Utopie néolibérale*, préface de Michel Chartrand, Montréal, Éditions du Renouveau québécois et Chaire d'études socioéconomiques de l'UQAM, 1997.

BISSONNETTE, Lise, « Nouvel équilibre, nouveau partage. Un progrès qui est au surplus une lumière », *Forces*, n° 119, 1998, p. 4-8.

BOBIN, Christian, *L'Éloignement du monde*, Paris, Lettres Vives, 1993.

BOUBLIL, Alain, *Keynes, reviens! Ils sont devenus fous...*, Monaco, Éditions du Rocher, 1996.

BOUCHARD, Alain, « 1er forum sur le développement social. Consensus sur le bonheur égalitaire. Stéphan Tremblay n'est pas le seul à s'inquiéter des écarts grandissants entre les riches et les pauvres », *Le Soleil*, vol. 102, n° 123, 2 mai 1998, p. 2.

BOUCHARD, Chantal, *La Langue et le Nombril. Histoire d'une obsession québécoise*, Montréal, Fides, 1998.

BOUVERESSE, Jacques, *La Demande philosophique. Que veut la philosophie et que peut-on vouloir d'elle?*, leçon inaugurale du Collège de France, 6 octobre 1995, Paris, Éditions de l'Éclat, 1996.

BRODEUR, Raymond, *Catéchisme et Identité culturelle dans le diocèse de Québec en 1815*, Québec, Presses de l'Université Laval, 1998.

BRUCKNER, Pascal, *La Mélancolie démocratique*, Paris, Seuil, 1990.

BUCAILLE, Alain et Bérold Costa de Beauregard, *Les États, acteurs de la concurrence industrielle. Rapport de la Direction Générale de l'Industrie sur les aides des États à leurs industries*, Paris, Economica, 1988.

BULL, Hedley, *The Anarchical Society : A Study of Order in World Politics*, Londres, MacMillan Press, 1977.

BURELLE, André, *Le Mal canadien. Essai de diagnostic et esquisse d'une thérapie*, Montréal, Fides, 1995.

CARFANTAN, Jean-Yves, *Le Grand Désordre du monde. Les chemins de l'intégration*, Paris, Seuil, 1993.

CEE/ESAS, « The European skill accreditation system », *Info Memo*, sans date ni référence.

CLARK, Michael T. et Simon Serfaty (sous la direction de), *New Thinking & Old Realities : America, Europe, and Russia*, Washington, Seven Locks Press (published in association with The Johns Hopkins Foreign Policy Institute), 1991.

CONDILLAC, Étienne Bonnot de, *Dictionnaire des synonymes*, dans Raymond BAYER (sous la direction de), *Corpus général des philosophes français*, tome XXXIII : *Auteurs modernes : Œuvres philosophiques de Condillac*, volume III, Paris, Presses Universitaires de France, 1951.

DERRIENNIC, Jean-Pierre, *Nationalismes et Démocratie. Réflexions sur les illusions des indépendantistes québécois*, Montréal, Boréal, 1995.

DESCARTES, René, *Discours de la méthode*, texte présenté et annoté par Étienne Gilson, Paris, Vrin, 1964.

DESCHÊNES, Gaston, « Un mythe tenace », *Le Devoir*, 30 août 1994.

De SÉLYS, Gérard, *Tableau noir. Appel à la résistance contre la privatisation de l'enseignement*, Bruxelles, EPO, 1998.

DEUTSCH, Karl W., *Nationalism and its Alternatives*, New York, Alfred A. Knopf, 1969.

DEUTSCH, Karl W., *Nationalism and Social Communication. An Inquiry into the Foundations of Nationality*, Cambridge (Mass.), The M.I.T. Press, 2e édition (2e impression), 1962.

DICKEN, Peter, *Global Shift : Transforming the World Economy*, Londres/New York, Paul Chapman Publishing Ltd./Guilford, 1998.

DION, Stéphane, *L'Éthique du fédéralisme*, allocution prononcée lors de la conférence « Identités, participation et vie commune dans les États fédéraux : aspects internationaux du fédéralisme », 30 septembre 1996. Accès Internet : http ://www.pco-bcp.gc.ca/aia/ro/doc/dis3096st.htm.

DION, Stéphane, *Le Fédéralisme : un système qui évolue*, allocution prononcée devant l'APEX, 25 avril 1996. Accès Internet : http ://www.pco-bcp.gc.ca/aia/ro/doc/apex4_f.htm.

DRUCKER, Peter F., *Managing in Turbulent Times*, New York, Harper & Row Publishers, 1980.

DRUCKER, Peter F., *The New Realities*, New York, Harper & Row Publishers, 1989.

DUMONT, Fernand, *Le Lieu de l'homme. La culture comme distance et mémoire*, Montréal, Éditions HMH, collection « Constantes », n° 14, 1968.

ELBAZ, Mikhaël, Andrée Fortin et Guy Laforest (sous la direction de), *Les Frontières de l'identité. Modernité et postmodernisme au Québec*, Québec/Paris, Presses de l'Université Laval/L'Harmattan, 1996.

ERT (European Round Table — Table ronde européenne), *Investir dans la connaissance. L'intégration de la technologie dans l'éducation européenne*, Bruxelles, ERT, 1997.

FAINSOD KATZENSTEIN, Mary et David D. Laitin, « Politics, feminism, and the ethics of care », Eva Feder KITTAY et Diana T. MEYERS, *Women and Moral Theory*, New York, Rowman & Littlefield, 1987, p. 261-281.

FINKIELKRAUT, Alain, *La Défaite de la pensée*, Paris, Gallimard, 1987.

FINLEY, Moses I., *L'Invention de la politique. Démocratie et politique en Grèce et dans la Rome républicaine*, traduit de l'anglais par J. Carlier, préface de Pierre Vidal-Naquet, Paris, Flammarion, collection « Nouvelle bibliothèque scientifique »,

1985. [Édition originale : *Politics in the Ancient World,* Cambridge, Cambridge University Press, 1983.]

FORTIN, Ghislain, « La mondialisation de l'économie », *Relations,* n° 587, janvier-février 1993, p. 9-12.

FORTUNE, « The *Fortune* directory of the 500 largest U. S. industrial corporations », *Fortune,* vol. 99, n° 9, 7 mai 1979, p. 268-289.

FORTUNE, « The *Fortune* directory of the 500 largest U. S. industrial corporations », *Fortune,* vol. 111, n° 9, 29 avril 1985, p. 252-319.

FORTUNE, « *Fortune*'s service 500. The largest U. S. service corporations », *Fortune,* vol. 127, n° 11, 31 mai 1993, p. 200-279.

FOUCAULD, Jean-Baptiste de et Denis Piveteau, *Une société en quête de sens,* Paris, Odile Jacob, 1995.

FOULQUIÉ, Paul (avec la collaboration de Raymond St-Jean), *Dictionnaire de la langue philosophique,* Paris, Presses Universitaires de France, 1962.

FOURASTIÉ, Jean, *Le Grand Espoir du xxe siècle,* Paris, Gallimard, édition définitive, 1963.

FRÉGAULT, Guy et Marcel Trudel (sous la direction de), *Histoire du Canada par les textes,* tome I : *1534-1854,* édition revue et augmentée, Montréal, Fides, 1963.

FRENETTE, Yves, *Brève Histoire des Canadiens français,* Montréal, Boréal, 1998.

FROST, Robert, *The Poetry of Robert Frost,* édition établie par Edward Connery Lathem, New York, Holt, Rinehart & Winston, 1969.

FUKUYAMA, Francis, *The End of History and the Last Man,* New York, The Free Press/Macmillan, 1992 (réimpression, New York, Avon Books, 1993).

FUKUYAMA, Francis, *Trust : The Social Virtues and the Creation of Prosperity,* New York, The Free Press, 1995.

GALBRAITH, John K., *La République des satisfaits,* Paris, Seuil, 1993.

GAUDIN, Thierry, *Les Métamorphoses du futur. Essai de prospective technologique,* Paris, Economica, 1988.

GAUDIN, Thierry, *2100. Récit du prochain siècle,* Paris, Payot, 1990.

GAUDREAULT-DesBIENS, Jean-François, *De la* Déclaration de Calgary, *de sa réception au Québec et de quelques pathologies du discours constitutionnel majoritaire dans notre société au caractère « unique »,* mémoire déposé le 4 juin 1998 devant la Commission des institutions de l'Assemblée nationale du Québec.

GELLNER, Ernest, *Nations et Nationalisme,* Paris, Payot, 1989. [Édition originale : *Nations and Nationalism,* Ithaca (N.Y.)/Londres (U.K.), Cornell University Press, 1983.]

GÉNÉREUX, Jacques, *Une raison d'espérer,* Paris, Plon, 1997.

GENEST, Jean-Guy, *Godbout,* Sillery, Éditions du Septentrion, 1996.

GODBOUT, Jacques et Richard Martineau, *Le Buffet. Dialogue sur le Québec à l'an 2000,* Montréal, Boréal, 1998.

GREENSPON, Edward et Anthony Wilson-Smith, *Double Vision : The Inside Story of the Liberals in Power,* Toronto, Doubleday, 1996.

GROUPE DE LISBONNE, *Limites à la compétitivité. Vers un nouveau contrat mondial*, Québec, Boréal, 1995.

GUTMAN, Yisrael et Michel Berenbaum, *Anatomy of the Auschwitz Death Camps*, Bloomington, Indiana University Press, 1994.

GUTMANN, Amy, *Liberal Equality*, Cambridge, Cambridge University Press, 1980.

HART, Michael, *What's Next : Canada, the Global Economy and the New Trade Policy*, Ottawa, Centre for Trade Policy and Law, 1994.

HAUS, Leah A., *Globalizing the GATT : The Soviet Union's Successor States, Eastern Europe, and the International Trading System*, Washington (D.C.), The Brookings Institution, 1992.

HAZARD, Paul, *La Crise de la conscience européenne, 1680-1715*, Paris, Fayard, collection « Les grandes études littéraires », 1967.

HESSE, Herman, *Narcisse et Goldmund*, Paris, Calmann-Lévy, 1948.

HOBBES, Thomas, *Léviathan. Traité de la matière, de la forme et du pouvoir de la république ecclésiastique et civile*, traduit de l'anglais, annoté et comparé avec le texte latin par François Tricaud, Paris, Sirey, 1971.

HUNTINGTON, Samuel P., *The Clash of Civilizations and the Remaking of World Order*, New York, Simon & Schuster, 1996.

HUTTON, Will, *The State to Come*, Londres, Vintage, 1997.

HUTTON, Will, *The State We're In*, Londres, Jonathan Cape/Random House, 1995.

JACOBS, Jane, *By Way of Advice : Growth Strategies for the Market-Driven World*, Oakville, Mosaic Press, 1991.

JACQUARD, Albert, *J'accuse l'économie triomphante*, Paris, Calmann-Lévy, 1995.

JACQUARD, Albert, *Petite Philosophie à l'usage des non-philosophes*, Paris, Calmann-Lévy, 1997.

JENCKS, Christopher, *Rethinking Social Policy : Race, Poverty, and the Underclass*, Cambridge (Mass.), Harvard University Press, 1992.

JULLIARD, Jacques, « Lionel Jospin ou l'expression française », *Le Débat*, n° 100, mai-août 1998.

KANT, Emmanuel, *Critique de la faculté de juger*, traduction d'A. Philonenko, Paris, Vrin, 1965.

KANT, Emmanuel, *Vers la paix perpétuelle. Essai philosophique (1795)*, traduction précédée d'une introduction historique et critique par J. Darbellay, Paris, Presses Universitaires de France, 1958.

KATTAN, Naïm, *Culture : alibi ou liberté ?*, Montréal, Hurtubise/HMH, 1996.

KISSINGER, Henry, *Mémoires*.

KPMG, *Le Choix concurrentiel : une comparaison des coûts des entreprises au Canada et aux États-Unis*, étude réalisée par KPMG Canada avec l'appui du ministère des Affaires étrangères et du Commerce international, de l'Association canadienne de développement économique et de la Banque Royale du Canada, Ottawa, Prospectus Inc., 1997. Accès Internet : http ://www.kpmg.ca/francais/vl/other/locat96f.htm.

LACOSTE, Yves, Jean Leca, Yves Santamaria, Pierre-André Taguieff, Charles Urjewicz et Catherine Withol de Wenden, *Nation et Nationalisme*, Paris, La Découverte, 1995.

LACOURSIÈRE, Jacques, Jean Provencher et Denis Vaugeois, *Canada-Québec. Synthèse historique*, Montréal, Éditions du Renouveau Pédagogique, 1970.

LAFAY, Gérard, Colette Herzog, Loukas Stemitsiotis et Deniz Unal, *Commerce international : la fin des avantages acquis*, Paris, Economica, 1989.

LAFOREST, Guy et Douglas Brown, *Integration and Fragmentation : The Paradox of the Late Twentieth Century*, Kingston, Queen's University (Institute of Intergovernmental Relations), 1994.

LAFOREST, Guy et Philippe de Lara (sous la direction de), *Charles Taylor et l'interprétation de l'identité moderne*, Québec/Paris, Presses de l'Université Laval/Éditions du Cerf, 1998.

LAIDI, Zaki, *Un monde privé de sens*, Paris, Fayard, 1994.

LAPOINTE, Alain et Stéphane Fortin, *L'économie du savoir marquerait-elle la fin du déclin pour Montréal?*, rapport présenté au Colloque de l'ASDEQ, le 25 mars 1998.

LaSELVA, Samuel V., *The Moral Foundation of Canadian Federalism*, Kingston, McGill-Queen's University Press, 1996.

LATOUCHE, Daniel, *Plaidoyer pour le Québec*, Montréal, Boréal, 1995.

LAULAN, Yves-Marie, *La Planète balkanisée*, Paris, Economica, 1991.

LÉVÊQUE, Raphaël, *Unité et Diversité*, Paris, Presses Universitaires de France, 1963.

LÉVESQUE, René, *Option Québec*, Montréal, Les Éditions de l'Homme, 1968.

LEVET, Jean-Louis et Jean-Claude Tourret, *La Révolution des pouvoirs. Les patriotismes économiques à l'épreuve de la mondialisation*, Paris, Economica, 1992.

LION, Robert, *L'État passion*, Paris, Plon, 1992.

LISÉE, Jean-François, *Dans l'œil de l'aigle. Washington face au Québec*, Montréal, Boréal, 1990.

MARTIN, Lawrence, *The Presidents and the Prime Ministers. Washington and Ottawa Face to Face : The Myth of Bilateral Bliss, 1867-1982*, Toronto/Garden City (N.Y.), Doubleday, 1982.

MARTIN, Paul-Aimé (sous la direction de), *Vatican II. Les seize documents conciliaires. Texte intégral*, préface de Son Éminence le cardinal Paul-Émile Léger, Montréal, Fides, 1966.

MATHEWS, Georges, *L'Accord. Comment Robert Bourassa fera l'indépendance*, Montréal, Le Jour, 1990.

MATHEWS, Georges, *La Pièce manquante du casse-tête : le déficit budgétaire d'un Québec souverain*, Montréal, Institut national de la recherche scientifique, collection « Inédits », n° 23, 1995, 28 p.

MATHEWS, Jessica T., « Power shift », *Foreign Affairs*, vol. 76, n° 1, janvier/février 1997, p. 50-66.

McLUHAN, Marshall, *La Galaxie Gutenberg. La genèse de l'homme typographique*, traduit de l'anglais par Jean Paré, Montréal, Hurtubise HMH, 1971. [Édition originale : *The Gutenberg Galaxy*, Toronto, University of Toronto Press, 1962.]

McROBERTS, Kenneth, *Misconceiving Canada. The Struggle for National Unity*, Toronto, Oxford University Press, 1997.

MELANÇON, Robert, « Les nationalistes, ces nouveaux curés. Peut-on penser à autre chose qu'à la souveraineté ? », *Le Devoir*, 12 août 1995, p. A7.

MERLE, Marcel, *Les Acteurs dans les relations internationales*, Paris, Economica, 1986.

MESSERLIN, Patrick et François Vellas, *Conflits et Négociations dans le commerce international*, Paris, Economica, 1989.

MINC, Alain, *L'Argent fou*, Paris, Bernard Grasset, 1990.

MINC, Alain, *La Vengeance des nations*, Paris, Bernard Grasset, 1990.

MINTZBERG, Henry, *Les Propos d'un pur coton. Essai sur la problématique canadienne*, traduit de l'anglais par Jean-André Straehl, Montréal, Québec/Amérique, 1995.

MONNET, Jean, *Mémoires. Nous ne coalisons pas des États, nous unissons des hommes*, Paris, Fayard, 1976.

MORISSETTE, Yves-Marie, « La conciliation des différences. Les valeurs que partagent les Canadiens », *Cahiers du fédéralisme*, n° 1, 1998, p. 1-7.

MORISSETTE, Yves-Marie et Pierre S. Pettigrew, « Deux conceptions antagonistes de l'économie s'affrontent dans le débat référendaire », *La Presse*, 25 octobre 1995, p. B3.

MOWERS, Cleo, *Towards a New Liberalism : Re-Creating Canada and the Liberal Party*, Victoria (B.C.), Orca Book Publishers, 1991.

NEDELSKY, Jennifer, « Embodied diversity and the challenges to law », *McGill Law Journal / Revue de droit de McGill*, n° 42, 1997, p. 91 et suiv.

NORTH, Douglas C. et Robert P. Thomas, *L'Essor du monde occidental. Une nouvelle histoire économique*, traduit de l'anglais par J.-M. Denis, Paris, Flammarion, collection « L'Histoire vivante », 1980. [Édition originale : *The Rise of the Western World*, Cambridge, Cambridge University Press, 1973.]

NOVAK, Michael, *Démocratie et Bien commun*, traduit de l'américain par Marcelline Brun, Paris, Les Éditions du Cerf et Institut La Boétie, 1991. [Édition originale : *Free Persons and the Common Good*, Lanham, Madison Books, 1989.]

OBSERVATOIRE GÉOPOLITIQUE DES DROGUES, *La Géopolitique mondiale des drogues 1995-1996. Rapport annuel*, Paris, La Découverte, 1997. Accessible sur Internet à l'adresse suivante : http://www.ogd.org/rapport/RP01_RAP.html.

OCDE, *Adult Learning on Technology in OECD Countries*, Paris, OCDE, 1996.

OCDE, *Les Technologies de l'information et l'Avenir de l'enseignement postsecondaire*, Paris, OCDE, 1996.

ORGANISATION MONDIALE DU COMMERCE, *Le Commerce international. Tendances et statistiques, 1995*, Paris, OMC (Division de la recherche et de l'analyse économique et Division des statistiques et des systèmes de l'information), 1997.

PARÉ, Jean, *Je persiste et signe,* Montréal, Boréal, 1996.

PEARSON, Lester Bowles, *Democracy in World Politics,* Princeton, Princeton University Press, 1955.

PERIN, Roberto, *Rome et le Canada,* Montréal, Boréal, 1993.

PETERS, Thomas J. et Robert H. Jr. Waterman, *In Search of Excellence. Lessons from America's Best-Run Companies,* New York, Harper & Row, 1982.

PETTIGREW, Pierre S., « Le Québec dans un monde global », *La Presse,* du 26 au 30 septembre 1995, p. B3 dans chaque cas.

PEYREFITTE, Alain, *Du « miracle » en économie. Leçons au Collège de France,* Paris, Odile Jacob, 1995.

PEYREFITTE, Alain, *La Société de confiance,* Paris, Odile Jacob, 1995.

PINARD, Maurice, Robert Bernier et Vincent Lemieux, *Un combat inachevé,* Sainte-Foy, Presses de l'Université du Québec, 1997.

PIRANDELLO, Luigi, *Six personnages en quête d'auteur,* Comédie française, Paris. 1978.

POULIOT, Léon, *Monseigneur Bourget et son temps,* tome I : *Les Années de préparation (1799-1840),* Montréal, Beauchemin, 1955 ; tome II : *L'Évêque de Montréal* [première partie : *L'Organisation du diocèse de Montréal (1840-1846)],* Montréal, Beauchemin, 1956 ; tome III : *L'Évêque de Montréal* [deuxième partie : *La Marche en avant du diocèse (1846-1876)],* Montréal, Bellarmin, 1972 ; tome IV : *L'Affrontement avec l'Institut canadien (1858-1870),* Montréal, Bellarmin, 1974 ; tome V : *Les Derniers Combats. Le démembrement de la paroisse Notre-Dame (1865). Vingt-cinq années de luttes universitaires (1851-1876),* Montréal, Bellarmin, 1977.

PUTNAM, Robert D. (en collaboration avec Robert Leonardi et Raffaella Y. Nanetti), *Making Democracy Work. Civic Traditions in Modern Italy,* Princeton (N.J.), Princeton University Press, 1993.

REICH, Robert, *L'Économie mondialisée,* Paris, Dunod, traduit de l'américain par Daniel Temam, 1993. [Édition originale : *The Work of Nations : Preparing Ourselves for 21st-Century Capitalism,* New York, Alfred A. Knopf Inc., 1991.]

REVEL, Jean-François, *Descartes inutile et incertain,* Paris, Stock, 1976 (réimpression dans le recueil de textes de Jean-François Revel paru dans la collection « Bouquins », Paris, Robert Laffont, 1997).

REY, Jean-Jacques, *Institutions économiques internationales,* Bruxelles, Bruyland, 1988.

RICARDO, David, *Œuvres complètes,* traduites en français par MM. Constancio et Fonteyraud, augmentées des notes de Jean-Baptiste Say, de nouvelles notes et de commentaires par Malthus, Sismondi, MM. Rossi, Blanqui, etc., et précédées d'une notice biographique sur la vie et les travaux de l'auteur par Alcide Fonteyraud, réimpression de l'édition de 1847. Osnabrück, Otto Zeller, 1966. [Édition originale : *The Principles of Political Economy and Taxation,* introduction by Michael P. Fogarty, Londres, J. M. Dent & Sons, 1955.]

RILKE, Rainer-Maria, *Lettres à un jeune poète,* Paris, Bernard Grasset, 1984 [1937].

ROSENAU, James, « Patterned chaos in global life : structure and process in the two worlds of world politics », *International Political Science Review*, vol. 9, n° 4, octobre 1988, p. 327-364.

ROSENAU, James, *Turbulence in World Politics*, Princeton (N.J.), Princeton University Press, 1990.

ROSANVALLON, Pierre, *La Nouvelle Question sociale*, Paris, Seuil, 1976.

ROUSSEAU, Jean-Jacques, *Du contrat social*, Paris, Garnier-Flammarion, collection « GF/Texte intégral », 1966.

RYAN, Claude, *Regards sur le fédéralisme canadien*, Montréal, Boréal, 1995.

SANDEL, Michael J., *Democracy's Discontent : America in Search of a Public Philosophy*, Cambridge (Mass.)/Londres, The Belknap Press of Harvard University Press, 1996.

SAUL, John, *Les Bâtards de Voltaire. La dictature de la raison en Occident*, traduit de l'anglais par Sabine Boulogne, Paris, Payot, 1993. [Édition originale : *Voltaire's Bastards. The Dictatorship of Reason in the West*, New York, The Free Press, 1992.]

SAUL, John, *Réflexions d'un frère siamois. Le Canada à l'aube du XXIᵉ siècle*, traduit de l'anglais par Charlotte Melançon, Montréal, Boréal, 1998.

SCHILLER, Herbert I., *Culture Inc. : The Corporate Takeover of Public Expression*, New York, Oxford University Press, 1989.

SÉGUIN, Maurice, *Histoire de deux nationalismes au Canada*, texte établi et présenté par Bruno Deshaies, Montréal, Guérin, 1997.

SELIGMAN, A. B., *The Problem of Trust*, Princeton (N.J.), Princeton University Press, 1997.

SILVER, A.I., *The French-Canadian Idea of Confederation, 1864-1900*, 2ᵉ édition, Toronto, University of Toronto Press, 1997.

SLAMA, Alain-Gérard, *La Régression démocratique*, Paris, Fayard, 1995.

SMITH, Adam, *Enquête sur la nature et les causes de la richesse des nations*, traduction nouvelle d'après la première édition avec les variantes des éditions ultérieures, présentation, notes, chronologie, tables, lexique et index par Paulette Taieb avec la collaboration pour la traduction de Rosalind Greenstein, Paris, Presses Universitaires de France, 3 vol. et 1 vol. d'appareil critique, 1995. [Édition originale : *An Inquiry into the Nature and Causes of the Wealth of Nations*, avec une introduction de M. Blaug (Yale University), Homewood (Ill.), R. D. Irwin Inc. (Irwin Paperback Classics in Economics Selected and Edited by L. Reynolds and W. Fellner [Yale University]), 2 vol., 1963.]

STOPFORD, John, Susan Strange et John S. Henley, *Rival States, Rival Firms : Competition for World Market Shares*, Toronto, Cambridge University Press, 1991.

SYLVAIN, Philippe et Nive Voisine, *L'Histoire du catholicisme québécois*, vol. II : *Réveil et Consolidation, 1840-1898*, Montréal, Boréal, 1991.

TAYLOR, Charles, *Grandeur et Misère de la modernité*, traduit par Charlotte Melançon, Montréal, Bellarmin, 1992. [Édition originale : *The Malaise of Modernity*, Toronto, Anansi Press, 1991.]

TAYLOR, Charles, *Multiculturalisme. Différence et démocratie*, traduit par Denis-Armand Canal, Paris, Aubier, 1994.

TAYLOR, Charles, *Reconciling the Solitudes. Essays on Canadian Federalism and Nationalism*, Montreal/Kingston, McGill-Queen's University Press, 1993.

THOMPSON, Dale C., *Jean Lesage et la Révolution tranquille*, Québec, Trécarré, 1984.

THUREAU-DANGIN, Philippe, *La Concurrence et la Mort*, Paris, Syros, 1995.

THUROW, Lester C., *The Future of Capitalism. How Today's Economic Forces Shape Tomorrow's World*, New York, William Morrow and Co., 1996.

TOCQUEVILLE, Alexis de, *De la démocratie en Amérique*, biographie, préface et bibliographie par François Furet, Paris, Garnier-Flammarion, collection « GF », n° 353 et n° 354, 1981.

TOURAINE, Marisol, *Le Bouleversement du monde. Géopolitique du XXIᵉ siècle*, Paris, Seuil, 1995.

TOURAINE, Alain, *Pourrons-nous vivre ensemble ? Égaux et différents*, Paris, Fayard, 1997.

TSURUMI, Yoshi, *Multinational Management : Business Strategy and Government Policy*, 2ᵉ édition, Cambridge (Mass.), Ballinger Publishing Company, 1984.

UNITED NATIONS, *World Drug Report*, New York, International Drug Control programme, 1997. Accès Internet : http ://www.un.org/ga/20special/wdr/wdr.htm.

VALANCE, Georges, *Les Maîtres du monde : Allemagne, États-Unis, Japon*, Paris, Flammarion, 1992.

VENNE, Michel, « Bilan de campagne. L'incroyable remontée du OUI », *Le Devoir*, 28 octobre 1996, p. A6.

WALLERSTEIN, Immanuel, *Le Système du monde du XVᵉ siècle à nos jours*, tome I : *Capitalisme et Économie-monde, 1450-1640*, et tome II : *Le Mercantilisme et la Consolidation de l'économie-monde européenne, 1600-1750*, traduit de l'anglais par C. Markovits, Paris, Flammarion, collection « Nouvelle bibliothèque scientifique », 1980 et 1984. [Édition originale : *The Modern World-System*, New York, Academic Press, 1974 et 1980.]

WEBBER, Jeremy, *Reimagining Canada. Language, Culture, Community, and the Canadian Constitution*, Kingston, McGill-Queen's University Press, 1994.

WEBER, Max, *L'Éthique protestante et l'Esprit du capitalisme* suivi de *Les Sectes protestantes et l'Esprit du capitalisme*, 2ᵉ édition, Paris, Plon, 1967.

YOUNG-BRUEHL, Elizabeth, *Hannah Arendt for the Love of the World*, New Haven, Yale University Press, 1982.

ZAKARIA, Fareed, « The rise of illeberal democracy », *Foreign Affairs*, vol. 76, n° 6, novembre/décembre 1997, p. 22-43.

Notes

Chapitre premier • Histoire, politique et liberté

1. Adam Smith, *Enquête sur la nature et les causes de la richesse des nations*. Cet ouvrage demeure un classique dont on ne saurait trop recommander la lecture. On trouvera dans l'orientation bibliographique qui figure à la fin du présent livre les références complètes de chacune des publications évoquées dans les notes et celles d'autres œuvres qui m'ont inspiré.
2. Alain Peyrefitte, *La Société de confiance*.
3. Francis Fukuyama, *Trust : The Social Virtues and the Creation of Prosperity*.

Chapitre II • Ruptures et désordre mondial : les contradictions internes du capitalisme triomphant

1. Je développe, dans ce chapitre ainsi que dans les troisième et quatrième chapitres de ce livre, les deux premiers articles de la série « Le Québec dans un monde global » que j'ai publiés les 26 et 27 septembre 1995 en page B3 de *La Presse*.
2. Paul Valéry ne disait-il pas : « Deux choses menacent le monde : l'ordre et le désordre » ?
3. Sur ces questions essentielles à l'intelligence de mon propos, le lecteur curieux pourra consulter les travaux suivants : Alain Peyrefitte, *Du « miracle » en économie. Leçons au Collège de France*, la remarquable synthèse de Douglas C. North et Robert P. Thomas, *L'Essor du monde occidental. Une nouvelle histoire économique*, et le monumental ouvrage de Immanuel Wallerstein, *Le Système du monde du XVᵉ siècle à nos jours*, notamment le tome II : *Le Mercantilisme et la Consolidation de l'économie-monde européenne (1600-1750)*.
4. Alain Peyrefitte, *op. cit.*, p. 44.
5. L'Accord général sur le tarif douanier et le commerce, devenu récemment l'Organisation mondiale du commerce (OMC), est en activité depuis janvier 1948. Il a organisé plusieurs séances de négociations pour réduire les barrières au commerce entre pays.
6. Voir, à ce sujet, David Ricardo, *Œuvres complètes*, *passim*.
7. Organisation mondiale du commerce, *Le Commerce international. Tendances et statistiques, 1995*, p. 1-4.
8. Emmanuel Kant, *Vers la paix perpétuelle. Essai philosophique (1795)*.
9. En juillet 1944, les gouvernements des États-Unis, de la Grande-Bretagne et du Canada ont organisé une conférence internationale à Bretton Woods, au New Hampshire, pour discuter de

certaines propositions économiques pour l'après-guerre. Les accords survenus lors de cette conférence ont entraîné la création du Fonds monétaire international et de la Banque internationale pour la reconstruction et le développement, la Banque mondiale.

Chapitre III • Le divorce du couple « État-marché »

1. Paul Hazard, dans *La Crise de la conscience européenne, 1680-1715,* rend admirablement compte d'une évolution qui constitue en fait une révolution.
2. *Ibid.,* p. VII.
3. Le roman de Herman Hesse *Narcisse et Goldmund* expose très bien la distinction fondamentale entre les attributs du pouvoir et ceux de la puissance. Le moine Narcisse, à la recherche du savoir, est tout pouvoir à la différence de l'artiste Goldmund, à la recherche de l'Ève éternelle, qui est puissance.
4. Étienne Bonnot de Condillac, *Dictionnaire des synonymes,* voir le terme « Puissance », p. 467. Voir aussi Paul Foulquié, *Dictionnaire de la langue philosophique,* p. 595.
5. Thomas J. Peters et Robert H. Waterman Jr., *In Search of Excellence. Lessons from America's Best-Run Companies.*
6. « The *Fortune* directory of the 500 largest U. S. industrial corporations », *Fortune,* vol. 111, n° 9, 29 avril 1985, p. 252-319.
7. Comparer, à ce propos, « The *Fortune* directory of the 500 largest U. S. industrial corporations », *Fortune,* vol. 99, n° 9, 7 mai 1979, p. 268-289, à « *Fortune*'s service 500. The largest U. S. service corporations », *Fortune,* vol. 127, n° 11, 31 mai 1993, p. 200-279.
8. Ghislain Fortin, « La mondialisation de l'économie », *Relations,* n° 587, janvier-février 1993, p. 9-12.
9. Jessica T. Mathews, « Power shift », *Foreign Affairs,* vol. 76, n° 1, janvier-février 1997, p. 53. L'ensemble de cet article constitue une analyse d'une rare lucidité.
10. Jacques Julliard, « Lionel Jospin ou l'exception française », *Le Débat,* n° 100, mai-août 1998.
11. James Rosenau, « Patterned chaos in global life : structure and process in the two worlds of world politics », *International Political Science Review,* vol. 9, n° 4, octobre 1988, p. 357-394. Voir aussi de cet auteur *Turbulence in World Politics.*
12. Bertrand Badie, *La Fin des territoires. Essai sur le désordre international et sur l'utilité sociale du respect.*
13. Bertrand Badie et Marie-Claude Smouts, *Le Retournement du monde. Sociologie de la scène internationale.*

Chapitre IV • Confiance et développement

1. Francis Fukuyama, *op. cit.*
2. Bertrand Badie et Marie-Claude Smouts, *op. cit.,* p. 199 et 201.
3. Jean-François Bayart, *L'État en Afrique. La politique du ventre, passim.*
4. « *Many estimates have been made of the total revenue accruing to the illicit drug industry — most range from US $300bn to US $500bn. However a growing body of evidence suggests that the true figure lies somewhere around the US $400bn level. A US $400bn turnover would be equivalent to approximately 8 per cent of total international trade. In 1994 this figure would have been larger than the international trade in iron and steel and motor vehicles and about the same size as the total international trade in textiles.* » United Nations, *World Drug Report,* p. 124. Voir aussi Observatoire géopolitique des drogues, *La Géopolitique mondiale des drogues 1995-1996. Rapport annuel.*
5. Alain Peyrefitte, *La Société de confiance.*
6. *Ibid.,* p. 49 et suiv. Notons que ce phénomène fait même l'objet de son livre précédent, *Du « miracle » en économie.*
7. L'ouvrage classique de Max Weber, *L'Éthique protestante et l'Esprit du capitalisme,* reste incontestablement l'une des œuvres les plus éclairantes à cet égard.

8. Peyrefitte évoque même le cas des médaillés aux Jeux olympiques (*op. cit.*, p. 52).

9. Mon père, catholique mais de langue maternelle anglaise, m'a exposé une différence fondamentale qu'il a relevée dans son enfance : ses amis protestants devaient lire la Bible alors qu'on le lui interdisait. Le prêtre intermédiaire, et lui seul, pouvait interpréter celle-ci. On reviendra plus loin sur d'autres conséquences du rôle crucial accordé aux intermédiaires dans les sociétés catholiques.

Chapitre V • L'État et la conquête de l'allégeance citoyenne

1. Le lecteur désireux de situer dans le *continuum* historique la place faite à l'individu par et dans l'État pourra se représenter le chemin parcouru à cet égard en lisant le remarquable et synthétique ouvrage de Moses I. Finley, *L'Invention de la politique. Démocratie et politique en Grèce et dans la Rome républicaine.*

2. Sur toute cette question, beaucoup d'encre a coulé. Certains classiques demeurent cependant insurpassés. Le *Léviathan* de Thomas Hobbes et le *Contrat social* de Jean-Jacques Rousseau sont de ce groupe.

3. Jean-Louis Levet et Jean-Claude Tourret, *La Révolution des pouvoirs. Les patriotismes économiques à l'épreuve de la mondialisation*, p. 125 et suiv.

4. Bertrand Badie et Marie-Claude Smouts, *op. cit.*, p. 39.

5. *Ibid.*, p. 39-40. Voir aussi, à ce sujet, les ouvrages de Karl Deutsch, *Nationalism and Social Communication* ainsi que *Nationalism and its Alternatives*, et de Ernest Gellner, *Nations et Nationalisme.*

6. Francis Fukuyama, *op. cit.*

7. Jean-Louis Levet et Jean-Claude Tourret, *op. cit.*, p. 129. Voir aussi Alain Peyrefitte, *passim.*

8. Jean-Louis Levet et Jean-Claude Tourret, *op. cit.*, p. 131.

9. Cette expression se trouve dans *Le Grand Espoir du XXe siècle*, de Jean Fourastié.

10. Et le réveil fut brutal. Voir, à ce propos, Philippe Bénéton, *Le Fléau du bien. Essai sur les politiques sociales occidentales (1960-1980).*

11. Jean-Louis Levet et Jean-Claude Tourret, *op. cit.*, p. 107.

12. *Ibid.*, p. 108.

Chapitre VI • La crise identitaire et la souffrance du déchirement

1. Sur cette question, il existe une abondante documentation. À ma connaissance, l'analyse la plus récente est due à Bruce Benson, « Crime control through private enterprise », *The Independent Review*, vol. 2, hiver 1998, p. 341-371, qui soutient que, en 1983 déjà, les effectifs étaient plus de deux fois plus élevés dans les services de sécurité privés aux États-Unis que dans les services publics, ce ratio atteignant 2,5 : 1 dès 1991, année durant laquelle on estimait à 52 milliards $US l'ensemble des frais associés aux services de sécurité privés, y compris les frais reliés au 1,3 million d'employés à plein temps de cette industrie.

2. Le philosophe Hobbes est celui qui a le premier décrit ce pacte étroit entre l'État et l'individu.

3. Alain Touraine, *Pourrons-nous vivre ensemble ? Égaux et différents*, p. 19. Je dois signaler ici combien je suis redevable, en particulier dans ce chapitre et le suivant, à ce livre d'Alain Touraine.

4. Pour bien comprendre le problème d'identité de millions de travailleurs et de syndiqués, il suffit de mesurer leur degré de participation à cette concentration du capital. Nombre d'entre eux sont des propriétaires de ce capital. Nombre d'entre eux sont des actionnaires d'entreprises globales par le biais de leurs régimes de retraite dont les gestionnaires ont la responsabilité de leur obtenir le meilleur rendement qui est la clef de la sécurité de leurs vieux jours. Ils sont devenus des acteurs de ce capitalisme financier. Ils sont, en réalité, des capitalistes.

5. Alain Touraine, *op. cit.*, p. 43-44. Dans *La Galaxie Gutenberg*, Marshall McLuhan avait déjà exploré le thème de l'influence des technologies médiatiques sur la vie humaine. Jusqu'à nouvel ordre, sa contribution en la matière demeure insurpassée.

Chapitre VII • Le sujet au cœur d'une nouvelle expérience esthétique

1. Philip Resnick, « À la recherche de la communauté perdue : Charles Taylor et la modernité », dans Guy Laforest et Philippe de Lara (sous la direction de), *Charles Taylor et l'interprétation de l'identité moderne,* p. 335.

2. Des nombreuses éditions du *Discours de la méthode,* celle qui est accompagnée d'une introduction et de notes par Étienne Gilson fourmille de précisions utiles au lecteur contemporain. Le système intellectuel de Descartes n'est pas à l'abri de la critique. Témoin la préface que fit Jean-François Revel au *Discours de la méthode* dans son *Descartes inutile et incertain.*

3. Pour écrire ces pages, je suis retourné aux notes de cours sur la connaissance qui me viennent de ce professeur de la Faculté de philosophie de l'Université du Québec à Trois-Rivières, dont je conserve un souvenir ému.

4. Alain Touraine, *op. cit.,* p. 224.

5. Il a même fait de cette expression le sous-titre de son ouvrage. Voir John Saul, *Les Bâtards de Voltaire. La dictature de la raison en Occident.*

6. La *Critique de la faculté de juger,* est-il besoin de le rappeler, comporte des analyses du beau et du sublime que l'on n'a pas surpassées depuis.

7. Je me réfère encore ici aux notes de cours de Julien Naud, s.j.

8. Il vaut la peine de relire dans cette perspective la pièce de Luigi Pirandello *Six personnages en quête d'auteur.*

9. Ce livre n'a pas moins inspiré le présent chapitre que ne l'ont fait le *Pourrons-nous vivre ensemble? Égaux et différents* d'Alain Touraine et les notes de cours du professeur Julien Naud.

10. Francesco Alberoni, *op. cit.,* p. 24 et 81.

11. Alain Touraine, *op. cit.,* p. 175.

12. Rainer Maria Rilke écrivait dans ses *Lettres à un jeune poète* : « Au vrai, la vie créatrice est si près de la vie sexuelle, de ses souffrances, de ses voluptés, qu'il n'y faut voir que deux formes d'un seul et même besoin, d'une seule et même jouissance », p. 36.

13. Francesco Alberoni, *op. cit.,* p. 20-21.

14. *Ibid.,* p. 45.

15. *Ibid.,* p. 168.

16. Alain Touraine, *op. cit.,* p. 175.

17. *Ibid.,* p. 246-247.

18. *Ibid.*

19. Raymond Boudon, « Critique de la bienveillance universelle ou De la nature de la rationalité axiologique », Guy Laforest et Philippe de Lara (sous la direction de), *Charles Taylor et l'interprétation de l'identité moderne,* p. 285 et suiv.

Chapitre VIII • La recomposition du monde : politique, éthique et bien commun

1. Voir la section du chapitre III intitulée « L'émergence d'une société civile globale » (p. 45).

2. Bertrand Badie, « L'État-nation : un modèle en épuisement ? », Serge Cordelier et Béatrice Didio (sous la direction de), *L'État du monde 1996. Annuaire économique et géopolitique mondial,* p. 74.

3. Alain Touraine, *op. cit.,* p. 359-360.

4. Élisabeth et Robert Badinter ont écrit, dans leur *Condorcet (1743-1794). Un intellectuel en politique,* que ce dernier était, à peu près, le seul penseur de l'époque à appuyer le droit de vote pour les femmes (voir p. 333).

5. J'emprunte l'essentiel de ce raisonnement à Alain Touraine, *op. cit.,* p. 228-231.

6. Jennifer Nedelsky, dans un article intitulé « Embodied diversity and the challenges to law », aborde cette question et se demande, à l'instar d'auteures américaines, si l'éthique de l'altérité pourra valablement s'ajouter à l'éthique de la justice ou la compléter. La réponse n'est pas évidente, car

l'éthique de la justice relève *a priori* de la justice commutative alors que l'éthique de l'altérité tient plutôt de la justice distributive et repose sur des considérations altruistes du type suivant : « Tu n'as pas droit à telle ou telle chose. Mais tu es démuni et vulnérable. Je vais donc te donner cette chose tout de même. » Jennifer Nedelsky, « Embodied diversity and the challenges to law », *McGill Law Journal/Revue de droit de McGill*, n° 42, 1997, p. 91. Voir aussi Diana T. Meyers et Eva Feder Kittay (sous la direction de), *Women and Moral Theory*, *passim* et, en particulier, l'article qu'y signent Mary Fainsod Katzenstein et David D. Laitin, « Politics, feminism, and the ethics of care », p. 261-281.

7. Le site Internet de la Commission donne accès à une quantité de renseignements utiles à ce sujet. Voir http ://www.truth.org.za. J'ai trouvé révélateur que Nelson Mandela, instigateur de cette nouvelle forme de justice, lors de son dernier passage au Canada, ait invité les Canadiens à laisser plus de place aux femmes s'ils voulaient régler leur différend entre anglophones et francophones.

8. *L'Église dans le monde de ce temps. Constitution pastorale De Ecclesia in mundo huius temporis* (*Gaudium et Spes*), Paul-Aimé Martin (sous la direction de), *Vatican II. Les seize documents conciliaires. Texte intégral*, paragraphe 26, p. 197.

9. Michael Novak, *Démocratie et Bien commun*, p. 88.

10. Les considérations que j'avance ici doivent beaucoup à Bertrand Badie et à Marie-Claude Smouts. Voir *Le Retournement du monde. Sociologie de la scène internationale*, notamment les p. 215-216, 229 et 232.

11. Connue sous le nom de théorie des avantages absolus, cette conception des choses et des avantages commerciaux qui en découlent est bien exposée par Ricardo dans son ouvrage classique *The Principles of Political Economy and Taxation* (1817).

Chapitre IX • Le pays qui refusa de devenir un État-nation

1. En lisant la version originale anglaise des *Réflexions d'un frère siamois, le Canada à l'aube du XXIe siècle*, de John Saul, en décembre 1997, j'ai compris que je devais terminer le livre que vous lisez en ce moment et que j'avais commencé avant mon entrée dans le gouvernement canadien. Vous reconnaîtrez certaines influences importantes tout au long des premiers chapitres de cette partie. Mais vous comprendrez, après avoir lu la première partie de mon livre, que je me sens une parenté avec l'auteur des *Bâtards de Voltaire*, qui constitue une critique de la dictature de la raison en Occident. Je comprends que nous avons été sensibles aux mêmes caractéristiques particulières et originales de notre pays. Je le remercie et le félicite de sa contribution.

2. Michel Tournier, *Le Roi des Aulnes*, Paris, Gallimard, 1970, p. 64-65

3. Yisrael Gutman et Michel Berenbaum, *Anatomy of the Auschwitz Death Camps*, p. 250-251.

4. François Bayrou, *Henri IV, le roi libre*, p. 380.

5. *Ibid.*

6. *Ibid.*, p. 432.

7. Guy Frégault et Marcel Trudel (sous la direction de), *Histoire du Canada par les textes*, tome I : *1534-1854*, p. 209 et suiv. [Le rapport Durham (1839).]

8. John Saul, *Réflexions d'un frère siamois*, p. 73.

9. Claude Ryan aimait bien raconter cette anecdote si libérale et si canadienne à l'époque où j'étais son chef de cabinet.

10. À tort ou à raison, on nous disait avec insistance, à l'école, qu'il n'y avait pas de *s* à la première partie de son prénom, ce qui le rendait dangereusement semblable aux anglophones ! Ce n'est pas d'hier qu'on s'intéresse aux prénoms des leaders fédéralistes, qu'il s'agisse de ceux de Trudeau ou de Charest... Je n'ai jamais eu ce problème de la part des nationalistes ethniques, mon patronyme trahissant déjà mes origines nordiques (écossaises). Un malheureux petit w qui en dit si long ! Je me permets de citer ici le texte qui figure à la lettre w de la *Petite Philosophie à l'usage des non-philosophes* qu'Albert Jacquard publiait sous forme de dictionnaire chez Calmann-Lévy en 1997. « Si l'on en croit le *Larousse*, "la lettre w est propre aux langues du Nord et n'est usitée en français

que dans des mots empruntés à des langues ayant leur orthographe". L'ambiguïté à son propos est telle qu'elle est selon les cas une voyelle ou une consonne. Dans les mots venant de l'allemand, w a la valeur du v; elle se comporte comme une consonne. Dans les mots venant de l'anglais, du flamand, du néerlandais elle correspond généralement au son "ou" et se comporte comme une voyelle. Pour participer à la défense de la langue française, il est donc préférable de ne pas rechercher de mot commençant par une voyelle ayant une conduite aussi désinvolte… »

11. Le trio Manning, Harris et Bouchard, trois hommes politiques dont on évoque de plus en plus ouvertement le rapprochement, représente une véritable menace pour la personnalité du Canada, pour son identité : chacun dans sa cour, chaque minorité livrée à sa majorité régionale, fin de l'égalité des chances et des services publics partout au pays. On le voit, ce n'est pas d'hier que les leaderships régionaux ont eu ces orientations plus traditionnelles.

12. Dans sa lettre du 18 mai 1942 au premier ministre Mackenzie King, le président des États-Unis, Franklin Delano Roosevelt, recommande explicitement au chef du gouvernement canadien de prendre les mesures requises en vue d'assimiler les Canadiens français à la majorité anglophone (voir Lawrence Martin, *The Presidents and the Prime Ministers. Washington and Ottawa Face to Face : The Myth of Bilateral Bliss, 1867-1982*, p. 139-140). Comme le fait remarquer nul autre que Jean-François Lisée, « Mackenzie King ne répond pas aux suggestions de Roosevelt et il les passe complètement sous silence dans sa lettre subséquente » (*Dans l'œil de l'aigle. Washington face au Québec*, p. 23). Voir aussi les pages 454-455 de l'ouvrage de Jean-François Lisée où est reproduit l'original anglais de la lettre de Roosevelt à Mackenzie King.

Chapitre X • Le pays de la troisième voie ou la passion de l'équilibre

1. Je me suis largement inspiré de mon discours à la Commission féminine du congrès biennal du Parti libéral du Canada en mars 1998 ainsi que de mon discours aux cadres supérieurs de mon ministère à Cornwall pour écrire ce chapitre.

2. René Lévesque, *Option Québec*, Montréal.

3. Bernard Landry, « Quelle politique tue l'économie ? », *La Presse*, 4 juillet 1998, p. B3. Bernard Landry attribue le retard du Québec à huit causes : il évoque huit décisions « fédérales » prises au cours des cent vingt-cinq dernières années. Aucune décision prise au Québec et à Québec n'est mentionnée.

4. À ce propos, on consultera avec profit *Réflexions d'un frère siamois. Le Canada à l'aube du XXIᵉ siècle*, de John Saul, en particulier le chapitre 12.

5. L'animisme est cette attitude consistant à attribuer aux choses une âme analogue à l'âme humaine, ce qui entraîne en effet le respect de la nature comme le respect des autres.

6. John Saul, *op. cit.*, p. 187-206.

7. KPMG, *Le Choix concurrentiel : une comparaison des coûts des entreprises au Canada et aux États-Unis*.

8. Alain Touraine, *op. cit.*, p. 182-183.

9. Will Hutton, *The State to Come*, Londres, Vintage, 1997, p. 62. Cet ouvrage fait le pendant à celui que le même auteur a intitulé *The State We're In*.

10. Will Hutton, *op. cit.*, p. 4.

11. John Kenneth Galbraigth, *La République des satisfaits*.

12. Lester Charles Thurow, *The Future of Capitalism. How Today's Economic Forces Shape Tomorrow's World*, chapitre 13, p. 242-278.

13. Will Hutton, *op. cit.*, p. 107.

14. Charles Taylor, *Grandeur et Misère de la modernité*.

15. *Les Bâtards de Voltaire*, de John Saul, abonde en observations qui donnent à réfléchir. Pour cette raison, j'en recommande sans hésitation la lecture.

16. Christopher Jencks, *Rethinking Social Policy : Race, Poverty and the Underclass*, p. 202-203.

Chapitre XI • Le *statu quo* en perpétuelle évolution

1. Il y aurait sur la planète environ trois mille groupes humains auxquels on reconnaît une identité collective. Cela explique que près de 90 % des 185 États reconnus par les Nations unies aient une population multiethnique. Voir, à ce sujet, l'exposé de Stéphane Dion, *L'Éthique du fédéralisme*, section 1 : *La Nécessaire Cohabitation des cultures* (accès Internet : http ://www.pco-bcp.gc.ca/aia/ ro/doc/dis3096st.htm).

2. À mes amis du reste du pays qui expriment parfois une certaine lassitude à l'égard de la question québécoise, je rappelle combien les demandes du Québec ont contribué à l'émergence du Canada tel que nous le connaissons. Je suis sûr que *leurs* ancêtres aussi ont connu des moments de lassitude en présence des exigences de *mes* ancêtres. Cet accommodement nous a donné notre identité politique, mais aussi un hymne national composé par Adolphe-Basile Routhier sur une musique de Calixa Lavallée — lequel a mis du temps à remplacer le *God Save the King* ailleurs au pays —, un statut plus autonome à l'égard de Londres, puis le drapeau unifolié, maintenant symbole de fierté pour tous. Les stimuli québécois ont fait évoluer le pays dans le bon sens. Je dis à mes compatriotes qu'il est aussi exténuant pour nous de pousser que pour eux de résister.

3. Je pense, par exemple, à quelques-unes des thèse avancées par Maurice Séguin, ancien titulaire de la Chaire Lionel-Groulx ; voir Maurice Séguin, *Histoire de deux nationalismes au Canada*.

4. J'emprunte cette idée à Jean-François Gaudreault-DesBiens, qui la citait dans un mémoire déposé le 4 juin 1998 devant la Commission des institutions de l'Assemblée nationale du Québec, *De la Déclaration de Calgary, de sa réception au Québec et de quelques pathologies du discours constitutionnel majoritaire dans notre société au caractère « unique »*.

Chapitre XII • Une Constitution, deux cultures, quatre mythes

1. Je citerai ici, parmi bien d'autres observations, celle-ci, qui a le mérite d'être concise. Je la tire du *Dictionnaire du XXIᵉ siècle* que publiait en 1998 Jacques Attali, autrefois conseiller du président François Mitterrand avant d'occuper les fonctions de président de la Banque européenne de développement. S'il résout le malentendu actuel, écrit l'auteur, « le Canada, formidable terre d'accueil, constituera un des premiers exemples réussis de société multiculturelle et démocratique sans frontières, où chacun sera simultanément membre de plusieurs collectivités autrefois mutuellement exclusives ».

2. Claude Ryan, *Regards sur le fédéralisme canadien*, p. 8.

3. C'est-à-dire que les 2,46 $ que le gouvernement fédéral dépensait en biens et services en 1960 pour chaque dollar que dépensaient les provinces étaient tombés à 0,67 $ en 1993. Voir, à ce sujet, l'exposé de Stéphane Dion, *Le Fédéralisme : un système qui évolue*, section intitulée « Le fédéralisme canadien est-il vraiment un système paralysé, incapable de se réformer ? » (accès Internet : http :// www.pco-bcp.gc.ca/aia/ro/doc/apex4_f.htm).

4. On fait constamment état d'un consensus à l'Assemblée nationale du Québec sur cette question. Avant que ne se développe ici un nouveau mythe, il me paraît important de rappeler que le Parti libéral du Québec s'est opposé à la méthode du gouvernement fédéral et a émis une réserve sur la formule d'amendement retenue, mais pas à la Charte des droits. En effet, au vote du 1ᵉʳ décembre 1981, le Parti libéral du Québec n'a pas appuyé la motion de René Lévesque condamnant le rapatriement unilatéral de la Constitution.

5. Il y aurait beaucoup à dire sur ce point, mais je ne veux pas citer pêle-mêle les deux ou trois dizaines d'ouvrages susceptibles d'illustrer mon propos. Aussi ne mentionnerai-je ici que quelques-uns des plus récents. Des auteurs sérieux au Canada anglais ont mesuré depuis longtemps ce que l'adhésion à la confédération par les Canadiens français avait de particulier ; l'ouvrage d'A. I. Silver, *The French-Canadian Idea of Confederation, 1864-1900*, l'exprime fort bien, et un épilogue ajouté à la deuxième édition de l'ouvrage souligne la grande actualité de la question. Dans le même sens, je citerai aussi les travaux de Jeremy Webber, *Reimagining Canada. Language,*

Culture, Community, and the Canadian Constitution, de Samuel V. LaSelva, *The Moral Foundation of Canadian Federalism*, et de Kenneth McRoberts, *Misconceiving Canada. The Struggle for National Unity*.

Chapitre XIII • Un double chantier : le renouvellement de l'union sociale et du fédéralisme canadiens

1. J'ai d'abord donné ce texte à l'occasion d'un déjeuner-causerie à la Chambre de commerce de Laval en novembre 1997.
2. La négociation avec l'Ontario est toujours en cours.
3. Les Québécois ont ainsi le meilleur des deux mondes dans le domaine de la main-d'œuvre : ils ont le plein contrôle de leurs politiques et obtiennent 31 % de l'enveloppe canadienne. Et ce malgré le fait qu'ils ne contribuent que pour 23 % des fonds à la caisse de l'assurance-emploi.
4. Jean-Guy Genest, *Godbout*.
5. Ces lignes ont été écrites avant la réunion de Saskatoon en août 1998, à laquelle M. Bouchard a finalement participé, mais celui-ci ne semble s'intéresser qu'au droit de retrait du Québec avec pleine compensation financière et pas du tout à l'ensemble de l'union sociale canadienne.
6. Réseau RDI, *Maisonneuve à l'écoute*, 26 mai 1998.

Chapitre XIV • La personnalité internationale du Canada

1. J'ai eu l'occasion de faire moi-même ce constat alors que j'étais ministre de la Coopération internationale et ministre responsable de la Francophonie. Cela m'avait frappé.
2. Henry Kissinger a fait cette constatation dans ses *Mémoires* (p. 400).
3. Frédéric Moulène, « L'essence du néolibéralisme », *Le Monde diplomatique*, juin 1998, p. 2.
4. Pour écrire les parties suivantes, je me suis largement inspiré, entre autres sources, de *Canada 2005, Global Challenges and Oportunities* 1997, une publication du gouvernement du Canada.

Chapitre XV • Pour une autre Révolution tranquille : de l'État-Obélix à l'État-Astérix

1. Ce chapitre est un développement du texte que j'ai présenté au déjeuner-causerie de la Chambre de commerce de Montréal, le 10 novembre 1992.
2. Yves Frenette, *Brève Histoire des Canadiens français*, p. 160.
3. Yves Frenette, *ibid*. L'auteur affirme que les vocations ont dramatiquement chuté en un laps de temps relativement court : de quelque 2000 prêtres ordonnés au Québec en 1947, on tombe à 80 en 1970. En outre, par centaines, clercs et religieux retournent à l'état laïque ; voir *ibid.*, p. 165.
4. *Ibid.*, p. 163.
5. C'est à l'occasion de mon allocution au déjeuner-causerie de la Chambre de commerce de Montréal, le 10 novembre 1992, que j'ai utilisé cette expression pour la première fois. J'étais très heureux que le spécialiste français du management, Hervé Sérieyx, habile communicateur, la trouve suffisamment convaincante pour l'utiliser dans le livre qu'il publiait l'année suivante.
6. Certaines provinces avaient quand même développé une expertise très forte dans certains secteurs, telle la Saskatchewan dans le domaine de la santé, mais il s'agissait d'exceptions.
7. Voir Alain Lapointe et Stéphane Fortin, *L'économie du savoir marquerait-elle la fin du déclin pour Montréal?*, rapport présenté au Colloque de l'ASDEQ, le 25 mars 1998.
8. La présente section doit beaucoup à Gérard De Sélys, *Tableau noir. Appel à la résistance contre la privatisation de l'enseignement* dont il a été question encore récemment dans *Le Monde diplomatique* (juin 1998).
9. OCDE, *Adult Learning on Technology in OECD Countries*.
10. J'ai écrit ces lignes à Rabat, au Maroc, au tout début de juillet 1998, alors que j'y dirigeais une délé-

gation d'institutions collégiales et universitaires. Le centre de téléenseignement de l'Université Laval suscitait beaucoup d'intérêt.

11. ESAS, « The European skill accreditation system », *Info Memo*, sans date ni référence.

12. Compte rendu du Conseil des ministres de l'éducation du 6 mai 1996.

13. OCDE, *Les Technologies de l'information et l'Avenir de l'enseignement post-secondaire.*

14. ERT (European Round Table — Table ronde européenne), *Investir dans la connaissance. L'intégration de la technologie dans l'éducation européenne.*

15. Jean Paré, *Je persiste et signe*, Montréal, Boréal, 1996, p. 229-230. Les citations sont tirées d'un article d'abord écrit en mars 1995 : « Constitution d'accord, éducation d'abord ».

Chapitre XVI • Décentraliser et non provincialiser

1. Pierre-Paul Proulx, « L'avenir économique de Montréal », *Forces*, n° 99, automne 1992, p. 56. Citation, traduite par P.-P. Proulx, tirée de SRI International, *The Emergence of New City-Regions and the Issues of Economic Growth and Governance for Canada*, 1992.

2. En 1989, devant les membres de l'Association des commissaires industriels du Québec (ACIQ) réunis en congrès au lac Magog, j'avais élaboré cette approche qui a été très bien reçue. Le gouvernement Bourassa a alors confié à mon équipe de consultants chez Samson Bélair Deloitte et Touche la responsabilité d'élaborer le concept ainsi que le guide de la planification stratégique régionale. Je remercie ici mes deux complices dans ce beau projet, mon collègue Alain Trépanier et mon client le secrétaire aux régions du Conseil exécutif du gouvernement du Québec, Jocelyn Jacques. Cet apport a été un élément fondamental de la réforme Picotte. Le premier exercice avait été réalisé sous forme de projet-pilote dans le Bas-Saint-Laurent.

3. Une promenade dans Parc-Extension, qui fait partie de la circonscription de Papineau-Saint-Denis que j'ai le plaisir de représenter au Parlement du Canada, est une bonne occasion de constater combien Montréal s'est enrichie par l'immigration récente et ancienne. Un autre de mes plaisirs est de remonter le boulevard Saint-Laurent en traversant chaque partie d'un quartier qui s'est lui aussi constitué avec des vagues successives d'immigrants. On les imagine quittant le port et venant s'établir parmi leurs compatriotes qui, eux aussi, découvrent ici l'Amérique. Il y a dans ces quartiers fourmillant d'activités une extraordinaire variété de produits alimentaires qui entretiennent plusieurs traditions culinaires issues d'Asie, d'Europe centrale et d'ailleurs. Deux excellentes façons de faire ses courses. Parole de député.

Chapitre XVII • Une Révolution tranquille postmoderne : la puissance du Québec

1. Ce chapitre développe les thèmes que j'ai proposés dans « Opter pour la souveraineté, ce serait entrer dans l'avenir à reculons », le troisième article de ma série *Le Québec dans un monde global*, publié le 28 septembre 1995 en page B3 de *La Presse*.

2. Jacques Godbout et Richard Martineau, *Le Buffet. Dialogue sur le Québec à l'an 2000*, p. 112.

3. *Ibid.*

4. Chantal Bouchard, *La Langue et le Nombril. Histoire d'une obsession québécoise*, p. 34-35.

5. Chantal Bouchard, *op. cit.*, p. 35. Elle cite Bertrand Badie, *Culture et Politique*, p. 130.

6. À l'occasion du vingt-cinquième anniversaire du Conseil du statut de la femme, la revue *Forces* a consacré un numéro aux femmes québécoises. La citation est tirée de Lise Bissonnette, alors directrice du *Devoir*, « Nouvel équilibre, nouveau partage. Un progrès qui est au surplus une lumière », *Forces*, n° 119, p. 5.

7. *Ibid.*, p. 7.

8. *Ibid.*, p. 4.

9. Jean-Pierre Derriennic écrivait que, dans l'école de son enfance, Jean Monnet était en train de remplacer Clemenceau comme figure de citoyen exemplaire et que les mises en garde contre le

nationalisme étaient plus nombreuses que les exhortations au patriotisme. *Nationalisme et Démocratie. Réflexions sur les illusions des indépendantistes québécois*, p. 27.

10. Cité par André Burelle, *Le Mal canadien. Essai de diagnostic et esquisse d'une thérapie*, p. 121.

11. Un peu comme on dit des généraux qu'ils préparent la prochaine guerre les yeux fixés sur la dernière.

12. Céline Dion n'a toutefois pas hésité à dire que la médaille de l'Ordre du Canada est plus importante pour elle que le collier qu'elle arborait, avec son fameux saphir de 170 carats, à la soirée de remise des oscars pour chanter la chanson du film *Titanic*. Conservant un fort mauvais souvenir du déluge de réactions que nos milieux indépendantistes très vocaux lui ont servi après qu'elle eut déclaré, à Séville en 1992, son désaccord avec la séparation du Québec, Mme Dion ne voulait pas faire de politique. Il y a eu amélioration, malgré tout : cette fois-ci, elle a pu s'exprimer sans susciter l'ire des nouveaux clercs. Voir *La Presse*, 2 mai 1998.

13. Bertrand Badie, « L'essor des politiques de ghetto devient une source d'instabilité internationale », *L'État du monde 1998*, p. 40.

14. *Ibid.*

15. *Ibid.*, p. 42.

16. Président du Conseil canadien de recherche en sciences humaines, Marc Renaud a cité cet extrait de Toynbee au Centre des congrès de Québec lors du premier Forum québécois sur le développement social. C'est à l'occasion d'une réflexion sur la mondialisation et ses conséquences sur le Québec que cette pensée du grand historien a fait surface. À ce propos, voir Alain Bouchard, « 1er forum sur le développement social. Consensus sur le bonheur égalitaire », *Le Soleil*, vol. 102, n° 103, 2 mai 1998, p. A19.

Chapitre XVIII • Le rouge et le bleu

1. Claude Ryan, *Regards sur le fédéralisme canadien*, p. 191-192 et 239-240.

2. Louis Joseph Papineau lui-même s'élevait contre cette réinterprétation de l'histoire par ceux qui faisaient la promotion de ce concept de Conquête. Voir John Saul, *op. cit.*, p. 20. Les promoteurs de cette interprétation allaient contribuer au développement du sentiment d'être victime que l'abbé Groulx puis l'École de Montréal allaient pousser à l'extrême. Avant cette époque, personne ici ne parlait de Conquête. Au contraire, la tradition affirmait même que le fameux « Je me souviens » est suivi de « que, née sous le lys, je crois sous la rose ». Notre société, née française, a connu sa croissance sous l'Angleterre ! Il y a, à ce sujet, une controverse. Certains affirment plutôt qu'il s'agit là de deux devises séparées, créées par le même Eugène-Étienne Taché, l'architecte du Parlement de Québec, la première en 1883 et la seconde en 1908. C'est notamment le point de vue qu'exprimait Gaston Deschênes dans « Un mythe tenace », *Le Devoir*, 30 août 1994.

3. J'ai mesuré le tort que cette appellation peut causer, lorsqu'une Montréalaise d'origine linguistique autre que française m'a dit dans un français tout à fait convenable : « Je ne suis pas québécoise », pour me signifier qu'elle allait voter pour le Parti libéral, donc pour moi, lors de ma première élection en mars 1996. J'ai dû lui expliquer qu'elle n'était pas péquiste mais qu'elle était québécoise. Elle n'était pas convaincue ! Une expression monopolisée et galvaudée par un parti risque de devenir aussi partisane. C'est triste pour les Québécois.

4. C'est l'œuvre complète d'Alexis de Tocqueville qu'il faudrait citer ici, puisqu'il s'agit là d'un thème récurrent dans sa pensée. On pourra toutefois se reporter avec profit à la section intitulée « Tyrannie de la majorité » au chapitre VII de la deuxième partie de son ouvrage *De la démocratie en Amérique*.

5. Fareed Zakaria, « The rise of illiberal democracy », *Foreign Affairs*, vol. 76, n° 6, novembre-décembre 1997, p. 22-43.

6. Je dois cependant admettre que mon grand-père « rouge » souffrait plus de ce que le courant bleu lui faisait subir comme Québécois que mon grand-père « bleu » ne souffrait du comportement des rouges à Ottawa. Ils aimaient bien tous deux l'oncle Louis (Saint-Laurent) qui était un habitué de la Grande-Allée à Québec. C'est peut-être là la genèse de mon engagement libéral.

7. Claude Ryan, *op. cit.*, p. 191.
8. *The Clash of Civilizations and the Remaking of World Order*, de Samuel P. Huntington, offre indéniablement l'une des analyses les plus lucides de toute cette question qui se joue certes sur la scène mondiale mais dont les ramifications touchent profondément la vie interne de chaque pays. Il n'est pas sans intérêt ici de remarquer que Lester B. Pearson, ex-premier ministre du Canada et homme d'État universellement apprécié, avait pressenti toute cette problématique; voir, à ce propos, son ouvrage précurseur *Democracy in World Politics*.
9. Henry Mintzberg, professeur titulaire à l'université McGill et à l'école des affaires de l'INSEAD en France est connu mondialement pour ses œuvres sur le management et l'organisation. Il a bien développé ce thème: «décentraliser» ne devrait pas être synonyme de «provincialiser». Voir, à ce sujet, le chapitre 3 de son livre *Les Propos d'un pur coton. Essai sur la politique canadienne*.
10. Ayant d'emblée reconnu le besoin de protéger et de promouvoir les intérêts des Québécois, je me surprends toujours de ce que le discours public chez nous, bien reflété par les questions des sondages, s'intéresse immensément plus à la protection de nos intérêts qu'à leur promotion. «Qui peut le mieux défendre les intérêts des Québécois?» demandent inlassablement politiciens et sondeurs. La question même implique que nous serions attaqués. Qui dit défense sous-entend agression. Pourquoi alors s'étonner que le courant bleu soit systématiquement surestimé dans les sondages? Bien sûr, si on pose la question de la défense, on éveille le mythe de la victimisation ou la sensibilité frileuse d'une société poussée vers le repli communautaire et l'isolement que prônaient l'abbé Groulx et les ultramontains de Mgr Bourget, et que prônent encore aujourd'hui les nouveaux clercs du nationalisme étroit. La réponse souvent frileuse reflète donc cette sensibilité de méfiance éveillée. Je parie que si les politiciens, à tout le moins les personnalités fédéralistes, et les sondeurs demandaient plutôt: «Qui peut le mieux faire la promotion des intérêts des Québécois?», le courant rouge gagnerait plusieurs points, car lorsqu'on parle de promotion, on fait appel à la confiance en ses moyens.

Chapitre XIX • Confiance et méfiance au Québec

1. Ce chapitre reprend l'article que j'ai publié avec le professeur Yves-Marie Morissette, sous le titre «Deux conceptions antagonistes de l'économie s'affrontent dans le débat référendaire», le 25 octobre 1995 en page B3 de *La Presse*. Les premières pages sur l'enseignement social et économique de l'Église catholique reprennent essentiellement la sixième partie intitulée «Église catholique et modernité économique» du livre déjà cité d'Alain Peyrefitte, *La Société de confiance*.
2. Alain Peyrefitte, *op. cit.*, p. 321.
3. *Ibid.*, p. 403.
4. *Ibid.*, p. 323.
5. *Ibid.*, p. 325, dans Arthur Utz, *La Doctrine de l'Église à travers les siècles*, tome I: *Libertas praestantissimum* (20 juin 1988), p. 177.
6. *Ibid.*, p. 330. *Rerum novarum* (15 mai 1871). Nous suivons le texte de la *Documentation catholique*, vol. XXV, n° 569, 6 juin 1931, colonne 1452.
7. Séraphin Poudrier, le personnage principal du roman de Claude-Henri Grignon *Un homme et son péché* diffusé à la radio sous ce titre, puis à la télévision de Radio-Canada sous le titre de *Les Belles Histoires des pays d'En-Haut*, évoluait exactement à cette époque.
8. Alain Peyrefitte, *op. cit.*, p. 330. *Rerum novarum*, col. 1423. On croirait entendre parler le curé Labelle, sous-ministre à la colonisation dans le roman précité de Claude-Henri Grignon (voir la note précédente).
9. Le lecteur intéressé par la situation du catholicisme au Québec avant sa prise en charge par Mgr Bourget pourra se référer au livre de Raymond Brodeur *Catéchisme et Identité culturelle dans le diocèse de Québec de 1815*, et, notamment, au chapitre 2, «Constituer la félicité d'un peuple», sur les efforts de Mgr Plessis et le développement de notre catéchisme.

10. Jacques Lacoursière, Jean Provencher et Denis Vaugeois, *Canada-Québec. Synthèse historique*, p. 382.

11. Philippe Sylvain et Nive Voisine, *L'Histoire du catholicisme québécois*, vol. II : *Réveil et Consolidation, 1840-1898*, p. 397.

12. Le lecteur intéressé à approfondir sa compréhension de l'influence de l'Église au pays durant le XIXᵉ siècle pourra consulter Phillippe Sylvain et Nive Voisine, *op. cit.*, Roberto Perin, *Rome et le Canada*, et Léon Pouliot, *Mᵍʳ Bourget et son temps*.

13. Alain Peyrefitte, *op. cit.*, p. 331.

14. *Rerum novarum*, col. 1456.

15. Alain Peyrefitte, *op. cit.*, p. 414.

16. Alain Peyrefitte, *Du « miracle » en économie. Leçons au Collège de France*, p. 52.

17. Alain Peyrefitte, *La Société de confiance*, p. 334.

18. *Mater et magistra* (15 juillet 1961) dans la *Documentation catholique*, vol. LVIII, n° 1357, 1ᵉʳ août 1961, col. 975-976.

19. Alain Peyrefitte, *La Société de confiance*, p. 340-341. (*Mater et magistra*, col. 988.)

20. *Ibid.*, col. 972.

21. Alain Peyrefitte, *La Société de confiance*.

22. *Ibid.*, p. 342.

23. *Ibid.* (*Mater et magistra*, col. 961.)

24. *Ibid.* (*Mater et magistra*, col. 963, 967.)

25. *Ibid.* (*Mater et magistra*, col. 980.)

26. *Ibid.*, p. 321.

27. *Ibid.*, p. 343-348.

28. Entendre ici le marxisme.

29. Alain Peyrefitte, *La Société de confiance*, p. 345, *Centesimus annus*. (L'auteur renvoie ici à l'édition des *Cahiers pour croire aujourd'hui*, vol. II, n° 17, mai 1991, p. 6.)

30. *Ibid.* (*Ibid.*, vol. IV, n° 32, p. 44 ; voir encore vol. IV, n° 33, p. 45-46.)

31. *Ibid.*, p. 347. (*Ibid.*, vol. IV, n° 39, p. 55.)

32. Georges Mathews, *La Pièce manquante du casse-tête : le déficit budgétaire d'un Québec souverain*.

33. À ce propos, voir notamment Georges Mathews, *L'Accord. Comment Robert Bourassa fera l'indépendance*.

34. Cette adéquation a été établie dans le chapitre IV de la première partie, intitulé « Confiance et développement ».

35. Robert Melançon, « Les nationalistes, ces nouveaux curés. Peut-on penser à autre chose qu'à la souveraineté ? », *Le Devoir*, 12 août 1995, p. A7.

36. Pour ceux qui doutent du lien étroit de parenté qui continue d'exister entre les deux institutions, surtout lorsque le gouvernement est dirigé par le Parti québécois, ils auront intérêt à lire le compte-rendu des funérailles d'État pour Yves Blais dans *Le Devoir* du 28 novembre 1998 par Hélène Buzetti. L'ensemble du gouvernement et du caucus péquiste et « quelque 600 personnes étaient venus saluer une dernière fois non pas le collègue de travail mais l'ami sincère, *le porte-parole de la parole québécoise* ». Et la journaliste poursuit : « "J'espère qu'au ciel, la souveraineté est déjà faite, a lancé le célébrant qui portait pour l'occasion une étole bleu-Québec ornée de fleurs de lys… Sinon, tu y travailleras une bonne partie de ton éternité." Salve d'applaudissements énergiques. La foule réunie se réjouissait de se faire ainsi pincer la fibre nationaliste… "Tu es allé rejoindre ceux qui te ressemblent le plus, les Doris Lussier, Gérald Godin, Pauline Julien et Félix Leclerc. Et nous sommes certains qu'ensemble, vous demanderez à Dieu qu'il pousse sur ce petit peuple afin qu'il atteigne votre idéal." »

37. Nombreux sont ceux qui se souviennent d'avoir entendu M. Parizeau tenir de tels propos. À titre documentaire toutefois, le lecteur désireux de contrôler la réalité de ces propos et du climat qui en est résulté pourra se reporter à Michel Venne, « Bilan de campagne. L'incroyable remontée du OUI », *Le Devoir*, 28 octobre 1996, p. A6.

Chapitre XX • Les désavantages de la souveraineté juridique

1. Ce chapitre reprend essentiellement les quatrième et cinquième articles de ma série sur *Le Québec dans un monde global* que j'avais publiés, sous les titres de « Le G-7 est plus important que l'assemblée de l'ONU » et « Aléna : Washington affaiblirait Québec inc. », dans *La Presse,* les 29 et 30 septembre 1995, p. B3.
2. *Ibid.*

Conclusion

1. Christian Bobin, *L'Éloignement du monde,* p. 56.

Orientation bibliographique

1. Cette « orientation bibliographique » comprend la liste des ouvrages cités dans le présent livre ainsi qu'un certain nombre d'œuvres qui m'ont inspiré de manière plus globale dans l'élaboration de ma pensée et dont la désignation m'a paru susceptible de rendre service, à un titre ou à un autre, au lecteur désireux de pousser encore plus loin sa réflexion.

Index

Table des matières

MISE EN PAGES ET TYPOGRAPHIE :
LES ÉDITIONS DU BORÉAL

ACHEVÉ D'IMPRIMER EN JANVIER 1999
SUR LES PRESSES DE L'IMPRIMERIE AGMV MARQUIS,
À CAP-SAINT-IGNACE (QUÉBEC).